HISTOIRE

DE

LA RÉVOLUTION

FRANÇAISE.

TOME VI.

TYPOGRAPHIE DE FIRMIN DIDOT FRÈRES,
RUE JACOB, N° 24.

HISTOIRE
DE
LA RÉVOLUTION
FRANÇAISE,

PAR M. A. THIERS,
DE L'ACADÉMIE FRANÇAISE, MINISTRE ET DÉPUTÉ.

TOME SIXIÈME.

Quatrième Édition.

PARIS,
CHEZ LECOINTE, ÉDITEUR,
QUAI DES AUGUSTINS, N° 49.

MDCCCXXXIV.

HISTOIRE
DE
LA RÉVOLUTION
FRANÇAISE.

CHAPITRE PREMIER.

Retour de Danton. — Divisions dans le parti de la Montagne, dantonistes et hébertistes. — Politique de Robespierre et du comité de salut public. — Danton, accusé aux Jacobins, se justifie; il est défendu par Robespierre. — Abolition du culte de la Raison. — Derniers perfectionnements apportés au gouvernement dictatorial révolutionnaire. — Énergie du comité contre tous les partis. — Arrestation de Ronsin, de Vincent, des quatre députés auteurs du faux décret et des agents présumés de l'étranger.

Depuis la chute des girondins, le parti montagnard, resté seul et victorieux, avait commencé à se fractionner. Les excès toujours plus grands de la révolution achevèrent de le diviser tout-à-fait, et on touchait à une rupture prochaine. Beaucoup de députés avaient été émus du sort des girondins, de Bailly, de Brunet, de Houchard; d'autres blâmaient les violences commises à l'égard du culte, les jugeaient impolitiques et dangereuses. Ils disaient que de nouvelles superstitions succédaient à celles qu'on voulait détruire, que le prétendu culte de la Raison n'était que celui de l'athéisme, que l'athéisme ne pouvait convenir à un peuple, et que ces extravagances étaient payées par l'étranger. Au contraire, le parti qui régnait aux cordeliers et à la commune, qui avait Hébert pour écrivain, Ronsin et Vincent pour chefs, Chaumette et Clootz pour apôtres, soutenait que ses adversaires voulaient ressusciter une faction modérée, et amener une nouvelle division dans la république.

Danton était revenu de sa retraite. Il ne disait pas sa pensée, mais un chef de parti voudrait en vain la cacher; elle se répand de proche en proche, et devient bientôt manifeste à tous les esprits. On savait qu'il aurait voulu empêcher l'exécution des girondins, et qu'il avait été vivement touché de leur fin tragique; on savait que, partisan et inventeur des moyens révolutionnaires, il commençait à en blâmer l'emploi féroce et aveugle; que la violence ne lui semblait pas devoir se prolonger au-delà du danger, et qu'à la fin de la campagne actuelle et après l'expulsion entière des ennemis, il voulait faire rétablir le règne des lois douces et équitables. On n'osait pas l'attaquer à la tribune des clubs. Hébert n'osait pas l'insulter dans sa feuille du *Père Duchesne*; mais on répandait verbalement les bruits les plus insidieux; on insinuait des soupçons sur sa probité; on rappelait avec plus de perfidie que jamais les concussions de la Belgique, et on lui en attribuait une partie; on était même allé jusqu'à dire, pendant sa retraite à Arcis-sur-Aube, qu'il avait émigré en emportant ses richesses. On lui associait, comme ne valant pas mieux, Camille Desmoulins, son ami, qui avait partagé sa pitié pour les girondins, et avait défendu Dillon; Philippeaux, qui revenait de la Vendée, furieux contre les désorganisateurs, et tout prêt à dénoncer Ronsin et Rossignol. On rangeait encore dans son parti tous ceux qui, de quelque manière, avaient démérité des révolutionnaires ardents, et le nombre commençait à en être assez grand.

Julien de Toulouse, déjà fort suspect par ses liaisons avec d'Espagnac et avec les fournisseurs avait achevé de se compromettre par un rapport sur les administrations fédéralistes, dans lequel il s'efforçait d'excuser les torts de la plupart d'entre elles. A peine l'eut-il prononcé, que les cordeliers et les jacobins soulevés l'obligèrent à se rétracter. Ils firent une enquête sur sa vie privée; ils découvrirent qu'il vivait avec des agioteurs, et qu'il avait une ci-devant comtesse pour maîtresse, et ils le déclarèrent tout à la fois corrompu et modéré. Fabre-d'Églantine venait tout-à-coup de changer de situation, et déployait un luxe qu'on ne lui connaissait pas auparavant. Chabot, le capucin Chabot, qui, en entrant dans la révolution, n'avait que sa pension ecclésiastique, venait aussi d'étaler un beau mobilier, et d'épouser la jeune sœur des deux Frey, avec une dot de deux cent mille livres. Ce changement de fortune si prompt excita des soupçons contre les nouveaux enrichis, et bientôt une proposition qu'ils firent à la convention acheva de les perdre. Un député, Osselin, venait d'être arrêté pour avoir, dit-on, caché une émigrée. Fabre, Chabot, Julien, Delaunay, qui n'étaient pas tranquilles pour eux-mêmes; Bazire, Thuriot, qui n'avaient rien à se reprocher, mais qui voyaient avec effroi qu'on ne ménageât pas même les membres de la convention, proposèrent un décret, portant qu'aucun député ne pourrait être arrêté, sans auparavant être entendu à la barre. Ce décret fut adopté, mais tous les clubs et les jacobins se soulevèrent, et prétendirent qu'on voulait renouveler l'*inviolabilité*. Ils le firent rapporter, et commencèrent l'enquête la plus sévère sur ceux qui l'avaient proposé, sur leur conduite et sur l'origine de leur subite fortune. Julien, Fabre, Chabot, Delaunay, Bazire, Thuriot, dépopularisés en quelques jours, furent rangés dans le parti des hommes équivoques et modérés. Hébert les couvrit d'injures grossières dans sa feuille, et les livra à la vile populace.

Quatre ou cinq autres individus partagèrent encore le même sort, quoique jusqu'ici reconnus excellents patriotes. C'étaient Proli, Pereyra, Gusman, Dubuisson et Desfieux. Nés presque tous sur le sol étranger, ils étaient venus, comme les deux Frey et comme Clootz, se jeter dans la révolution française, par enthousiasme, et probablement aussi par besoin de faire fortune. On ne s'inquiéta pas de ce qu'ils étaient, tant qu'on les vit abonder dans le sens de la révolution. Proli, qui était de Bruxelles, fut envoyé avec Pereyra et Desfieux auprès de Dumouriez, pour découvrir ses intentions. Ils le firent expliquer, et vinrent, comme nous l'avons rapporté, le dénoncer à la convention et aux Jacobins. C'était bien jusque-là; mais ils avaient été employés par Lebrun, parce qu'étant étrangers et instruits, ils pouvaient rendre des services aux relations extérieures. En approchant Lebrun, ils apprirent à l'estimer, et ils le défendirent plus tard. Proli avait connu beaucoup Dumouriez; et, malgré la défection de ce général, il avait persisté à vanter ses talents et à dire qu'on aurait pu le conserver à la république; enfin, presque tous connaissant mieux les pays voisins, avaient blâmé l'application du système jacobin à la Belgique et aux provinces réunies à la France. Leurs propos furent recueillis, et lorsqu'une défiance générale fit imaginer l'intervention secrète d'une faction étrangère, on commença à les soupçonner, et à se raviser sur leurs discours. On sut que Proli était fils naturel de Kaunitz; on supposa qu'il était le meneur en chef, et on les métamorphosa tous en espions de Pitt et de Cobourg. Bientôt la fureur n'eut plus de bornes, et l'exagération même de leur patriotisme, qu'ils croyaient propre à les justifier, ne servit qu'à les compromettre davantage. On les confondit avec le parti des équivoques, des modérés. Ainsi, dès que Danton ou ses amis avaient quelque observation à faire sur les fautes des agents ministériels, ou sur les violences exercées contre le culte, le parti Hébert, Vincent et Ronsin, répondait en criant à la modération, à la corruption, à la faction étrangère.

Suivant l'usage, les modérés renvoyaient à leurs adversaires cette accusation, et leur disaient : C'est vous qui êtes les complices de ces étrangers; tout vous rapproche, et la commune violence de votre langage, et le projet de tout bouleverser en poussant tout au pire. Voyez, ajoutaient-ils, cette commune qui s'arroge une autorité législative, et rend des lois sous le titre modeste d'arrêtés; qui règle tout, police, subsistances, culte; qui substitue de son chef une religion à une autre, remplace les anciennes superstitions par des superstitions nouvelles, prêche l'athéisme, et se fait imiter par toutes les municipalités de la république; voyez ces bureaux de la guerre, d'où s'échappent une foule d'agents qui vont dans les provinces rivaliser avec les représentants, exercer les plus grandes vexations, et décrier la révolution par leur conduite; voyez cette commune et ces bureaux! que veulent-ils, sinon usurper l'autorité législative et exécutive, déposséder la convention, les comités, et dissoudre le gouvernement! Qui peut les pousser à ce but, sinon l'étranger?

Au milieu de ces agitations et de ces querelles, l'autorité devait prendre un parti vigoureux. Robespierre pensait, avec tout le comité, que ces accusations réciproques étaient extrêmement dangereuses. Sa politique, comme on l'a déjà vu, avait consisté, depuis le 31 mai, à empêcher un nouveau débordement révolutionnaire, à rallier l'opinion autour de la convention, et la convention autour du comité, afin de créer un pouvoir énergique, et il s'était servi pour cela des jacobins tout-puissants alors sur l'opinion. Ces nouvelles accusations contre les patriotes accrédités, comme Danton, Camille Desmoulins, lui semblaient très-dangereuses. Il avait peur qu'aucune réputation ne résistât aux imaginations déchaînées; il craignait que les violences à l'égard du culte n'indisposassent une partie de la France, et ne fissent passer la révolution pour athée; il croyait voir enfin la main de l'étranger dans cette vaste confusion. Aussi ne manqua-t-il pas l'occasion que bientôt Hébert lui offrit, de s'en expliquer aux Jacobins.

Les dispositions de Robespierre avaient percé. On répandait sourdement qu'il allait faire sévir contre Pache, Hébert, Chaumette, Clootz, auteurs du mouvement contre le culte. Proli, Desfieux, Pereyra, déjà compromis et mena-

cés, voulaient rattacher leur cause à celle de Pache, Chaumette, Hébert; ils virent ces derniers, et leur dirent qu'il y avait une conspiration contre les meilleurs patriotes; qu'ils étaient tous également en danger, et qu'il fallait se soutenir et se garder réciproquement. Hébert se rend alors aux Jacobins, le 1er frimaire (21 novembre 1793), et se plaint d'un plan de désunion tendant à diviser les patriotes. « De toutes parts, dit-il, je rencontre des
« gens qui me complimentent de n'être pas
« arrêté. On répand que Robespierre doit me
« dénoncer, moi, Chaumette et Pache... Quant
« à moi, qui me mets tous les jours en avant
« pour les intérêts de la patrie, et qui dis tout
« ce qui me passe par la tête, cela pourrait
« avoir quelque fondement; mais Pache!... Je
« connais toute l'estime qu'a pour lui Robes-
« pierre, et je rejette bien loin de moi une pa-
« reille idée. On a dit aussi que Danton avait
« émigré, qu'il était allé en Suisse chargé des
« dépouilles du peuple..... Je l'ai rencontré ce
« matin dans les Tuileries, et puisqu'il est à
« Paris, il faut qu'il vienne s'expliquer frater-
« nellement aux Jacobins. Tous les patriotes
« se doivent de démentir les bruits injurieux
« qui courent sur leur compte. » Hébert rapporte ensuite qu'il tient une partie de ces

bruits de Dubuisson, lequel a voulu lui dévoiler une conspiration contre les patriotes; et, suivant l'usage de tout rejeter sur les vaincus, il ajoute que la cause des troubles est dans les complices de Brissot qui vivent encore, et dans les Bourbons qui restent au Temple. Robespierre monte aussitôt à la tribune : « Est-il vrai,
« dit-il, que nos plus dangereux ennemis soient
« les restes impurs de la race de nos tyrans?
« Je vote en mon cœur pour que la race des
« tyrans disparaisse de la terre; mais puis-je
« m'aveugler sur la situation de mon pays, au
« point de croire que cet événement suffirait
« pour éteindre le foyer des conspirations qui
« nous déchirent? A qui persuadera-t-on que
« la punition de la méprisable sœur de Capet
« en imposerait plus à nos ennemis que celle
« de Capet lui-même et de sa criminelle compagne?
« pagne?

« Est-il vrai encore que la cause de nos maux
« soit le fanatisme? Le fanatisme! il expire. Je
« pourrais même dire qu'il est mort. En dirigeant
« geant depuis quelques jours toute notre attention
« tention contre lui, ne la détourne-t-on pas de
« nos véritables dangers? Vous avez peur des
« prêtres, et ils s'empressent d'abdiquer leurs
« titres pour les échanger contre ceux de municipaux,
« nicipaux, d'administrateurs, et même de pré-

« sidents de sociétés populaires.... Ils étaient
« naguère fort attachés à leur ministère quand
« il leur valait soixante-dix mille livres de ren-
« tes; ils l'ont abdiqué dès qu'il n'en a plus
« valu que six mille.... Oui, craignez non pas
« leur fanatisme, mais leur ambition! non pas
« l'habit qu'ils portaient, mais la peau nouvelle
« qu'ils ont revêtue! craignez non pas l'an-
« cienne superstition, mais la nouvelle et fausse
« superstition qu'on veut feindre pour nous
« perdre! »

Ici Robespierre, abordant franchement la question des cultes, ajoute :

« Que des citoyens animés par un zèle pur
« viennent déposer sur l'autel de la patrie les
« monuments inutiles et pompeux de la su-
« perstition, pour les faire servir aux triom-
« phes de la liberté, la patrie et la raison sou-
« rient à ces offrandes; mais de quel droit
« l'aristocratie et l'hypocrisie viendraient-elles
« mêler ici leur influence à celle du civisme?
« De quel droit des hommes inconnus jusqu'à
« ce jour dans la carrière de la révolution
« viendraient-ils chercher, au milieu de tous
« ces événements, les moyens d'usurper une
« fausse popularité, d'entraîner les patriotes
« même à de fausses mesures, et de jeter parmi
« nous le trouble et la discorde? De quel droit

« viendraient-ils troubler la liberté des cultes
« au nom de la liberté, et attaquer le fana-
« tisme par un fanatisme nouveau? De quel
« droit feraient-ils dégénérer les hommages
« solennels rendus à la vérité pure en des
« farces éternelles et ridicules?

« On a supposé qu'en accueillant des offran-
« des civiques, la convention avait proscrit le
« culte catholique. Non, la convention n'a
« point fait cette démarche, et ne la fera ja-
« mais. Son intention est de maintenir la li-
« berté des cultes qu'elle a proclamée, et de
« réprimer en même temps tous ceux qui en
« abuseraient pour troubler l'ordre public. Elle
« ne permettra pas qu'on persécute les mi-
« nistres paisibles des diverses religions, et
« elle les punira avec sévérité, toutes les fois
« qu'ils oseront se prévaloir de leurs fonctions
« pour tromper les citoyens, et pour armer
« les préjugés ou le royalisme contre la ré-
« publique.

« Il est des hommes qui veulent aller plus
« loin; qui, sous le prétexte de détruire la su-
« perstition, veulent faire une sorte de reli-
« gion de l'athéisme lui-même. Tout philoso-
« phe, tout individu peut adopter là-dessus
« l'opinion qui lui plaira : quiconque voudrait
« lui en faire un crime est un insensé; mais

« l'homme public, mais le législateur serait
« cent fois plus insensé, qui adopterait un pa-
« reil système. La convention nationale l'ab-
« horre. La convention n'est point un faiseur
« de livres et de systèmes. Elle est un corps
« politique et populaire. L'athéisme est *aristo-
« cratique*. L'idée d'un grand Être, qui veille
« sur l'innocence opprimée et qui punit le
« crime triomphant, est toute populaire. Le
« peuple, les malheureux m'applaudissent; si
« je trouvais des censeurs, ce serait parmi les
« riches et parmi les coupables. J'ai été, dès
« le collége, un assez mauvais catholique; je
« n'ai jamais été ni un ami froid, ni un défen-
« seur infidèle de l'humanité. Je n'en suis que
« plus attaché aux idées morales et politiques
« que je viens de vous exposer. *Si Dieu n'exis-
« tait pas, il faudrait l'inventer.* »

Robespierre, après avoir fait cette profession
de foi, impute à l'étranger les persécutions dirigées contre le culte, et les calomnies répandues contre les meilleurs patriotes. Robespierre,
qui était extrêmement défiant, et qui avait
supposé les girondins royalistes, croyait beaucoup à la faction de l'étranger, laquelle n'était
représentée, comme nous l'avons dit, que par
quelques espions envoyés aux armées, et quelques banquiers intermédiaires de l'agiotage,

et correspondants des émigrés. « Les étrangers,
« dit-il, ont deux espèces d'armées; l'une sur
« nos frontières, est impuissante et près de sa
« ruine, grace à nos victoires; l'autre, plus
« dangereuse, est au milieu de nous. C'est une
« armée d'espions, de fripons stipendiés, qui
« s'introduisent partout, même au sein des
« sociétés populaires. C'est une faction qui a
« persuadé à Hébert que je voulais faire arrêter
« Pache, Chaumette, Hébert, toute la com-
« mune. Moi, poursuivre Pache, dont j'ai tou-
« jours admiré et défendu la vertu simple et
« modeste, moi qui ai combattu pour lui contre
« les Brissot et ses complices ! » Robespierre
loue Pache et se tait sur Hébert. Il se contente
de dire qu'il n'a pas oublié les services de la
commune dans les jours où la liberté était en
péril. Se déchaînant ensuite contre ce qu'il
appelle la faction étrangère, il fait tomber le
courroux des jacobins sur Proli, Dubuisson,
Pereyra, Desfieux. Il raconte leur histoire, il
les dépeint comme des agents de Lebrun et de
l'étranger, chargés d'envenimer les haines, de
diviser les patriotes, et de les animer les uns
contre les autres. A la manière dont il s'exprime, on voit que la haine qu'il éprouve contre
d'anciens amis de Lebrun se mêle pour beaucoup à sa défiance. Enfin, il les fait chasser

tous quatre de la société, au bruit des plus grands applaudissements, et il propose un scrutin épuratoire pour tous les jacobins.

Ainsi, Robespierre avait frappé d'anathème le nouveau culte, avait donné une leçon sévère à tous les brouillons, n'avait rien dit de bien rassurant pour Hébert, ne s'était pas compromis jusqu'à louer ce sale écrivain, et avait fait retomber tout l'orage sur des étrangers qui eurent le malheur d'être amis de Lebrun, d'admirer Dumouriez, et de blâmer notre système politique dans les pays de conquête. Enfin, il s'était arrogé la recomposition de la société, en faisant décider qu'il y aurait un scrutin épuratoire.

Pendant les jours suivants, Robespierre poursuit son système; il vient lire aux Jacobins des lettres anonymes, d'autres interceptées, prouvant que l'étranger, s'il n'est pas l'auteur des extravagances du nouveau culte, et des calomnies à l'égard des meilleurs patriotes, les approuve au moins et les désire. Danton avait en quelque sorte reçu d'Hébert l'invitation de s'expliquer. Il ne le fait pas d'abord, pour ne pas obéir à une sommation; mais quinze jours après, il saisit une circonstance favorable pour prendre la parole. Il s'agissait de fournir à toutes les sociétés populaires un local aux dépens de l'état. Il présente à ce sujet diverses observations, et en prend occasion de dire que si la constitution doit être endormie pendant que le peuple frappe et épouvante les ennemis de ses opérations révolutionnaires, il faut cependant se défier de ceux qui veulent porter ce même peuple au-delà des bornes de la révolution. Coupé de l'Oise réplique à Danton, et dénature ses idées en les combattant. Danton remonte aussitôt à la tribune, et essuie des murmures. Il somme alors ceux qui ont contre lui des motifs de défiance de préciser leurs accusations, afin qu'il puisse y répondre publiquement. Il se plaint de cette défaveur qui se manifeste en sa présence. « Ai-je donc perdu, s'écrie-t-il, ces « traits qui caractérisent la figure d'un homme « libre ? » Et en proférant ces mots, il agitait cette tête qu'on avait tant vue, tant rencontrée dans les orages de la révolution, et qui avait toujours soutenu l'audace des républicains et jeté la terreur chez les aristocrates. « Ne suis-je « plus, ajoute-t-il, ce même homme qui s'est « trouvé à vos côtés dans tous les moments de « crise ? Ne suis-je plus cet homme tant per-« sécuté, tant connu de vous ; cet homme que « vous avez si souvent embrassé comme votre « ami, et avec lequel vous avez fait le serment

« qu'à une époque déterminée tout a été pré-
« paré pour proclamer ce rejeton des Capets;
« que tu étais le chef de la conspiration; que
« ni Pitt, ni Cobourg, ni l'Angleterre, ni l'Au-
« triche, ni la Prusse, n'étaient nos véritables
« ennemis, mais que c'était toi seul; que la
« Montagne était composée de tes complices;
« qu'il ne fallait pas s'occuper des agents en-
« voyés par les puissances étrangères; que leurs
« conspirations étaient des fables dignes de
« mépris; en un mot, qu'il fallait t'égorger toi,
« toi seul!.... » Des applaudissements universels
couvrent la voix de Robespierre. Il reprend :
« Ne sais-tu pas, Danton, que plus un homme
« a de courage et de patriotisme, plus les en-
« nemis de la chose publique s'attachent à sa
« perte? Ne sais-tu pas, et ne savez-vous pas
« tous, citoyens, que cette méthode est infail-
« lible? Eh! si le défenseur de la liberté n'était
« pas calomnié, ce serait une preuve que nous
« n'aurions plus ni nobles, ni prêtres à com-
« battre! » Faisant alors allusion aux feuilles
d'Hébert, où lui, Robespierre, était fort loué,
il ajoute : « Les ennemis de la patrie semblent
« m'accabler de louanges exclusivement. Mais
« je les répudie. Croit-on qu'à côté de ces élo-
« ges que l'on répète dans certaines feuilles,
« je ne voie pas le couteau avec lequel on a

« voulu égorger la patrie? La cause des pa-
« triotes est comme celle des tyrans; ils sont
« tous solidaires. Je me trompe peut-être sur
« Danton; mais, vu dans sa famille, il ne mé-
« rite que des éloges. Sous les rapports politi-
« ques, je l'ai observé; une différence d'opinion
« me le faisait étudier avec soin, souvent avec
« colère; il ne s'est pas assez hâté, je le sais,
« de soupçonner Dumouriez; il n'a pas assez
« haï Brissot et ses complices; mais s'il n'a pas
« toujours été de mon avis, en conclurai-je
« qu'il trahissait la patrie? Non, je la lui ai
« toujours vu servir avec zèle. Danton veut
« qu'on le juge; il a raison. Qu'on me juge aussi!
« qu'ils se présentent ces hommes qui sont plus
« patriotes que nous! Je parie que ce sont des
« nobles, des privilégiés, des prêtres. Vous
« y trouverez un marquis, et vous aurez la
« juste mesure du patriotisme des gens qui
« nous accusent. »

Robespierre demande ensuite que tous ceux qui ont quelque reproche à faire à Danton, prennent la parole. Personne ne l'ose. Momoro lui-même, l'un des amis d'Hébert, est le premier à s'écrier que, personne ne se présentant, c'est une preuve qu'il n'y a rien à dire contre Danton. Un membre demande alors que le président lui donne l'accolade fraternelle. On y consent, et Danton, s'approchant du bureau, reçoit l'accolade au milieu des applaudissements universels.

La conduite de Robespierre dans cette circonstance avait été généreuse et habile. Le danger commun à tous les bons patriotes, l'ingratitude qui payait les services de Danton, enfin une supériorité décidée, avaient arraché Robespierre à son égoïsme habituel; et, cette fois, plein de bons sentiments, il avait été plus éloquent qu'il n'était donné à sa nature de l'être. Mais le service qu'il rendit à Danton fut plus utile à la cause du gouvernement et des vieux patriotes qui le composaient, qu'à Danton lui-même, dont la popularité était perdue. On ne refait pas l'enthousiasme, et on ne pouvait pas présumer encore d'assez grands dangers publics pour que Danton trouvât, par son courage, le moyen de regagner son influence.

Robespierre, poursuivant son ouvrage, ne manquait pas d'être présent à chaque séance d'épuration. Le tour de Clootz arrivé, on l'accuse de liaisons avec les banquiers étrangers Vandeniver. Il essaie de se justifier; mais Robespierre prend la parole. Il rappelle les liaisons de Clootz avec les girondins, sa rupture avec eux par un pamphlet intitulé: *Ni Roland*

ni Marat, pamphlet dans lequel il n'attaquait pas moins la Montagne que la Gironde, ses exagérations extravagantes, son obstination à parler d'une république universelle, à inspirer la rage des conquêtes, et à compromettre la France auprès de toute l'Europe. « Et comment
« M. Clootz, ajoute Robespierre, pouvait-il
« s'intéresser si fort au bonheur de la France,
« lorsqu'il s'intéressait si fort au bonheur de la
« Perse et du Monomotapa? Il est une dernière
« crise dont il pourra se vanter. Je veux parler
« du mouvement contre le culte, mouvement
« qui, ménagé avec raison et lenteur, aurait
« pu devenir excellent, mais dont la violence
« pouvait entraîner les plus grands malheurs...
« M. Clootz eut avec l'évêque Gobel une con-
« férence de nuit.... Gobel donna parole pour
« le lendemain, et il vint, changeant subite-
« ment de langage et d'habit, déposer ses let-
« tres de prêtrise... M. Clootz croyait que nous
« serions dupes de ces mascarades. Non, non;
« les jacobins ne regarderont jamais comme
« un ami du peuple ce prétendu sans-culotte,
« qui est Prussien et baron, qui possède
« cent mille livres de rentes, qui dîne avec les
« banquiers conspirateurs, et qui est, non pas
« l'orateur du peuple français, mais du genre
« humain. »

Clootz fut exclu sur-le-champ de la société; et, sur la proposition de Robespierre, on décida qu'on chasserait sans distinction tous les nobles, les prêtres, les banquiers et les étrangers.

A la séance suivante vint le tour de Camille Desmoulins. On lui reprochait sa lettre à Dillon, et un mouvement de sensibilité en faveur des girondins. « J'avais, dit Camille, j'avais cru
« Dillon brave et habile, et je l'ai défendu.
« Quant aux girondins, j'étais à leur égard dans
« une position particulière. J'ai toujours aimé
« et servi la république, mais je me suis souvent
« trompé sur ceux qui la servaient; j'ai
« adoré Mirabeau, j'ai chéri Barnave et les
« Lameth; j'en conviens; mais j'ai sacrifié mon
« amitié et mon admiration dès que j'ai su
« qu'ils avaient cessé d'être jacobins. Une fatalité
« bien marquée a voulu que de soixante révolutionnaires
« qui avaient signé mon contrat
« de mariage, il ne me restât plus que deux
« amis, Danton et Robespierre. Tous les autres
« sont émigrés ou guillotinés. De ce nombre
« étaient sept des vingt-deux. Un mouvement
« de sensibilité était donc bien pardonnable en
« cette occasion. J'ai dit, ajoute Desmoulins,
« qu'ils mouraient en républicains, mais en
« républicains fédéralistes; car, je vous l'assure,

« je ne crois pas qu'il y eût beaucoup de roya-
« listes parmi eux. »

On aimait le caractère facile, l'esprit naïf et original de Camille Desmoulins. « Camille a « mal choisi ses amis, s'écrie un jacobin; prou- « vez-lui que nous savons mieux choisir les « nôtres en le recevant avec empressement. » Robespierre, toujours protecteur de ses vieux collègues, mais en gardant cependant un ton de supériorité, défend Camille Desmoulins. « Il est faible et confiant, dit-il, mais il a tou- « jours été républicain. Il a aimé Mirabeau, « Lameth, Dillon; mais il a lui-même brisé « ses idoles dès qu'il a été détrompé. Qu'il « poursuive sa carrière et soit plus réservé à « l'avenir. » Après cet avis, Camille est admis au milieu des applaudissements. Danton est ensuite admis sans aucune observation. Fabre-d'Églantine l'est à son tour, mais il essuie quelques questions sur sa fortune, qu'on veut bien attribuer à ses talents littéraires. Cette épuration fut poursuivie, et devint fort longue. Commencée en novembre 1793, elle dura plusieurs mois.

La politique de Robespierre et du gouvernement était bien connue. L'énergie avec laquelle cette politique avait été manifestée, intimida les brouillons, promoteurs du nouveau culte, et ils songèrent à se rétracter, et à revenir sur leurs premières démarches. Chaumette, qui avait la faconde d'un orateur de club ou de commune, mais qui n'avait ni l'ambition ni le courage d'un chef de parti, ne prétendait nullement rivaliser avec la convention et se faire le créateur d'un nouveau culte; il s'empressa donc de chercher une occasion pour réparer sa faute. Il résolut de faire interpréter l'arrêté qui fermait tous les temples, et il proposa à la commune de déclarer qu'elle ne voulait pas gêner la liberté religieuse, et qu'elle n'interdisait pas aux divers partisans de chaque religion le droit de se réunir dans des lieux payés et entretenus à leurs frais. « Qu'on ne prétende pas, dit-il, que c'est la « faiblesse ou la politique qui me font agir; je « suis également incapable de l'une ou de l'au- « tre. C'est la conviction que nos ennemis veu- « lent abuser de notre zèle pour le pousser au- « delà des bornes, et nous engager dans de « fausses démarches; c'est la conviction que « si nous empêchons les catholiques d'exercer « leur culte publiquement et avec l'aveu de « la loi, des êtres bilieux iront s'exalter ou « conspirer dans les cavernes; c'est cette con- « viction qui seule m'inspire et me fait parler. » L'arrêté proposé par Chaumette, et fortement appuyé par le maire Pache, fut enfin adopté après quelques murmures bientôt couverts par de nombreux applaudissements. La convention déclara de son côté qu'elle n'avait jamais entendu par ses décrets gêner la liberté religieuse, et elle défendit de toucher à l'argenterie qui restait encore dans les églises, vu que le trésor n'avait plus besoin de ce genre de secours. Dès ce jour, les farces indécentes que le peuple s'était permises cessèrent dans Paris, et les pompes du culte de la Raison, dont il s'était tant diverti, furent abolies.

Le comité de salut public, au milieu de cette grande confusion, sentait tous les jours davantage la nécessité de rendre l'autorité plus forte, plus prompte et plus obéie. Chaque jour, l'expérience des obstacles le rendait plus habile, et il ajoutait de nouvelles pièces à cette machine révolutionnaire, créée pour la durée de la guerre. Déjà il avait empêché la transmission du pouvoir à des mains nouvelles et inexpérimentées, en prorogeant la convention, et en déclarant le gouvernement révolutionnaire jusqu'à la paix. En même temps, il avait concentré ce pouvoir dans ses mains en mettant sous sa dépendance le tribunal révolutionnaire, la police, les opérations militaires, et la distribution même des subsistances. Deux mois d'expérience lui firent sentir les obstacles que les autorités locales, soit par excès ou défaut de zèle, faisaient éprouver à l'action de l'autorité supérieure. L'envoi des décrets était souvent interrompu ou retardé, et leur promulgation négligée dans certains départements. Il restait beaucoup de ces administrations fédéralistes qui s'étaient insurgées, et la faculté de se coaliser ne leur était pas encore interdite. Si, d'une part, les administrations de département présentaient quelque danger de fédéralisme, les communes, au contraire, agissant en sens opposé, exerçaient, à l'imitation de celle de Paris, une autorité vexatoire, rendaient des lois, imposaient des taxes; les comités révolutionnaires déployaient contre les personnes un pouvoir arbitraire et inquisitorial; des armées révolutionnaires, instituées dans différentes localités, complétaient ces petits gouvernements particuliers, tyranniques, désunis entre eux, et embarrassants pour le gouvernement supérieur. Enfin l'autorité des représentants, ajoutée à toutes les autres, augmentait la confusion des pouvoirs souverains; car les représentants levaient des impôts, rendaient des lois pénales, comme les communes et la convention elle-même.

Billaud-Varennes, dans un rapport mal écrit,

mais habile, dévoila ces inconvénients, et fit rendre le décret du 14 frimaire an II (4 décembre), modèle du gouvernement provisoire, énergique et absolu. L'anarchie, dit le rapporteur, menace les républiques à leur naissance et dans leur vieillesse. Tâchons de nous en garantir. Ce décret instituait le *Bulletin des Lois*, belle et neuve invention dont on n'avait pas encore eu l'idée; car les lois envoyées par l'assemblée aux ministres, par les ministres aux autorités locales, sans délais fixés, sans procès-verbaux qui garantissent leur envoi ou leur arrivée, étaient souvent rendues depuis long-temps, sans être ni promulguées, ni connues. D'après le nouveau décret, une commission, une imprimerie, un papier particulier, étaient consacrés à l'impression et à l'envoi des lois. La commission, formée de quatre individus indépendants de toute autorité, libres de tout autre soin, recevait la loi, la faisait imprimer, l'envoyait par la poste dans des délais fixés et invariables. Les envois et les remises étaient constatés par les moyens ordinaires de la poste; et ces mouvements, ainsi régularisés, devenaient infaillibles. La convention était ensuite déclarée *centre d'impulsion du gouvernement*. Sous ces mots, on cachait la souveraineté des comités, qui faisaient tout pour la convention. Les autorités de département étaient en quelque sorte abolies; on leur enlevait toute attribution politique, on ne leur abandonnait, comme au département de Paris à l'époque du 10 août, que la répartition des contributions, l'entretien des routes, enfin les soins purement économiques. Ainsi, ces intermédiaires trop puissants entre le peuple et l'autorité suprême, étaient supprimés. On ne laissait exister, avec toutes leurs attributions, que les administrations de district et de commune. Il était défendu à toute administration locale de se réunir à d'autres, de se déplacer, d'envoyer des agents, de prendre des arrêtés extensifs ou limitatifs des décrets, de lever des impôts ou des hommes. Toutes les armées révolutionnaires établies dans les départements étaient licenciées, et il ne devait subsister que la seule armée révolutionnaire établie à Paris pour le service de toute la république. Les comités révolutionnaires étaient obligés de correspondre avec les districts chargés de les surveiller, et avec le comité de sûreté générale. Ceux de Paris ne pouvaient correspondre qu'avec le comité de sûreté générale, et point avec la commune. Il était défendu aux représentants de lever des taxes, à moins que la convention ne les autorisât, et de porter des lois pénales.

Ainsi, toutes les autorités étant ramenées dans leur sphère, leur conflit ou leur coalition devenaient impossibles. Elles recevaient les lois d'une manière infaillible; elles ne pouvaient ni les modifier ni en différer l'exécution. Les deux comités conservaient toujours leur domination. Celui de *salut public*, outre sa suprématie sur le comité de sûreté générale, continuait d'avoir la diplomatie, la guerre et la surveillance universelle de toutes choses. Seul désormais, il pouvait s'appeler *comité de salut public*. Aucun comité dans les communes ne pouvait prendre ce titre.

Ce nouveau décret sur l'institution du gouvernement révolutionnaire, quoique restrictif de l'autorité des communes, et rendu même contre leurs abus de pouvoir, fut reçu par la commune de Paris avec de grandes démonstrations d'obéissance. Chaumette, qui affectait la docilité comme le patriotisme, fit un long discours en l'honneur du décret. Par son maladroit empressement à entrer dans le système de l'autorité supérieure, il donna même une occasion de se faire réprimander; et il eut l'art de désobéir en voulant trop obéir. Le décret mettait les comités révolutionnaires de Paris en communication directe et exclusive avec le comité de sûreté générale. Dans leur zèle fougueux, ils se permettaient des arrestations en tout sens; on les accusait d'avoir fait incarcérer une foule de patriotes, et d'être composés d'hommes qu'on commençait à appeler *ultra-révolutionnaires*. Chaumette se plaignit au conseil général de leur conduite, et proposa de les convoquer à la commune, pour leur faire une admonition sévère. La proposition de Chaumette fut adoptée. Mais celui-ci, avec son ostentation d'obéissance, avait oublié que, d'après le nouveau décret, les comités révolutionnaires de Paris ne devaient correspondre qu'avec le comité de sûreté générale. Le comité de salut public ne voulant pas plus d'une obéissance exagérée que de la désobéissance, peu disposé surtout à souffrir que la commune se permît de donner des leçons, même bonnes, à des comités placés sous l'autorité supérieure, fit casser l'arrêté de Chaumette, et défendre aux comités de se réunir à la commune. Chaumette reçut cette correction avec une soumission parfaite. « Tout homme, dit-il à la commune, est sujet à l'erreur. Je confesse franchement que je me suis trompé. La convention a cassé mon réquisitoire et l'arrêté que j'avais fait prendre; elle a fait justice de la faute que j'avais commise; elle est notre mère commune, unissons-nous à elle. » (19 frimaire.)

Ce n'est qu'au moyen de cette énergie que le comité pouvait parvenir à arrêter tous les mouvements désordonnés, soit de zèle, soit de résistance, et à produire la plus grande précision possible dans l'action du gouvernement. Les *ultra-révolutionnaires*, compromis et réprimés depuis leurs manifestations contre le culte, essuyèrent une nouvelle répression, plus sévère que les précédentes. Ronsin était revenu de Lyon, où il avait accompagné Collot-d'Herbois avec un détachement de l'armée révolutionnaire. Il était arrivé à Paris au moment où le bruit des sanglantes exécutions commises à Lyon excitait la pitié. Ronsin fit placarder une affiche qui révolta la convention. Il y disait que sur les cent quarante mille Lyonnais, quinze cents seulement n'étaient pas complices de la révolte, qu'avant la fin de frimaire tous les coupables auraient péri, et que le Rhône aurait roulé leurs cadavres jusqu'à Toulon. On citait de lui d'autres propos atroces; on parlait beaucoup du despotisme de Vincent dans les bureaux de la guerre, de la conduite des agents ministériels dans les provinces, et de leur rivalité avec les représentants. On répétait des mots échappés à quelques-uns d'entre eux, annonçant encore le projet de faire organiser constitutionnellement le pouvoir exécutif. L'énergie que Robespierre et le comité venaient de déployer encourageait à se prononcer contre ces agitateurs. Dans la séance du 27 frimaire (17 décembre), on commence par se plaindre de certains comités révolutionnaires. Lecointre dénonce l'arrestation d'un courrier du comité de salut public par l'un des agents du ministère. Boursault dit qu'en passant à Longjumeau, il a été arrêté par la commune, qu'il a fait connaître sa qualité de député, et que cette commune a voulu néanmoins que son passeport fût légalisé par l'agent du conseil exécutif présent sur les lieux. Fabre-d'Églantine dénonce Maillard, le chef des égorgeurs de septembre, qui a été envoyé en mission à Bordeaux par le conseil exécutif, tandis qu'il devrait être expulsé de partout; il dénonce Ronsin et son affiche, dont tout le monde a frémi; il dénonce enfin Vincent, qui a réuni tous les pouvoirs dans les bureaux de la guerre, et qui a dit qu'il ferait sauter la convention, ou la forcerait à organiser le pouvoir exécutif, parce qu'il ne voulait pas être le valet des comités. La convention met aussitôt en état d'arrestation Vincent, secrétaire-général de la guerre, Ronsin, général de l'armée révolutionnaire, Maillard, envoyé à Bordeaux, trois autres agents du pouvoir exécutif dont on signale encore les vexations à Saint-Girons, et un nommé Mazuel, adjudant dans l'armée révolutionnaire, qui a dit que la convention conspirait, et qu'il cracherait au visage des députés. La convention porte ensuite peine de mort contre les officiers des armées révolutionnaires, illégalement formées dans les provinces, qui ne se sépareraient pas sur-le-champ. Elle ordonne enfin que le conseil exécutif viendra se justifier le lendemain.

Cet acte d'énergie causa une grande douleur aux Cordeliers, et provoqua des explications aux Jacobins. Ces derniers ne se prononcèrent pas encore sur le compte de Vincent et de Ronsin, mais ils demandèrent qu'il fût fait une enquête pour constater la nature de leurs torts. Le conseil exécutif vint se justifier très-humblement à la convention; il assura que son intention n'avait point été de rivaliser avec la représentation nationale, et que l'arrestation des courriers, les difficultés essuyées par le représentant Boursault, ne provenaient que d'un ordre du comité de salut public lui-même, ordre qui enjoignait de vérifier tous les passeports et toutes les dépêches.

Tandis que Vincent et Ronsin venaient d'être incarcérés comme ultra-révolutionnaires, le comité sévit en même temps contre le parti des équivoques et des agioteurs. Il mit en arrestation Proli, Dubuisson, Desfieux, Pereyra, accusés d'être agents de l'étranger et complices de tous les partis. Enfin, il fit enlever, au milieu de la nuit, les quatre députés Bazire, Chabot, Delaunay d'Angers et Julien de Toulouse, accusés d'être modérés, et d'avoir fait une fortune subite.

On a déja vu l'histoire de l'association clandestine de ces représentants, et du faux qui en avait été la suite. On a vu que Chabot, déja ébranlé, se préparait à dénoncer ses collègues, et à rejeter tout sur eux. Les bruits qui couraient sur son mariage, les dénonciations qu'Hébert répétait chaque jour, achevèrent de l'intimider, et il courut tout dévoiler à Robespierre. Il prétendit qu'il n'avait eu d'autre projet, en entrant dans le complot, que celui de le suivre et de le révéler; il attribua ce complot à l'étranger, qui voulait, disait-il, corrompre les députés pour avilir la représentation nationale, et qui se servait ensuite d'Hébert et de ses complices pour les diffamer après les avoir corrompus. Il y avait ainsi, selon lui, deux branches dans la conspiration, la branche corruptrice et la branche diffamatrice, qui toutes deux se concertaient pour déshonorer et dissoudre la convention. La participation des banquiers étrangers à cette intrigue, les projets de Julien de Toulouse et de Delaunay, qui disaient que la convention finirait bientôt par se dévorer elle-même, et qu'il fallait faire fortune le plus tôt possible, quelques liaisons de la femme d'Hébert avec les maîtresses de Julien de Toulouse et de Delaunay, servirent à Chabot de moyens pour étayer cette fable d'une conspiration à deux branches, dans laquelle les corrupteurs et les diffamateurs s'entendaient secrètement pour arriver au même but. Chabot eut cependant un reste de scrupule, et justifia Bazire. Comme il avait été le corrupteur de Fabre, et qu'il s'exposait à une dénonciation de celui-ci en l'accusant, il prétendit que ses offres avaient été rejetées, et que les cent mille francs en assignats, suspendus avec un fil dans des lieux d'aisances, étaient les cent mille francs destinés à Fabre, et refusés par lui. Ces fables de Chabot n'avaient aucune apparence de vérité, car il eût été bien plus naturel, en entrant dans la conspiration pour la découvrir, d'en prévenir quelques membres de l'un ou de l'autre comité, et de déposer l'argent dans leurs mains. Robespierre renvoya Chabot au comité de sûreté générale, qui fit arrêter dans la nuit les députés désignés. Julien de Toulouse parvint à s'évader; Bazire, Delaunay et Chabot, furent seuls arrêtés*.

La découverte de cette trame honteuse causa une grande rumeur, et confirma toutes les calomnies que les partis dirigeaient les uns contre les autres. On répandit plus que jamais le bruit d'une faction étrangère, corrompant les patriotes, les excitant à entraver la marche de la révolution, les uns par une modération intempestive, et les autres par une exagération folle, par des diffamations continuelles, et par une odieuse profession d'athéisme. Cependant qu'y avait-il de réel dans toutes ces suppositions? D'un côté, des hommes moins fanatiques, plus prompts à s'apitoyer sur les vaincus, et plus susceptibles par cette même raison de céder à l'attrait du plaisir et de la corruption; d'un autre côté, des hommes plus violents et plus aveugles, s'aidant de la partie basse du peuple, poursuivant de leurs reproches ceux qui ne partageaient pas leur insensibilité fanatique, profanant les vieux objets du culte, sans ménagement et sans décence; au milieu de ces deux partis, des banquiers, profitant de toutes les crises pour agioter; quatre députés sur sept cent cinquante, se laissant corrompre et deve-

* 27 brumaire (17 novembre

nant les complices de cet agiotage; enfin quelques révolutionnaires sincères, mais étrangers, suspects à ce titre, et se compromettant par l'exagération même, à la faveur de laquelle ils voulaient faire oublier leur origine : voilà ce qu'il y avait de réel, et il n'y avait là rien que de très-ordinaire, rien qui exigeât la supposition d'une machination profonde.

Le comité de salut public, voulant se placer au-dessus des partis, résolut de les frapper et de les flétrir tous, et pour cela il chercha à montrer qu'ils étaient tous complices de l'étranger. Robespierre avait déjà dénoncé une faction étrangère, à laquelle son esprit défiant lui faisait ajouter foi. La faction turbulente contrariant l'autorité supérieure, et déshonorant la révolution, il l'accusa aussitôt d'être complice de la faction étrangère; cependant il ne dit rien encore de pareil contre la faction modérée, il la défendit même, comme on l'a vu, dans la personne de Danton. S'il la ménageait encore, c'est qu'elle n'avait rien fait jusque-là qui pût contrarier la marche de la révolution, c'est qu'elle ne formait pas un parti opiniâtre et nombreux comme les anciens girondins, et qu'elle se composait tout au plus de quelques individus isolés qui désapprouvaient les extravagances *ultra-révolutionnaires*.

Telle était la situation des partis, et la politique du comité de salut public à leur égard, en frimaire an II (décembre 1793). Tandis qu'il se servait de l'autorité avec tant de force, et achevait de compléter à l'intérieur la machine du pouvoir révolutionnaire, il déployait une égale énergie au dehors, et assurait le salut de la révolution par des victoires éclatantes.

CHAPITRE II.

Fin de la campagne de 1793. Manœuvre de Hoche dans les Vosges. Retraite des Autrichiens et des Prussiens. Déblocus de Landau. — Opérations à l'armée d'Italie. — Siége et prise de Toulon par l'armée républicaine. — Derniers combats et échecs aux Pyrénées. — Excursion des Vendéens au-delà de la Loire. Nombreux combats; échecs de l'armée républicaine. Défaite des Vendéens au Mans, et leur destruction complète à Savenay. Coup d'œil général sur la campagne de 1793.

La campagne de 1793 s'achevait sur toutes les frontières de la manière la plus brillante et la plus heureuse. Dans la Belgique, on avait enfin pris le parti d'entrer dans les quartiers d'hiver, malgré le projet du comité de salut public, qui avait voulu profiter de la victoire de Watignies pour envelopper l'ennemi entre l'Escaut et la Sambre. Ainsi, sur ce point, les événements n'avaient pas changé, et les avantages de Wattignies nous étaient restés.

Sur le Rhin, la campagne s'était beaucoup prolongée par la perte des lignes de Wissembourg, forcées le 13 octobre (22 vendémiaire). Le comité de salut public voulait les recouvrer à tout prix, et débloquer Landau, comme il avait débloqué Dunkerque et Maubeuge. L'état de nos départements du Rhin était une raison de se hâter, et d'en éloigner l'ennemi. Le pays des Vosges était singulièrement empreint de l'esprit féodal; les prêtres et les nobles y avaient conservé une grande influence; la langue française y étant peu répandue, les nouvelles idées révolutionnaires n'y avaient presque pas pénétré; dans un grand nombre de communes, les décrets de la convention étaient inconnus; plusieurs manquaient de comités révolutionnaires, et, dans presque toutes, les émigrés circulaient impunément. Les nobles de l'Alsace avaient suivi l'armée de Wurmser en foule, et se répandaient depuis Wissembourg jusqu'aux environs de Strasbourg. Dans cette dernière ville, on avait formé le complot de livrer la place à Wurmser. Le comité de salut public y envoya aussitôt Lebas et Saint-Just, pour y exercer la dictature ordinaire des commissaires de la convention. Il nomma le jeune Hoche, qui s'était si fort distingué au siége de Dunkerque, général de l'armée de la Moselle; il détacha de l'armée oisive des Ardennes une forte division, qui fut partagée entre les deux armées de la Moselle et du Rhin; enfin il fit exécuter des levées en masse dans tous les départements environnants, et les dirigea sur Besançon. Ces nouvelles levées occupèrent les places fortes, et les garnisons furent portées en ligne. Saint-Just déploya à Strasbourg tout ce qu'il avait d'énergie et d'intelligence. Il fit trembler les malintentionnés, livra à une commission ceux qu'on soupçonnait d'avoir voulu livrer Strasbourg, et les fit conduire à l'échafaud. Il communiqua aux généraux et aux soldats une vigueur nouvelle, il exigea chaque jour des attaques sur toute la ligne, afin d'exercer nos jeunes conscrits. Aussi brave qu'impitoyable, il allait lui-même au feu, et partageait tous les dangers de la guerre. Un grand enthousiasme s'était emparé de l'armée; et le cri des soldats, qu'on enflammait de l'espoir de recouvrer le terrain perdu, leur cri était: *Landau ou la mort!*

La véritable manœuvre à exécuter sur cette partie des frontières, consistait toujours à réunir les deux armées du Rhin et de la Moselle, et d'opérer en masse sur un seul versant des

Vosges. Pour cela, il fallait recouvrer les passages qui coupaient la ligne des montagnes, et que nous avions perdus depuis que Brunswick s'était porté au centre des Vosges, et Wurmser sous les murs de Strasbourg. Le projet du comité était formé : il voulait s'emparer de la chaîne même, pour séparer les Prussiens des Autrichiens. Le jeune Hoche, plein de talent et d'ardeur, était chargé d'exécuter ce plan, et ses premiers mouvements à la tête de l'armée de la Moselle firent espérer les plus énergiques déterminations.

Les Prussiens, pour assurer leur position, avaient voulu enlever par une surprise le château de Bitche, placé au milieu même des Vosges. Cette tentative fut déjouée par la vigilance de la garnison, qui accourut à temps sur les remparts; et Brunswick, soit qu'il fût déconcerté par ce défaut de succès, soit qu'il redoutât l'activité et l'énergie de Hoche, soit aussi qu'il fût mécontent de Wurmser, avec lequel il ne vivait pas d'accord, se retira d'abord à Bisingen, sur la ligne de l'Erbach, puis à Kayserslautern, au centre des Vosges. Il n'avait pas prévenu Wurmser de ce mouvement rétrograde; et, tandis que celui-ci se trouvait engagé sur le versant oriental, presque à la hauteur de Strasbourg, Brunswick, sur le versant occidental, se trouvait même en arrière de Wissembourg, et à peu près à la hauteur de Landau. Hoche avait suivi Brunswick de très-près dans son mouvement rétrograde; et, après avoir vainement essayé de l'entourer à Bisingen, et même de le prévenir à Kayserslautern, il forma le projet de l'attaquer à Kayserslautern même, quelque grande que fût la difficulté des lieux. Hoche avait environ trente mille hommes; il se battit les 28, 29 et 30 novembre; mais les lieux étaient peu connus et peu praticables. Le premier jour, le général Ambert, qui commandait la gauche, se trouva engagé, tandis que Hoche, au centre, cherchait sa route; le jour suivant, Hoche se trouvait seul en présence de l'ennemi, tandis qu'Ambert s'égarait dans les montagnes. Grace aux difficultés des lieux, à sa force et à l'avantage de sa position, Brunswick eut un succès complet. Il ne perdit qu'environ douze hommes; Hoche fut obligé de se retirer avec une perte d'environ trois mille hommes; mais il ne fut pas découragé, et vint se rallier à Pirmasens, Hornbach et Deux-Ponts. Hoche, quoique malheureux, n'en avait pas moins déployé une audace et une résolution qui frappèrent les représentants et l'armée. Le comité de salut public, qui, depuis l'entrée de Carnot, était assez éclairé pour être juste, et qui n'était sévère qu'envers le défaut de zèle, lui écrivit les lettres les plus encourageantes, et, pour la première fois, donna des éloges à un général battu. Hoche, sans être ébranlé un moment par sa défaite, forma aussitôt la résolution de se joindre à l'armée du Rhin, pour accabler Wurmser. Celui-ci, qui était resté en Alsace tandis que Brunswick rétrogradait jusqu'à Kayserslautern, avait son flanc droit découvert. Hoche dirigea le général Taponnier avec douze mille hommes sur Werdt, pour percer la ligne des Vosges, et se jeter sur le flanc de Wurmser, tandis que l'armée du Rhin ferait sur son front une attaque générale.

Grace à la présence de Saint-Just, des combats continuels avaient eu lieu pendant la fin de novembre et le commencement de décembre, entre l'armée du Rhin et les Autrichiens. Elle commençait à s'aguerrir en allant tous les jours au feu. Pichegru la commandait. Le corps envoyé dans les Vosges par Hoche eut beaucoup de difficultés à vaincre pour y pénétrer, mais il y réussit enfin, et inquiéta sérieusement la droite de Wurmser. Le 22 décembre (2 nivôse), Hoche marcha lui-même à travers les montagnes, et parut à Werdt sur le sommet du versant oriental. Il accabla la droite de Wurmser, lui prit beaucoup de canons, et fit un grand nombre de prisonniers. Les Autrichiens furent alors obligés de quitter la ligne de la Motter, et de se porter d'abord à Sultz, puis le 24 à Wissembourg, sur les lignes mêmes de la Lauter. Leur retraite s'opérait avec désordre et confusion. Les émigrés, les nobles alsaciens accourus à la suite de Wurmser, fuyaient avec la plus grande précipitation. Des familles entières couvraient la route en cherchant à s'échapper. Les deux armées prussienne et autrichienne étaient mécontentes l'une de l'autre, et s'entr'aidaient peu contre un ennemi plein d'ardeur et d'enthousiasme.

Les deux armées du Rhin et de la Moselle étaient réunies. Les représentants donnèrent le commandement en chef à Hoche, qui se disposa sur-le-champ à reprendre Wissembourg. Les Prussiens et les Autrichiens, concentrés maintenant par leur mouvement rétrograde, se trouvaient mieux en mesure de se soutenir. Ils résolurent donc de prendre l'offensive le 25 décembre (6 nivôse), le jour même où le général français se disposait à fondre sur eux. Les Prusssiens étaient dans les Vosges et autour de Wissembourg; les Autrichiens s'étendaient en avant de la Lauter, depuis Wissembourg jusqu'au Rhin. Certainement, s'ils n'avaient pas été décidés à prendre l'initiative, ils n'auraient pas reçu l'attaque en avant des lignes, ayant la Lauter à dos; mais ils étaient résolus à attaquer les premiers, et les Français, en s'avançant sur eux, trouvèrent leurs avant-gardes en marche. Le général Desaix, commandant la droite de l'armée du Rhin, marcha sur Lauterbourg; le général Michaud fut dirigé sur Schleithal; le centre attaqua les Autrichiens, rangés sur le Geisberg, et la gauche pénétra dans les Vosges pour tourner les Prussiens. Desaix emporta Lauterbourg, Michaud occupa Schleithal; et le centre repliant les Autrichiens, les refoula du Geisberg jusqu'à Wissembourg même. L'occupation instantanée de Wissembourg pouvait être désastreuse pour les coalisés, et elle était imminente; mais Brunswick, qui se trouvait au Pigeonnier, accourut sur ce point, et contint les Français avec beaucoup de fermeté. La retraite des Autrichiens se fit alors avec moins de désordre; mais le lendemain les Français occupèrent les lignes et Wissembourg. Les Autrichiens se replièrent sur Gemersheim, les Prussiens sur Bergzabern. Les soldats français s'avançaient toujours en criant: *Landau ou la mort!* Les Autrichiens se hâtèrent de repasser le Rhin, sans vouloir tenir un jour de plus sur la rive gauche, et sans donner aux Prussiens le temps d'arriver à Mayence. Landau fut débloqué, et les Français prirent leurs quartiers d'hiver dans le Palatinat. Aussitôt après, les deux généraux coalisés s'attaquèrent dans des relations contradictoires, et Brunswick donna sa démission à Frédéric-Guillaume. Ainsi, sur cette partie du théâtre de la guerre, nous avions glorieusement recouvré nos frontières, malgré les forces réunies de la Prusse et de l'Autriche.

L'armée d'Italie n'avait rien entrepris d'important, et, depuis sa défaite du mois de juin, elle était restée sur la défensive. Dans le mois de septembre, les Piémontais, voyant Toulon attaqué par les Anglais, songèrent enfin à profiter de cette circonstance, qui pouvait amener la perte de l'armée française. Le roi de Sardaigne se rendit lui-même sur le théâtre de la guerre, et une attaque générale du camp français fut résolue pour le 8 septembre. La manière la plus sûre d'opérer contre les Français eût été d'occuper la ligne du Var, qui séparait Nice de leur territoire. On aurait ainsi fait tomber toutes les positions qu'ils avaient prises au-delà du Var, on les aurait obligés d'évacuer le comté de Nice, et peut-être même de mettre bas les armes. On aima mieux attaquer immédiatement leur camp. Cette attaque, exécutée avec des corps détachés, et par diverses vallées à la fois, ne réussit pas; et le roi de Sardaigne, peu satisfait, se retira aussitôt dans ses états. A peu près à la même époque, le général autrichien Dewins résolut enfin d'opérer sur le Var; mais il n'exécuta son mouvement qu'avec trois ou quatre mille hommes, ne s'avança que jusqu'à Isola, et, arrêté tout-à-coup par un léger échec, il remonta sur les Hautes-Alpes, sans avoir donné suite à cette tentative. Telles avaient été les opérations insignifiantes de l'armée d'Italie.

Un intérêt plus grave appelait toute l'attention sur Toulon. Cette place, occupée par les Anglais et les Espagnols, leur assurait un pied à terre dans le Midi, et une base pour tenter une invasion. Il importait donc à la France de la recouvrer au plus tôt. Le comité avait donné à cet égard les ordres les plus pressants, mais les moyens de siége manquaient entièrement. Carteaux, après avoir soumis Marseille, avait débouché avec sept ou huit mille hommes par les gorges d'Ollioules, s'en était emparé après un léger combat, et s'était établi au débouché même de ces gorges, en vue de Toulon; le général Lapoype, détaché de l'armée d'Italie avec quatre mille hommes environ, s'était rangé sur le côté opposé, vers Solliès et Lavalette. Les deux corps français ainsi placés, l'un au couchant, l'autre au levant, étaient si éloignés qu'ils s'apercevaient à peine, et ne pouvaient se prêter aucun secours. Les assiégés, avec un peu plus d'activité, auraient pu les attaquer isolément, et les accabler l'un après l'autre. Heureusement ils ne songèrent qu'à fortifier la place, et à la garnir de troupes. Ils firent débarquer huit mille Espagnols, Napolitains et Piémontais, deux régiments anglais venus de Gibraltar, et portèrent la garnison à quatorze ou quinze mille hommes. Ils perfectionnèrent toutes les défenses, armèrent tous les forts, surtout ceux de la côte, qui protégeaient la rade où leurs escadres étaient au mouillage. Ils s'attachèrent particulièrement à rendre inaccessible le fort de l'Éguillette, placé à l'extrémité du promontoire qui ferme la rade intérieure, ou petite rade. Ils en rendirent l'abord tellement difficile, qu'on l'appelait dans l'armée, *le petit Gibraltar*. Les Marseillais et tous les Provençaux qui s'étaient réfugiés dans Toulon, s'employèrent eux-mêmes aux ouvrages, et montrèrent le plus grand zèle. Cependant l'union ne pouvait durer dans l'intérieur de la place, car la réaction contre la Montagne y avait fait renaître toutes les factions. On y était républicain ou royaliste à tous les degrés. Les coalisés eux-mêmes n'étaient pas d'accord. Les Espagnols étaient offensés de la supériorité qu'affectaient les Anglais, et se défiaient de leurs intentions. L'amiral Hood, profitant de cette désunion, dit que, puisqu'on ne pouvait s'entendre, il fallait, pour le moment, ne proclamer aucune autorité. Il empêcha même le départ d'une députation que les Toulonais voulaient envoyer auprès du comte de Provence, pour engager ce prince à se rendre dans leurs murs en qualité de régent. Dès cet instant, on pouvait entrevoir la conduite des Anglais, et sentir combien avaient été aveugles et coupables ceux qui avaient livré Toulon aux plus cruels ennemis de la marine française.

Les républicains ne pouvaient pas espérer, avec leurs moyens actuels, de reprendre Toulon. Les représentants conseillaient même de replier l'armée au-delà de la Durance, et d'attendre la saison suivante. Cependant la prise de Lyon ayant permis de disposer de nouvelles forces, on achemina vers Toulon des troupes et du matériel. Le général Doppet, auquel on attribuait la prise de Lyon, fut chargé de remplacer Carteaux. Bientôt Doppet lui-même fut remplacé par Dugommier, qui était beaucoup plus expérimenté, et fort brave. Vingt-huit ou trente mille hommes furent réunis, et on

donna l'ordre d'achever le siége avant la fin de la campagne.

On commença par serrer la place de près, et par établir des batteries contre les forts. Le général Lapoype, détaché de l'armée d'Italie, était toujours au levant, et le général en chef Dugommier au couchant, en avant d'Ollioules. Ce dernier était chargé de la principale attaque. Le comité de salut public avait fait rédiger par le comité des fortifications un plan d'attaque régulière. Le général assembla un conseil de guerre pour discuter le plan envoyé de Paris. Ce plan était fort bien conçu, mais il s'en présentait un autre plus convenable aux circonstances, et qui devait avoir des résultats plus prompts.

Dans le conseil de guerre se trouvait un jeune officier, qui commandait l'artillerie en l'absence du chef de cette arme. Il se nommait Bonaparte, et était originaire de Corse. Fidèle à la France, au sein de laquelle il avait été élevé, il s'était battu en Corse pour la cause de la convention contre Paoli et les Anglais; il s'était rendu ensuite à l'armée d'Italie, et servait devant Toulon. Il montrait une grande intelligence, une extrême activité, et couchait à côté de ses canons. Ce jeune officier, à l'aspect de la place, fut frappé d'une idée, et la proposa au conseil de guerre. Le fort l'Éguillette, surnommé *le petit Gibraltar*, fermait la rade où mouillaient les escadres coalisées. Ce fort occupé, les escadres ne pouvaient plus mouiller dans la rade, sans s'exposer à y être brûlées : elles ne pouvaient pas non plus l'évacuer en y laissant une garnison de quinze mille hommes, sans communications, sans secours, et tôt ou tard exposée à mettre bas les armes : il était donc infiniment présumable que le fort l'Éguillette une fois en la possession des républicains, les escadres et la garnison évacueraient ensemble Toulon. Ainsi, la clef de la place était au fort l'Éguillette ; mais ce fort était presque imprenable. Le jeune Bonaparte soutint fortement son idée comme plus appropriée aux circonstances, et réussit à la faire adopter.

On commença par serrer la place. Bonaparte, à la faveur de quelques oliviers qui cachaient ses artilleurs, fit placer une batterie très-près du fort Malbosquet, l'un des plus importants parmi ceux qui environnaient Toulon. Un matin, cette batterie éclata à l'improviste, et surprit les assiégés, qui ne croyaient pas qu'on pût établir des feux aussi près du fort. Le général anglais O'Hara, qui commandait la garnison, résolut de faire une sortie pour détruire la batterie, et enclouer les canons. Le 30 novembre (10 frimaire), il sortit à la tête de six mille hommes, pénétra soudainement à travers les postes républicains, s'empara de la batterie, et commença aussitôt à enclouer les pièces. Heureusement, le jeune Bonaparte se trouvait non loin de là avec un bataillon. Un boyau conduisait à la batterie. Bonaparte s'y jeta avec son bataillon, se porta sans bruit au milieu des Anglais, puis tout-à-coup ordonna le feu, et les jeta, par cette subite apparition, dans la plus grande surprise. Le général O'Hara, étonné, crut que c'étaient ses propres soldats qui se trompaient, et faisaient feu les uns sur les autres. Il s'avança alors vers les républicains pour s'en assurer, mais il fut blessé à la main, et pris dans le boyau même par un sergent. Au même instant, Dugommier, qui avait fait battre la générale au camp, ramenait ses soldats à l'attaque, et se portait entre la batterie et la place. Les Anglais, menacés alors d'être coupés, se retirèrent après avoir perdu leur général, et sans avoir pu se délivrer de cette dangereuse batterie.

Ce succès anima singulièrement les assiégeants, et jeta beaucoup de découragement parmi les assiégés. La défiance était si grande chez ces derniers, qu'ils disaient que le général O'Hara s'était fait prendre pour vendre Toulon aux républicains. Cependant les républicains, qui voulaient conquérir la place et qui n'avaient pas les moyens de l'acheter, se préparaient à l'attaque si périlleuse de l'Éguillette. Ils y avaient jeté déja un grand nombre de bombes, et tâchaient d'en raser la défense avec des pièces de 24. Le 18 décembre (28 frimaire), l'assaut fut résolu pour minuit. Une attaque simultanée devait avoir lieu du côté du général Lapoype sur le fort Faron. A minuit, et par un orage épouvantable, les républicains s'ébranlent. Les soldats qui gardaient le fort se tenaient ordinairement en arrière, pour se mettre à l'abri des bombes et des boulets. Les Français espéraient y arriver avant d'avoir été aperçus; mais au pied de la hauteur ils trouvent des tirailleurs ennemis. Le combat s'engage. Au bruit de la mousqueterie, la garnison du fort accourt sur les remparts et foudroie les assaillants. Ceux-ci reculent et reviennent tour à tour. Un jeune capitaine d'artillerie, nommé Muiron, profite des inégalités du terrain, et réussit à gravir la hauteur, sans avoir perdu beaucoup de monde. Arrivé au pied du fort, il s'élance par une embrasure; les soldats le suivent, pénètrent dans la batterie, s'emparent des canons, et bientôt du fort lui-même.

Dans cette action, le général Dugommier, les représentants Salicetti et Robespierre jeune, le commandant d'artillerie Bonaparte, avaient été présents au feu, et avaient communiqué aux troupes le plus grand courage. Du côté du général Lapoype l'attaque ne fut pas moins heureuse, et une des redoutes du fort Faron fut emportée.

Dès que le fort l'Éguillette fut occupé, les républicains se hâtèrent de disposer les canons de manière à foudroyer la flotte. Mais les Anglais ne leur en donnèrent pas le temps. Ils se décidèrent sur-le-champ à évacuer la place, pour ne pas courir plus long-temps les chances d'une défense difficile et périlleuse. Avant de se retirer, ils résolurent de brûler l'arsenal, les chantiers, et les vaisseaux qu'ils ne pourraient pas prendre. Le 18 et le 19, sans en prévenir l'amiral espagnol, sans avertir même la population compromise qu'on allait la livrer aux montagnards victorieux, les ordres furent donnés pour l'évacuation. Chaque vaisseau anglais vint à son tour s'approvisionner à l'arsenal. Les forts furent ensuite tous évacués, excepté le fort Lamalgue, qui devait être le dernier abandonné. Cette évacuation se fit même si vite, que deux mille Espagnols, prévenus trop tard, restèrent hors des murs, et ne se sauvèrent que par miracle. Enfin on donna l'ordre d'incendier l'arsenal. Vingt vaisseaux ou frégates parurent tout-à-coup en flammes au milieu de la rade, et excitèrent le désespoir chez les malheureux habitants, et l'indignation chez les républicains, qui voyaient brûler l'escadre sans pouvoir la sauver. Aussitôt, plus de vingt mille individus, hommes, femmes, vieillards, enfants, portant ce qu'ils avaient de plus précieux, vinrent sur les quais, tendant les mains vers les escadres, et implorant un asile pour se soustraire à l'armée victorieuse. C'étaient toutes les familles provençales qui, à Aix, Marseille, Toulon, s'étaient compromises dans le mouvement sectionnaire. Pas une seule chaloupe ne se montrait à la mer pour secourir ces imprudents Français, qui avaient mis leur confiance dans l'étranger, et qui lui avaient livré le premier port de leur patrie. Cependant l'amiral Langara, plus humain, ordonna de mettre les chaloupes à la mer, et de recevoir sur l'escadre espagnole tous les réfugiés qu'elle pourrait contenir. L'amiral Hood n'osa pas résister à cet exemple, et aux imprécations qu'on vomissait contre lui. Il ordonna à son tour, mais fort tard, de recevoir les Toulonais. Ces malheureux se précipitaient avec fureur dans les chaloupes. Dans cette confusion, quelques

uns tombaient à la mer, d'autres étaient séparés de leurs familles. On voyait des mères cherchant leurs enfants, des épouses, des filles, cherchant leurs maris ou leurs pères, et errant sur ces quais aux lueurs de l'incendie. Dans ce moment terrible, des brigands, profitant du désordre pour piller, se jettent sur les malheureux accumulés le long des quais, et font feu en criant: *Voici les républicains!* La terreur alors s'empare de cette multitude; elle se précipite, se mêle, et, pressée de fuir, elle abondonne ses dépouilles aux brigands auteurs de ce stratagème.

Enfin les républicains entrèrent, et trouvèrent la ville à moitié déserte, et une grande partie du matériel de la marine détruit. Heureusement les forçats avaient arrêté l'incendie et empêché qu'il ne se propageât. De 56 vaisseaux ou frégates, il ne restait que 7 vaisseaux et 11 frégates; le reste avait été pris ou brûlé par les Anglais. Bientôt, aux horreurs du siége et de l'évacuation, succédèrent celles de la vengeance révolutionnaire. Nous raconterons plus tard la suite des désastres de cette cité coupable et malheureuse. La prise de Toulon causa une joie extraordinaire, et produisit autant d'impression que les victoires de Wattignies, la prise de Lyon, et le déblocus de Landau. Dès lors on n'avait plus à craindre que les Anglais, s'appuyant sur Toulon, vinssent apporter dans le Midi le ravage et la révolte.

La campagne s'était terminée moins heureusement aux Pyrénées. Cependant, malgré de nombreux revers et une grande impéritie de la part des généraux, nous n'avions perdu que la ligne du Tech, et celle de la Tet nous était restée. Après le combat malheureux de Truillas, livré le 22 septembre (1er vendémiaire) contre le camp espagnol, et où Dagobert avait montré tant de bravoure et de sang-froid, Ricardos, au lieu de marcher en avant, avait rétrogradé au contraire sur le Tech. La reprise de Villefranche, et un renfort de quinze mille hommes arrivé aux républicains, l'avaient décidé à ce mouvement rétrograde. Après avoir levé le blocus de Collioure et de Port-Vendre, il s'était porté au camp de Boulou, entre Céret et Ville-Longue, et veillait de là à ses communications en gardant la grande route de Bellegarde. Les représentants Fabre et Gaston, pleins de fougue, voulurent faire attaquer le camp des Espagnols, afin de les rejeter au-delà des Pyrénées; mais l'attaque fut infructueuse et n'aboutit qu'à une inutile effusion de sang.

Le représentant Fabre, impatient de tenter

une entreprise importante, rêvait depuis long-temps une marche au-delà des Pyrénées, pour forcer les Espagnols à rétrograder. On lui avait persuadé que le fort de Roses pouvait être enlevé par un coup de main. D'après son vœu, et malgré l'avis contraire des généraux, trois colonnes furent jetées au-delà des Pyrénées, pour se réunir à Espola. Mais, trop faibles, trop désunies, elles ne purent se joindre, furent battues, et ramenées sur la grande chaîne après une perte considérable. Ceci s'était passé en octobre. En novembre, des orages, peu ordinaires dans la saison, grossirent les torrents, interrompirent les communications des divers camps espagnols entre eux, et les mirent dans le plus grand péril.

C'était le cas de se venger sur les Espagnols des revers qu'on avait essuyés. Il ne leur restait que le pont de Céret pour repasser le Tech, et ils demeuraient inondés et affamés sur la rive gauche à la merci des Français. Mais rien de ce qu'il fallait faire ne fut exécuté. Au général Dagobert avait succédé le général Turreau, à celui-ci le général Doppet. L'armée était désorganisée. On se battit mollement aux environs de Céret, on perdit même le camp de Saint-Ferréol, et Ricardos échappa ainsi aux dangers de sa position. Bientôt il se vengea bien plus habilement du danger où il s'était trouvé, et fondit le 7 novembre (17 brumaire) sur une colonne française, qui était engagée à Ville-Longue sur la rive droite du Tech, entre le fleuve, la mer et les Pyrénées. Il défit cette colonne, forte de dix mille hommes, et la jeta dans un tel désordre, qu'elle ne put se rallier qu'à Argelès. Immédiatement après, Ricardos fit attaquer la division Delatre à Collioure, s'empara de Collioure, de Port-Vendre et de Saint-Elme, et nous rejeta entièrement au-delà du Tech. La campagne se trouva ainsi terminée vers les derniers jours de décembre. Les Espagnols prirent leurs quartiers d'hiver sur les bords du Tech; les Français campèrent autour de Perpignan, et sur les rives de la Tet. Nous avions perdu un peu de territoire, mais moins qu'on ne devait le craindre après tant de désastres. C'était du reste la seule frontière où la campagne ne se fût pas terminée glorieusement pour les armes de la république. Du côté des Pyrénées-Occidentales, on avait gardé une défensive réciproque.

C'est dans la Vendée que de nouveaux et terribles combats avaient eu lieu, avec un grand avantage pour la république, mais avec un grand dommage pour la France, qui ne voyait des deux côtés que des Français s'égorgeant les uns les autres.

Les Vendéens, battus à Cholet le 17 octobre (26 vendémiaire), s'étaient jetés, comme on l'a vu, sur le bord de la Loire, au nombre de quatre-vingt mille individus, hommes, femmes, enfants, vieillards. N'osant pas rentrer dans leur pays occupé par les républicains, ne pouvant plus tenir la campagne en présence d'une armée victorieuse, ils songèrent à se rendre en Bretagne, et à suivre les idées de Bonchamps, lorsque ce jeune héros était mort, et ne pouvait plus diriger leurs tristes destinées. On a vu qu'à la veille de la bataille de Cholet, il envoya un détachement pour faire occuper le poste de Varade, sur la Loire. Ce poste, mal gardé par les républicains, fut pris dans la nuit du 16 au 17. La bataille perdue, les Vendéens purent donc impunément traverser le fleuve, à la faveur de quelques bateaux laissés sur la rive, et à l'abri du canon républicain. Le danger ayant été jusqu'ici sur la rive gauche, le gouvernement n'avait pas songé à défendre la rive droite. Toutes les villes de la Bretagne étaient mal gardées; quelques détachements de gardes nationales, épars çà et là, étaient incapables d'arrêter les Vendéens, et ne pouvaient que fuir à leur approche. Ceux-ci s'avancèrent donc sans obstacles, et traversèrent successivement Candé, Château-Gonthier et Laval, sans éprouver aucune résistance.

Pendant ce temps, l'armée républicaine était incertaine de leur marche, de leur nombre et de leurs projets. Un moment même, elle les avait crus détruits, et les représentants l'avaient écrit à la convention. Kléber seul, qui commandait toujours l'armée sous le nom de Léchelle, pensait le contraire, et s'efforçait de modérer une dangereuse sécurité. Bientôt, en effet, on apprit que les Vendéens étaient loin d'être exterminés; que dans la colonne fugitive, il restait encore trente ou quarante mille hommes armés, et capables de combattre. Un conseil de guerre fut aussitôt rassemblé; et comme on ne savait pas si les fugitifs se porteraient sur Angers ou sur Nantes, s'ils marcheraient sur la Bretagne, ou iraient par la Basse-Loire se réunir à Charette, on décida que l'armée se diviserait; qu'une partie, sous le général Haxo, irait tenir tête à Charette, et reprendre Noirmoutiers; qu'une autre partie sous Kléber occuperait le camp de Saint-George près de Nantes, et que le reste enfin demeurerait à Angers pour couvrir cette ville, et observer la marche de l'ennemi. Sans doute, si l'on eût été mieux instruit, on aurait compris qu'il fallait rester réunis en masse, et marcher sans relâche à la poursuite des Vendéens. Dans l'état de désordre et d'effroi où ils se trouvaient, il eût été facile de les disperser et de les détruire entièrement ; mais on ne connaissait pas la direction qu'ils avaient prise, et, dans le doute, le parti que l'on prit était encore le plus sage. Bientôt, cependant, on eut de meilleurs renseignements, et l'on apprit la marche des Vendéens sur Candé, Château-Gonthier et Laval. Dès lors on résolut de les poursuivre sur-le-champ, et de les atteindre, avant qu'ils pussent mettre la Bretagne en feu, et s'emparer de quelque grande ville, ou d'un port sur l'Océan. Les généraux Vimeux et Haxo furent laissés à Nantes et dans la Basse-Vendée ; tout le reste de l'armée s'achemina vers Candé et Château-Gonthier. Westermann et Beaupuy formaient l'avant-garde ; Chalbos, Kléber, Canuel, commandaient chacun une division, et Léchelle, éloigné du champ de bataille, laissait diriger les mouvements par Kléber, qui avait la confiance et l'admiration de l'armée.

Le 25 octobre au soir (4 brumaire), l'avant-garde républicaine arriva à Château-Gonthier ; le gros des forces était à une journée en arrière. Westermann, quoique ses troupes fussent très-fatiguées, quoiqu'il fût presque nuit, et qu'il restât encore six lieues de chemin à faire pour arriver à Laval, voulut y marcher sur-le-champ. Beaupuy, tout aussi brave, mais plus prudent que Westermann, s'efforça en vain de lui faire sentir le danger d'attaquer la masse vendéenne au milieu de la nuit, fort en avant du corps d'armée, et avec des troupes harassées de fatigue. Beaupuy fut obligé de céder au plus ancien en commandement. On se mit aussitôt en marche. Arrivé à Laval au milieu de la nuit, Westermann envoya un officier reconnaître l'ennemi : celui-ci, emporté par son ardeur, fit une charge au lieu d'une reconnaissance, et replia rapidement les premiers postes. L'alarme se répandit dans Laval, le tocsin sonna, toute la masse ennemie fut bientôt debout, et vint faire tête aux républicains. Beaupuy se comportant avec sa fermeté ordinaire, soutint courageusement l'effort des Vendéens. Westermann déploya toute sa bravoure, le combat fut des plus opiniâtres, et l'obscurité de la nuit le rendit encore plus sanglant. L'avant-garde républicaine, quoique très-inférieure en nombre, serait néanmoins parvenue à se soutenir jusqu'à la fin; mais la cavalerie de Westermann, qui n'était pas toujours aussi brave que son chef, se débanda tout-à-coup, et l'obligea à la retraite. Grace à Beaupuy, elle se fit sur Château-Gonthier, avec assez d'ordre. Le corps de bataille y arriva le jour suivant. Toute l'armée s'y trouva donc réunie le 26, l'avant-garde épuisée d'un combat inutile et sanglant, le corps de bataille fatigué d'une route longue, faite sans vivres, sans souliers, et à travers les boues de l'automne. Westermann et les représentants voulaient de nouveau se reporter en avant. Kléber s'y opposa avec force, et fit décider qu'on ne s'avancerait pas au-delà de Villiers, moitié chemin de Château-Gonthier à Laval.

Il s'agissait de former un plan pour l'attaque de Laval. Cette ville est située sur la Mayenne. Marcher directement par la rive gauche que l'on occupait, était imprudent, comme l'observa judicieusement un officier très-distingué, Savary, qui connaissait parfaitement les lieux. Il était facile aux Vendéens d'occuper le pont de Laval, et de s'y maintenir contre toutes les attaques; ils pouvaient ensuite, tandis que l'armée républicaine était inutilement amassée sur la rive gauche, marcher le long de la rive droite, passer la Mayenne sur ses derrières, et l'accabler à l'improviste. Il proposa donc de diviser l'attaque, et de porter une partie de l'armée sur la rive droite. De ce côté il n'y avait pas de pont à franchir, et l'occupation de Laval ne présentait point d'obstacle. Ce plan, approuvé par les généraux, fut adopté par Léchelle. Le lendemain, cependant, Léchelle, qui sortait quelquefois de sa nullité pour commettre des fautes, envoie l'ordre le plus sot et le plus contradictoire à ce qui avait été convenu la veille. Il prescrit, suivant ses expressions accoutumées, de marcher *majestueusement et en masse* sur Laval, en longeant par la rive gauche. Kléber et tous les généraux sont indignés; cependant il faut obéir. Beaupuy s'avance le premier; Kléber le suit immédiatement. Toute l'armée vendéenne était déployée sur les hauteurs d'Entrames. Beaupuy engage le combat; Kléber se déploie à droite et à gauche de la route, de manière à s'étendre le plus possible. Sentant néanmoins le désavantage de cette position, il fait dire à Léchelle de porter la division Chalbos sur le flanc de l'ennemi, mouvement qui devait l'ébranler. Mais cette colonne, composée de ces bataillons formés à Orléans et à Niort, qui avaient fui si souvent, se débande avant de s'être mise en marche. Léchelle s'échappe le premier à toute bride; une grande moitié de l'armée, qui ne se battait pas, fuit en toute hâte, ayant Léchelle en tête, et court jusqu'à Château-Gonthier, et de Château-Gonthier jusqu'à Angers. Les braves Mayen-

çais, qui n'avaient jamais lâché pied, se débandent pour la première fois. La déroute devient alors générale; Beaupuy, Kléber, Marceau, les représentants Merlin et Turreau font des efforts incroyables, mais inutiles, pour arrêter les fuyards. Beaupuy reçoit une balle au milieu de la poitrine. Porté dans une cabane, il s'écrie : « Qu'on me laisse ici, et qu'on montre ma chemise sanglante à mes soldats. » Le brave Bloss, qui commandait les grenadiers, et qui était connu par une intrépidité extraordinaire, se fait tuer à leur tête. Enfin une partie de l'armée s'arrête au Lion-d'Angers; l'autre fuit jusqu'à Angers même. L'indignation était générale contre le lâche exemple qu'avait donné Léchelle, en fuyant le premier. Les soldats murmuraient hautement. Le lendemain, pendant la revue, le petit nombre de braves qui étaient restés sous les drapeaux, et c'étaient des Mayençais, criaient : A bas Léchelle! vive Kléber et Dubayet! *qu'on nous rende Dubayet!* Léchelle, qui entendit ces cris, en fut encore plus mal disposé contre l'armée de Mayence, et contre les généraux dont la bravoure lui faisait honte. Les représentants, voyant que les soldats ne voulaient plus de Léchelle, se décidèrent à le suspendre, et proposèrent le commandement à Kléber. Celui-ci le refusa, parce qu'il n'aimait pas la situation d'un général en chef, toujours en butte aux représentants, au ministre, au comité de salut public, et consentit seulement à diriger l'armée sous le nom d'un autre. On donna donc le commandement à Chalbos, qui était l'un des généraux les plus âgés de l'armée. Léchelle, prévenant l'arrêté des représentants, demanda son congé, en disant qu'il était malade, et se retira à Nantes, où il mourut quelque temps après.

Kléber, voyant l'armée dans un état pitoyable, dispersée partie à Angers, et partie au Lion-d'Angers, proposa de la réunir tout entière à Angers même, de lui donner ensuite quelques jours de repos, de la fournir de souliers et de vêtements, et de la réorganiser d'une manière complète. Cet avis fut adopté, et toutes les troupes furent réunies à Angers. Léchelle n'avait pas manqué de dénoncer l'armée de Mayence en donnant sa démission, et d'attribuer à de braves gens une déroute qui n'était due qu'à sa lâcheté. Depuis long-temps on se défiait de cette armée, de son esprit de corps, de son attachement à ses généraux, et de son opposition à l'état-major de Saumur. Les derniers cris de *vive Dubayet! à bas Léchelle!* achevèrent de la compromettre dans l'esprit du gouvernement. Bientôt, en effet, le comité de salut public rendit un arrêté, pour en ordonner la dissolution et l'amalgame avec les autres corps. Kléber fut chargé de cette dernière opération. Quoique cette mesure fût prise contre lui et contre ses compagnons d'armes, il s'y prêta volontiers, car il sentait le danger de l'esprit de rivalité et de haine qui s'établissait entre la garnison de Mayence et le reste des troupes; et il voyait surtout un grand avantage à former de bonnes têtes de colonnes, qui, habilement distribuées, pouvaient communiquer leur propre force à toute l'armée.

Pendant que ceci se passait à Angers, les Vendéens, délivrés à Laval des républicains, et ne voyant plus rien qui s'opposât à leur marche, ne savaient cependant quel parti prendre, ni sur quel théâtre porter la guerre. Il s'en présentait deux également avantageux : ils avaient à choisir entre la pointe de Bretagne, et celle de Normandie. L'extrême Bretagne était toute fanatisée par les prêtres et les nobles; la population les aurait reçus avec joie; et le sol, extrêmement coupé et montueux, leur aurait fourni des moyens très-faciles de résistance; enfin, ils se seraient trouvés sur le bord de la mer, et en communication avec les Anglais. L'extrême Normandie, ou presqu'île de Cotentin, était un peu plus éloignée, mais bien plus facile à garder, car, en s'emparant de Port-Beil et Saint-Cosme, ils la fermaient entièrement. Ils y trouvaient l'importante place de Cherbourg, très-accessible pour eux du côté de la terre, pleine d'approvisionnements de toute espèce, et surtout très-propre aux communications avec les Anglais. Ces deux projets présentaient donc de grands avantages, et leur exécution rencontrait peu d'obstacles. La route de Bretagne n'était gardée que par l'armée de Brest, confiée à Rossignol, et consistant tout au plus en cinq ou six mille hommes mal organisés. La route de Normandie était défendue par l'armée de Cherbourg, composée de levées en masse prêtes à se dissoudre au premier coup de fusil, et de quelques mille hommes seulement de troupes plus régulières, qui n'avaient pas encore quitté Caen. Ainsi, aucune de ces deux armées n'était à redouter pour la masse vendéenne. On pouvait même facilement éviter leur rencontre avec un peu de célérité. Mais les Vendéens ignoraient la nature des localités; ils n'avaient pas un seul officier qui pût leur dire ce qu'étaient la Bretagne et la Normandie, quels en étaient les avantages militaires et les places fortes. Ils croyaient, par exemple, Cherbourg fortifié du côté de terre. Ils étaient donc incapables de se hâter, de s'éclairer dans leur marche, de rien exécuter enfin avec un peu de force et de précision.

Quoique nombreuse, leur armée était dans un état pitoyable. Tous les chefs principaux étaient ou morts ou blessés. Bonchamps avait expiré sur la rive gauche; d'Elbée, blessé, avait été transporté à Noirmoutiers; Lescure, atteint d'une balle au front, était traîné mourant à la suite de l'armée. Larochejacquelein, resté seul, avait reçu le commandement général. Stofflet commandait sous lui. L'armée, obligée maintenant de se mouvoir et d'abandonner son sol, aurait dû être organisée; mais elle marchait pêle-mêle comme une horde, ayant au milieu d'elle des femmes, des enfants, des chariots. Dans une armée régulière, les braves, les faibles, les lâches, encadrés les uns avec les autres, restent forcément ensemble et se soutiennent réciproquement. Il suffit de quelques hommes de courage pour communiquer leur énergie à toute la masse. Ici, au contraire, aucun rang n'étant gardé, aucune division de compagnie, de bataillon, n'étant observée, chacun marchant avec qui lui plaisait, les braves s'étaient rangés ensemble, et formaient un corps de cinq ou six mille hommes, toujours prêts à s'avancer les premiers. Après eux, venaît une troupe moins sûre, et propre seulement à décider un succès, en se portant sur les flancs d'un ennemi déjà ébranlé. A la suite de ces deux bandes, la masse, toujours prête à fuir au premier coup de fusil, se traînait confusément. Ainsi, les trente ou quarante mille hommes armés se réduisaient en définitive à quelques mille braves, toujours disposés à se battre par tempérament. Le défaut de subdivisions empêchait de former des détachements, de porter un corps sur un point ou sur un autre, de faire aucune sorte de dispositions. Les uns suivaient Larochejacquelein, les autres Stofflet, et ne suivaient qu'eux seuls. Il était impossible de donner des ordres; tout ce qu'on pouvait obtenir, c'était de se faire suivre en donnant un signal. Stofflet avait seulement quelques paysans affidés qui allaient répandre ce qu'il voulait parmi leurs camarades. A peine avait-on deux cents mauvais cavaliers, et une trentaine de pièces de canon, mal servies et mal entretenues. Les bagages encombraient la marche; les femmes, les vieillards, pour être plus en sûreté, cherchaient à se fourrer au milieu de la troupe des braves, et, en remplissant leurs rangs, embarrassaient leurs mouvements. La méfiance commençait aussi à s'établir de la part des soldats à l'égard des officiers. On disait qu'ils ne voulaient atteindre à l'Océan que pour s'embarquer, et abandonner les malheureux paysans arrachés de leur pays. Le conseil, dont l'autorité était devenue tout-à-fait illusoire, était divisé; les prêtres s'y montraient mécontents des chefs militaires; rien enfin n'eût été plus facile que de détruire une pareille armée, si le plus grand désordre de commandement n'avait régné chez les républicains.

Les Vendéens étaient donc incapables de concevoir et d'exécuter un plan quelconque. Ils avaient quitté la Loire depuis vingt-six jours; et, dans un aussi long espace de temps, ils n'avaient rien fait du tout. Après beaucoup d'incertitudes, ils prirent enfin un parti. D'une part, on leur disait que Rennes et Saint-Malo étaient gardés par des troupes considérables; de l'autre, que Cherbourg était fortement défendu du côté de terre; ils se décidèrent alors à assiéger Granville, placée sur le bord de l'Océan, entre la pointe de Bretagne et celle de Normandie. Ce projet avait surtout l'avantage de les rapprocher de la Normandie, qu'on leur dépeignait comme très-fertile, et très-bien approvisionnée. En conséquence ils marchèrent sur Fougères. On avait réuni sur leur route quinze ou seize mille hommes de levées en masse, qui se dispersèrent sans coup férir.

Les Vendéens se portèrent à Dol le 10 novembre, et le 12 sur Avranches.

Le 14 novembre (24 brumaire), ils se dirigèrent vers Granville, en laissant à Avranches une moitié de leur monde et tous leurs bagages. La garnison ayant voulu faire une sortie, ils la repoussèrent, et se jetèrent à sa suite dans le faubourg qui précède le corps de la place. La garnison eut le temps de rentrer et de refermer ses portes; mais le faubourg resta en leur possession, et ils avaient ainsi de grandes facilités pour l'attaque. Ils s'avancèrent du faubourg jusqu'à des palissades qu'on venait de construire, et sans chercher à les enlever, ils se bornèrent à tirailler contre les remparts, tandis qu'on leur répondait avec de la mitraille et des boulets. En même temps, ils placèrent quelques pièces sur les hauteurs environnantes, et tirèrent inutilement sur la crête des murs et sur les maisons de la ville. A la nuit, ils s'éparpillèrent, et abandonnèrent le faubourg, où le feu de la place ne leur laissait aucun repos. Ils allèrent chercher hors de la portée du canon des logements, des vivres, et surtout du feu, car il commençait à faire un froid très-vif. Les chefs purent à peine retenir quelques cents hommes dans le faubourg, pour y continuer un feu de tirailleurs.

Le lendemain, leur impuissance de prendre une place fermée leur fut encore mieux démontrée; ils essayèrent encore de leurs batteries, mais sans aucun succès. Ils tiraillèrent de nouveau le long des palissades, et furent bientôt entièrement découragés. Tout-à-coup l'un d'entre eux imagina de profiter de la marée basse, pour traverser une plage, et prendre la ville du côté du port. Ils se disposaient à cette nouvelle tentative, lorsque le feu fut mis au faubourg par les représentants enfermés dans Granville. Les Vendéens furent alors obligés de l'évacuer, et songèrent à la retraite. La tentative du côté du port fut entièrement abandonnée, et le lendemain ils revinrent tous à Avranches rejoindre le reste de leur monde et les bagages. Dès ce moment, le découragement fut porté au comble; ils se plaignirent plus amèrement que jamais des chefs qui les avaient arrachés de leur pays, et qui voulaient les abandonner, et ils demandèrent à grands cris à regagner la Loire. En vain Larochejacquelein, à la tête des plus braves, voulut-il faire une nouvelle tentative pour les entraîner dans la Normandie; en vain marcha-t-il sur Ville-Dieu, dont il s'empara; il fut à peine suivi de mille hommes. Le reste de la colonne reprit le chemin de la Bretagne, en marchant sur Pontorson, par où elle était arrivée. Elle s'empara du pont au Beaux qui, jeté sur la Selune, était indispensable pour arriver à Pontorson.

Pendant que ces événements se passaient à Granville, l'armée républicaine avait été réorganisée à Angers. A peine le temps nécessaire pour lui donner un peu de repos et d'ordre fut-il écoulé, qu'on la conduisit à Rennes, pour la réunir aux six ou sept mille hommes de l'armée de Brest, commandés par Rossignol. Là, on avait arrêté, dans un conseil de guerre, les mesures à prendre pour continuer la poursuite de la colonne vendéenne. Chalbos malade avait obtenu la permission de se retirer sur les derrières, pour y réparer sa santé; Rossignol avait reçu des représentants le commandement en chef de l'armée de l'Ouest et de celle de Brest, formant en tout vingt ou vingt-un mille hommes. Il fut résolu que ces deux armées se porteraient tout de suite à Antrain; que le général Tribout, qui était à Dol avec trois ou quatre mille hommes, se rendrait à Pontorson, et que le général Sepher, qui avait six mille soldats de l'armée de Cherbourg, suivrait par derrière la colonne vendéenne. Ainsi placée entre la mer, le poste de Pontorson, l'armée d'Antrain, et Sepher qui arrivait à Avranches, cette colonne devait être bientôt enveloppée et détruite.

Toutes ces dispositions s'exécutaient au moment même où les Vendéens quittaient Avranches, et s'emparaient du pont au Beaux pour se rendre à Pontorson. C'était le 18 novembre (28 brumaire). Le général Tribout, déclamateur sans connaissance de la guerre, n'avait, pour garder Pontorson, qu'à occuper un passage étroit, à travers un marais qui couvrait la ville, et qu'on ne pouvait pas tourner. Avec une position aussi avantageuse, il pouvait empêcher les Vendéens de faire un seul pas. Mais aussitôt qu'il aperçoit l'ennemi, il abandonne le défilé, et se porte en avant. Les Vendéens, encouragés par la prise du pont au Beaux, le chargent vigoureusement, l'obligent à céder, et, profitant du désordre de sa retraite, se jettent à sa suite dans le passage qui traverse le marais, et se rendent ainsi maîtres de Pontorson, qu'ils n'auraient jamais dû aborder.

Grace à cette faute impardonnable, une route inattendue s'ouvrit aux Vendéens. Ils pouvaient marcher sur Dol; mais de Dol il leur fallait aller à Antrain, et passer sur le corps de la grande armée républicaine. Cependant ils évacuent Pontorson, et s'avancent sur Dol. Westermann se jette à leur poursuite. Toujours aussi bouillant, il entraîne Marigny avec ses grenadiers, et ose suivre les Vendéens jusqu'à Dol, avec une simple avant-garde. Il les joint en effet, et les pousse confusément dans la ville; mais bientôt ils se rassurent, sortent de Dol, et, par ces feux meurtriers qu'ils dirigeaient si bien, ils obligent l'avant-garde républicaine à se retirer à une grande distance.

Kléber, qui dirigeait toujours l'armée par ses conseils, quoiqu'un autre en fût le chef, propose, pour achever la destruction de la colonne vendéenne, de la bloquer, et de la faire périr de faim, de maladie et de misère. Les débandades étaient si fréquentes dans les troupes républicaines, qu'une attaque de vive force présentait des chances dangereuses. Au contraire, en fortifiant Antrain, Pontorson, Dinan, on enfermait les Vendéens entre la mer et trois points retranchés; et en les faisant harceler tous les jours par Westermann et Marigny, on ne pouvait manquer de les détruire. Les représentants approuvent ce plan, et les ordres sont donnés en conséquence. Mais tout-à-coup arrive un officier de Westermann : il dit que si on veut seconder son général et attaquer Dol du côté d'Antrain, tandis qu'il l'attaquera du côté de Pontorson, c'en est fait de l'armée catholique, et qu'elle sera entièrement perdue.

Les représentants s'enflamment à cette proposition. Prieur de la Marne, aussi bouillant que Westermann, fait changer le plan d'abord convenu, et il est décidé que Marceau, à la tête d'une colonne, marchera sur Dol, concurremment avec Westermann.

Le 21 au matin, Westermann s'avance sur Dol. Dans son impatience, il ne songe pas à s'assurer si la colonne de Marceau, qui doit arriver d'Antrain, est déja rendue sur le champ de bataille, et il attaque en toute hâte. L'ennemi répond à son attaque par ses feux redoutables. Westermann déploie son infanterie, et gagne du terrain; mais les cartouches commencent à manquer; il est alors obligé de faire un mouvement rétrograde, et il vient s'établir en arrière sur un plateau. Les Vendéens en profitent, se jettent sur sa colonne, et la dispersent. Pendant ce temps, Marceau arrive enfin à la vue de Dol; les Vendéens victorieux se réunissent contre lui; il résiste avec une fermeté héroïque pendant toute la journée, et réussit à se maintenir sur le champ de bataille. Mais sa position est très-hasardée; il demande Kléber, pour lui apporter des conseils et des secours. Kléber accourt, et conseille de prendre une position rétrograde, il est vrai, mais très-forte aux environs de Trans. On hésite encore à suivre l'avis de Kléber, lorsque la présence des tirailleurs vendéens fait reculer les troupes. Elles se débandent d'abord, mais on les rallie bientôt sur la position indiquée par Kléber. Kléber reproduit alors le premier plan qu'il avait proposé, et qui consistait à fortifier Antrain. On y adhère, mais on ne veut pas retourner à Antrain, on veut rester à Trans, et s'y fortifier pour être plus près de Dol. Tout-à-coup, avec la mobilité qui présidait à toutes les déterminations, on change encore d'avis, et on se résout de nouveau à l'offensive malgré l'expérience de la veille. On envoie un renfort à Westermann, en lui ordonnant d'attaquer de son côté, tandis que l'armée principale attaquera du côté de Trans.

Kléber objecte en vain que les troupes de Westermann, démoralisées par l'événement de la veille, ne tiendront pas ; les représentants insistent, et l'attaque est résolue pour le lendemain. Le lendemain, en effet, le mouvement s'exécute. Westermann et Marigny sont prévenus et assaillis par l'ennemi. Leurs troupes, quoique soutenues par un renfort, se débandent. Ils font des efforts inouïs pour les arrêter ; ils réunissent en vain quelques braves autour d'eux, et sont bientôt emportés. Les Vendéens, vainqueurs, abandonnent ce point, et se portent à leur droite, sur l'armée qui s'avançait de Trans.

Tandis qu'ils venaient d'obtenir cet avantage, et qu'ils se disposaient à en remporter un second, le bruit du canon avait répandu l'épouvante dans la ville de Dol, et parmi ceux d'entre eux qui n'en étaient pas encore sortis pour combattre. Les femmes, les vieillards, les enfants, et les lâches, couraient de tous côtés, et fuyaient vers Dinan et vers la mer. Leurs prêtres, la croix à la main, faisaient de vains efforts pour les ramener. Stofflet, Larochejacquelein, couraient de toutes parts pour les reconduire au combat. Enfin on était parvenu à les rallier, et à les porter sur la route de Trans, à la suite des braves qui les avaient devancés.

Une confusion non moins grande régnait dans le camp principal des républicains. Rossignol, les représentants, commandant tous à la fois, ne pouvaient ni s'entendre ni agir. Kléber et Marceau, dévorés de chagrins, s'étaient avancés pour reconnaître le terrain, et soutenir l'effort des Vendéens. Arrivé devant l'ennemi, Kléber veut déployer l'avant-garde de l'armée de Brest, mais elle se débande au premier coup de feu. Alors il fait avancer la brigade Canuel, composée en grande partie de bataillons mayençais : ceux-ci, fidèles à leur vieille bravoure, résistent pendant toute la journée, et demeurent seuls sur le champ de bataille, abandonnés du reste des troupes. Mais la bande vendéenne qui avait battu Westermann, les prend en flanc, et les force à la retraite. Les Vendéens en profitent, et les poursuivent jusqu'à Antrain même. Enfin il devient urgent de quitter Antrain, et toute l'armée républicaine se retire à Rennes.

C'est alors qu'on put sentir la sagesse des avis de Kléber. Rossignol, dans l'un de ces généreux mouvements dont il était capable, malgré son ressentiment contre les généraux mayençais, parut au conseil de guerre avec un papier contenant sa démission. « Je ne suis « pas fait, dit-il, pour commander une armée. « Qu'on me donne un bataillon, je ferai mon « devoir ; mais je ne puis suffire au comman- « dement en chef. Voici donc ma démission, « et, si on la refuse, on est ennemi de la répu- « blique. » — « Pas de démission, s'écrie Prieur « de la Marne, tu es le fils aîné du comité de « salut public. Nous te donnerons des géné- « raux qui te conseilleront, et qui répondront « pour toi des événements de la guerre. » Cependant Kléber, désolé de voir l'armée aussi mal conduite, proposa un plan qui pouvait seul rétablir l'état des affaires, mais qui était bien peu approprié aux dispositions des représentants. «Il faut, leur dit-il, en laissant le généralat à Rossignol, nommer un commandant en chef des troupes, un commandant de la cavalerie, et un de l'artillerie.» On adopte sa proposition; alors il a le courage de proposer Marceau pour commandant en chef des troupes, Westermann pour commandant de la cavalerie, et Debilly pour commandant de l'artillerie, tous trois suspects comme membres de la faction mayençaise. On dispute un moment sur les individus, puis enfin on se rend, et on cède à l'ascendant de cet habile et généreux militaire, qui aimait la république non par exaltation de tête, mais par tempérament, qui servait avec une loyauté, un désintéressement admirables, et avait la passion et le génie de son métier à un degré rare. Kléber avait fait nommer Marceau parce qu'il disposait de ce jeune et vaillant homme, et qu'il comptait sur son entier dévouement. Il était assuré, si Rossignol restait dans la nullité, de tout diriger lui-même, et de terminer heureusement la guerre.

On réunit la division de Cherbourg, qui était venue de Normandie, aux armées de Brest et de l'Ouest, et on quitta Rennes pour s'acheminer vers Angers, où les Vendéens cherchaient à passer la Loire. Ceux-ci, après s'être assuré un moyen de retour, par leur double victoire sur la route de Pontorson et sur celle d'Antrain, songèrent à rentrer dans leur pays. Ils passèrent sans coup férir par Fougères et Laval, et projetèrent de s'emparer d'Angers, pour traverser la Loire au pont de Cé. La dernière expérience qu'ils avaient faite à Granville, ne les avait pas encore assez convaincus de leur impuissance à prendre des places fermées. Le 3 décembre, ils se jetèrent dans les faubourgs d'Angers, et commencèrent à tirailler sur le front de la place. Ils continuèrent le lendemain; mais, quelle que fût leur ardeur à s'ouvrir un passage vers leur pays, dont ils n'étaient plus séparés que par la Loire, ils désespérèrent bientôt de réussir. L'avant-garde de Westermann, arrivant dans cette journée du 4, acheva de les décourager, et de leur faire abandonner leur entreprise. Ils se mirent alors en marche, remontant la Loire, et ne sachant plus où ils pourraient la passer. Les uns imaginèrent de remonter jusqu'à Saumur, les autres jusqu'à Blois; mais, dans le moment où ils délibéraient, Kléber, survenant avec sa division le long de la chaussée de Saumur, les obligea à se rejeter de nouveau en Bretagne.

Voilà donc ces malheureux manquant de vivres, de souliers, de voitures pour traîner leurs familles, travaillés par une maladie épidémique, errant de nouveau en Bretagne, sans trouver ni un asile, ni une issue pour se sauver. Ils jonchaient les routes de leurs débris; et au bivouac devant Angers, on trouva des femmes et des enfants morts de faim et de froid. Déjà ils commençaient à croire que la convention n'en voulait qu'à leurs chefs, et beaucoup jetaient leurs armes pour s'enfuir clandestinement à travers les campagnes. Enfin, ce qu'on leur dit du Mans, de l'abondance qu'ils y trouveraient, des dispositions des habitants, les engagea à s'y porter. Ils traversèrent La Flèche, dont ils s'emparèrent, et entrèrent au Mans après une légère escarmouche.

L'armée républicaine les suivait. De nouvelles querelles s'y étaient élevées entre les généraux. Kléber avait intimidé les brouillons par sa fermeté, et obligé les représentants à renvoyer Rossignol à Rennes, avec sa division de l'armée de Brest. Un arrêté du comité de salut public donna alors à Marceau le titre de général en chef, et destitua tous les généraux mayençais, en laissant néanmoins à Marceau la faculté de se servir provisoirement de Kléber.

Marceau déclarait qu'il ne commanderait pas, si Kléber n'était pas à ses côtés pour tout ordonner. « En acceptant le titre, dit Marceau à « Kléber, je prends les dégoûts et la respon- « sabilité pour moi, et je te laisserai à toi le com- « mandement véritable, et les moyens de sauver « l'armée. » — « Sois tranquille, mon ami, dit « Kléber; nous nous battrons et nous nous « ferons guillotiner ensemble. »

On se mit donc aussitôt en marche, et dès ce moment tout fut conduit avec unité et fermeté. L'avant-garde de Westermann arriva le 12 décembre au Mans, et chargea aussitôt les Vendéens. La confusion se mit parmi eux; mais quelques mille braves, conduits par Larochejacquelein, vinrent se former en avant de la ville, et forcèrent Westermann à se replier sur Marceau, qui arrivait avec une division. Kléber était encore en arrière avec le reste de l'armée. Westermann voulait attaquer sur-le-champ, quoiqu'il fût nuit. Marceau, entraîné par son tempérament bouillant, mais craignant le blâme de Kléber, dont la force froide et calme ne se laissait jamais emporter, hésite; cependant, emporté par Westermann, il se décide, et attaque le Mans. Le tocsin sonne, la désolation se répand dans la ville. Westermann, Marceau, se précipitent au milieu de

la nuit, culbutent tout devant eux, et, malgré
un feu terrible des maisons, parviennent à
refouler le plus grand nombre des Vendéens
sur la grande place de la ville. Marceau fait
couper à sa droite et à sa gauche les rues
aboutissant à cette place, et tient ainsi les Vendéens bloqués. Cependant sa position était
hasardée, car, engagé dans une ville au milieu
de la nuit, il aurait pu être tourné et enve-
loppé. Il envoie donc un avis à Kléber, pour
le presser d'accourir au plus vite avec sa division. Celui-ci arrive à la pointe du jour. Le
plus grand nombre des Vendéens avait fui; il
ne restait que les plus braves pour protéger la
retraite : on les charge à la baïonnette, on les
enfonce, on les disperse, et un carnage horrible
commence dans toute la ville.

Jamais déroute n'avait été aussi meurtrière.
Une foule considérable de femmes, laissées en
arrière, furent faites prisonnières. Marceau
sauva une jeune personne qui avait perdu ses
parents, et qui, dans son désespoir, demandait
qu'on lui donnât la mort. Elle était modeste
et belle; Marceau, plein d'égards et de déli-
catesse, la recueillit dans sa voiture, la res-
pecta, et la fit déposer dans un lieu sûr. Les
campagnes étaient couvertes au loin des débris de ce grand désastre. Westermann, infa-

tigable, harcelait les fugitifs, et jonchait les routes de cadavres. Les infortunés, ne sachant où fuir, rentrèrent dans Laval pour la troisième fois, et en ressortirent aussitôt pour se reporter de nouveau vers la Loire. Ils voulurent la repasser à Ancenis. Larochejacquelein et Stofflet se jetèrent sur l'autre bord, pour aller, dit-on, prendre des barques et les amener sur la rive droite. Ils ne revinrent plus. On assure que le retour leur avait été impossible. Le passage ne put s'effectuer. La colonne vendéenne, privée de la présence et de l'appui de ses deux chefs, continua de descendre la Loire, toujours poursuivie, et toujours cherchant vainement un passage. Enfin, désespérée, ne sachant où se porter, elle résolut de fuir vers la pointe de Bretagne, dans le Morbihan. Elle se rendit à Blain, où elle remporta encore un avantage d'arrière-garde; et de Blain à Savenay, d'où elle espérait se jeter dans le Morbihan.

Les républicains l'avaient suivie sans relâche, et ils arrivèrent à Savenay le soir même du jour où elle y entra. Savenay avait la Loire à gauche, des marais à droite, et un bois en avant. Kléber sentit l'importance d'occuper le bois le jour même, et de se rendre maître de toutes les hauteurs, afin d'écraser le lendemain les Vendéens dans Savenay, avant qu'ils eussent le temps d'en sortir. En effet, il lança l'avant-garde sur eux; et lui-même, saisissant le moment où les Vendéens débouchaient du bois pour repousser cette avant-garde, s'y jeta hardiment avec un corps d'infanterie, et les en débusqua tout-à-fait. Alors ils s'enfuirent dans Savenay, et s'y enfermèrent, sans cesser néanmoins de faire un feu soutenu pendant toute la nuit. Westermann et les représentants proposaient d'attaquer sur-le-champ, pour tout détruire dès la nuit même. Kléber, qui ne voulait pas qu'une faute lui fît perdre une victoire assurée, déclara positivement qu'on n'attaquerait pas; et puis, s'enfonçant dans un sang-froid imperturbable, il laissa dire, sans répondre à aucune provocation. Il empêcha ainsi toute espèce de mouvement.

Le lendemain, 23 décembre, avant le jour, il était à cheval avec Marceau, et parcourait sa ligne, lorsque les Vendéens, désespérés et ne voulant pas survivre à cette journée, se précipitent les premiers sur les républicains. Marceau marche avec le centre, Canuel avec la droite, Kléber avec la gauche. Tous se précipitent et reploient les Vendéens sur eux-mêmes. Marceau et Kléber se réunissent dans la ville, prennent tout ce qu'ils rencontrent de cavalerie, et s'élancent à la suite des Vendéens. La Loire et les marais interdisaient toute retraite à ces infortunés; un grand nombre fut immolé à coups de baïonnette, d'autres furent faits prisonniers, et à peine quelques-uns trouvèrent-ils le moyen de se sauver. Ce jour, la colonne fut entièrement détruite, et la grande guerre de la Vendée véritablement finie.

Ainsi, cette malheureuse population, rejetée hors de son pays par l'imprudence de ses chefs, et réduite à chercher un port pour se réfugier vers les Anglais, avait mis vainement le pied dans les eaux de l'Océan. N'ayant pu prendre Granville, elle avait été ramenée sur la Loire, n'avait pu la repasser, avait été refoulée une seconde fois en Bretagne, et de Bretagne sur la Loire encore. Enfin, ne pouvant franchir cette barrière fatale, elle venait d'expirer tout entière, entre Savenay, la Loire et des marais. Westermann fut chargé, avec sa cavalerie, de poursuivre les restes fugitifs de la Vendée. Kléber et Marceau retournèrent à Nantes. Reçus, le 24, par le peuple de cette ville, ils obtinrent une espèce de triomphe, et furent gratifiés par le club jacobin d'une couronne civique.

Si l'on considère dans son ensemble cette campagne mémorable de 93, on ne pourra s'empêcher de la regarder comme le plus grand

effort qu'ait jamais fait une société menacée. Dans l'année 1792, la coalition, qui n'était pas complète encore, avait agi sans ensemble et sans vigueur. Les Prussiens avaient tenté en Champagne une invasion ridicule; les Autrichiens s'étaient bornés dans les Pays-Bas à bombarder la place de Lille. Les Français, dans leur première exaltation, repoussèrent les Prussiens au-delà du Rhin, les Autrichiens au-delà de la Meuse, conquirent les Pays-Bas, Mayence, la Savoie et le comté de Nice. La grande année 93 s'ouvrit d'une manière bien différente. La coalition était augmentée des trois puissances qui jusque-là étaient restées neutres. L'Espagne, poussée à bout par le 21 janvier, avait enfin porté cinquante mille hommes sur les Pyrénées; la France avait obligé Pitt à se déclarer; et l'Angleterre et la Hollande étaient entrées à la fois dans la coalition, qui se trouvait ainsi doublée, et qui, mieux avertie des moyens de l'ennemi qu'elle avait à combattre, augmentait ses forces, et se préparait à un effort décisif. Ainsi, comme sous Louis XIV, la France avait à soutenir l'attaque de l'Europe entière; et cette fois elle ne s'était pas attiré ce concours d'ennemis par son ambition, mais par la juste colère que lui inspira l'intervention des puissances dans ses affaires intérieures.

Dès le mois de mars, Dumouriez débuta par une témérité, et voulut envahir la Hollande en se jetant dans des bateaux. Pendant ce temps, Cobourg surprit les lieutenants de Dumouriez, les rejeta au-delà de la Meuse, et le força lui-même à venir se mettre à la tête de son armée. Dumouriez fut obligé de livrer la bataille de Nerwinde. Cette terrible bataille était gagnée, lorsque l'aile gauche fléchit, et repassa la Gette; il fallut battre en retraite, et nous perdîmes la Belgique en quelques jours. Alors les revers aigrissant les cœurs, Dumouriez rompit avec son gouvernement, et passa aux Autrichiens. Dans le même instant, Custine, battu à Francfort, ramené sur le Rhin, et séparé de Mayence, laissait les Prussiens bloquer cette place fameuse, et en commencer le siége; les Piémontais nous repoussaient à Saorgio, les Espagnols entamaient les Pyrénées; et enfin les provinces de l'Ouest, déjà privées de leurs prêtres et poussées à bout par la levée des trois cent mille hommes, venaient de s'insurger au nom du trône et de l'autel. C'est dans ce moment que la Montagne, exaspérée de la désertion de Dumouriez, des défaites essuyées dans les Pays-Bas, sur le Rhin, aux Alpes, et surtout de l'insurrection de l'Ouest, ne garda plus aucune mesure, arracha violemment les

girondins du sein de la convention, et repoussa
ainsi tous ceux qui pouvaient lui parler encore
de modération. Ce nouvel excès lui valut de
nouveaux ennemis. Soixante-sept départements sur quatre-vingt-trois se soulevèrent
contre ce gouvernement, qui eut alors à lutter
contre l'Europe, la Vendée royaliste, et les trois
quarts de la France fédéralisée. C'est à cette
époque que nous perdîmes le camp de Famars
et le brave Dampierre, que le blocus de Valenciennes fut achevé, que Mayence fut pressée vivement, que les Espagnols passèrent le
Tech, et menacèrent Perpignan, que les Vendéens prirent Saumur et assiégèrent Nantes,
que les fédéralistes se disposèrent à fondre de
Lyon, de Marseille, de Bordeaux et de Caen,
sur Paris.

De tous les points on pouvait tenter une
marche hardie sur la capitale, terminer la révolution en quelques journées, et suspendre
la civilisation européenne pour long-temps.
Heureusement on assiégea des places. On se
souvient avec quelle fermeté la convention fit
rentrer les départements dans la soumission,
en leur montrant seulement son autorité, et
en dispersant les imprudents qui s'étaient avancés jusqu'à Vernon; avec quel bonheur les
Vendéens furent repoussés de Nantes, et ar-

rêtés dans leur marche victorieuse. Mais tandis que la convention triomphait des fédéralistes, ses autres ennemis avaient fait des progrès alarmants. Valenciennes et Mayence furent prises après des siéges mémorables; la guerre du fédéralisme amena deux événements désastreux, le siége de Lyon, et la trahison de Toulon; enfin, la Vendée elle-même, quoique renfermée dans le cadre de la Loire, de la mer et du Poitou, par l'heureuse résistance de Nantes, venait de repousser les colonnes de Westermann et de Labarolière, qui avaient voulu pénétrer dans son sein. Jamais la situation n'avait été plus grave. Les coalisés n'étaient plus arrêtés au Nord et au Rhin par des siéges; Lyon et Toulon offraient aux Piémontais de solides appuis; la Vendée paraissait indomptable, et offrait un pied-à-terre aux Anglais. C'est alors que la convention appela à Paris les envoyés des assemblées primaires, leur donna la constitution de l'an III à jurer et à défendre, et décida avec eux que la France entière, hommes et choses, était à la disposition du gouvernement. Alors fut décrétée la levée en masse, génération par génération, et la faculté de requérir tout ce qui serait nécessaire à la guerre; alors fut institué le Grand-Livre, et l'emprunt forcé sur les riches, pour retirer de la circulation une partie des assignats et opérer le placement forcé des biens nationaux; alors deux grandes armées furent dirigées sur la Vendée, la garnison de Mayence y fut transportée en poste; il fut résolu que ce malheureux pays serait brûlé, et que la population en serait transportée ailleurs. Enfin, Carnot entra au comité de salût public, et commença à introduire l'ordre et l'ensemble dans les opérations militaires.

Nous avions perdu le camp de César, et Kilmaine avait, par une retraite heureuse, sauvé les restes de l'armée du Nord. Les Anglais s'étaient portés à Dunkerque, et en faisaient le siége, tandis que les Autrichiens attaquaient Le Quesnoy. Une masse fut rapidement dirigée de Lille sur les derrières du duc d'York. Si Houchard, qui commandait en cette occasion soixante mille Français, avait compris le plan de Carnot, et s'était porté sur Furnes, pas un Anglais n'était sauvé. Au lieu de se placer entre le corps d'observation et le corps de siége, il prit une marche directe, et décida du moins la levée du siége, en donnant l'heureuse bataille d'Hondschoote. Cette bataille fut notre première victoire, sauva Dunkerque, priva les Anglais de tous les fruits de cette guerre, et nous rendit la joie et l'espérance.

Bientôt de nouveaux revers changèrent cette joie en nouvelles alarmes. Le Quesnoy fut pris par les Autrichiens; l'armée de Houchard fut saisie à Menin d'une terreur panique, et se dispersa; les Prussiens et les Autrichiens, que rien n'arrêtait plus depuis la prise de Mayence, s'avancèrent sur les deux versants des Vosges, menacèrent les lignes de Wissembourg, et nous battirent en diverses rencontres. Les Lyonnais résistaient avec vigueur, les Piémontais avaient recouvré la Savoie, et étaient descendus vers Lyon pour mettre notre armée entre deux feux; Ricardos avait franchi la Tet, et dépassé Perpignan; enfin la division des troupes de l'Ouest en deux armées, celle de La Rochelle et celle de Brest, avait empêché le succès du plan de campagne arrêté à Saumur le 2 septembre. Canclaux, mal secondé par Rossignol, s'était trouvé seul en flèche dans le sein de la Vendée, et s'était replié sur Nantes. Alors nouveaux efforts : la dictature fut complétée et proclamée par l'institution du gouvernement révolutionnaire; la puissance du comité de salut public fut proportionnée au danger; les levées furent exécutées, et les armées grossies d'une multitude de réquisitionnaires; les nouveaux venus remplirent les garnisons, et permirent de porter les troupes organisées en ligne : enfin la convention ordonna aux armées de vaincre dans un délai donné.

Les moyens qu'elle avait pris produisirent leurs inévitables effets. Les armées du Nord renforcées, se concentrèrent à Lille et à Guise. Les coalisés s'étaient portés à Maubeuge, qu'ils voulaient prendre avant la fin de la campagne. Jourdan, parti de Guise, livra aux Autrichiens la bataille de Watignies, et fit lever le siége de Maubeuge, comme Houchard avait fait lever celui de Dunkerque. Les Piémontais furent rejetés au-delà du Saint-Bernard par Kellermann; Lyon, inondé de levées en masse, fut emporté d'assaut; Ricardos fut repoussé au-delà de la Tet; enfin les deux armées de La Rochelle et de Brest, réunies sous un seul chef, Léchelle, qui laissait agir Kléber, écrasèrent les Vendéens à Cholet, et les obligèrent à passer la Loire en désordre.

Un seul revers troubla la joie que devaient causer de tels événements : les lignes de Wissembourg furent perdues. Mais le comité de salut public ne voulut pas terminer la campagne avant qu'elles fussent reprises : le jeune Hoche, général de l'armée de la Moselle, malheureux, mais brave à Kayserslautern, fut encouragé quoique battu. N'ayant pu entamer

Brunswick, il se jeta sur le flanc de Wurmser. Dès ce moment, les deux armées du Rhin et de la Moselle réunies repoussèrent les Autrichiens au-delà de Wissembourg, obligèrent Brunswick à suivre ce mouvement rétrograde, débloquèrent Landau, et campèrent dans le Palatinat. Toulon fut repris par une idée heureuse et par un prodige de hardiesse; enfin, les Vendéens, qu'on croyait détruits, mais qui, dans leur désespoir s'étaient portés au nombre de quatre-vingt mille individus au-delà de la Loire, et cherchaient un port pour se jeter dans les bras des Anglais, les Vendéens furent repoussés des bords de l'Océan, repoussés également des bords de la Loire, et écrasés entre ces deux barrières qu'ils ne purent jamais franchir. Aux Pyrénées seulement nos armes avaient été malheureuses, mais nous n'avions perdu que la ligne du Tech, et nous campions encore en avant de Perpignan.

Ainsi, cette grande et terrible année nous montre l'Europe pressant la révolution de tout son poids, lui faisant expier ses premiers succès de 92, ramenant ses armées en arrière, pénétrant par toutes les frontières à la fois; et une partie de la France s'insurgeant, et ajoutant ses efforts à ceux des puissances ennemies. Alors la révolution s'irrite : elle fait éclater sa colère au 31 mai, se crée, par cette journée, de nouveaux ennemis, et semble prête à succomber contre l'Europe et les trois quarts de ses provinces révoltées. Mais bientôt elle fait rentrer ses ennemis intérieurs dans le devoir, soulève un million d'hommes à la fois, bat les Anglais à Hondschoote, est battue de nouveau, mais redouble aussitôt d'efforts, gagne une bataille à Watignies, recouvre les lignes de Wissembourg, rejette les Piémontais au-delà des Alpes, prend Lyon, Toulon, et écrase deux fois les Vendéens, une première fois dans la Vendée, et une seconde et dernière fois en Bretagne. Jamais spectacle ne fut plus grand et plus digne d'être proposé à l'admiration et à l'imitation des peuples. La France avait recouvré tout ce qu'elle avait perdu, excepté Condé, Valenciennes et quelques forts dans le Roussillon; les puissances de l'Europe, au contraire, qui avaient toutes ensemble lutté contre une seule, n'avaient rien obtenu, s'accusaient les unes les autres, et se rejetaient la honte de la campagne. La France achevait d'organiser ses moyens, et devait paraître bien plus formidable l'année suivante.

CHAPITRE III.

Suite de la lutte des hébertistes et des dantonistes. — Camille Desmoulins publie le *Vieux Cordelier*. — Le comité se place entre les deux partis, et s'attache d'abord à réprimer les hébertistes. — Disette dans Paris. — Rapports importants de Robespierre et de Saint-Just. — Mouvement tenté par les hébertistes. — Arrestation et mort de Ronsin, Vincent, Hébert, Chaumette, Momoro, etc. — Le comité de salut public fait subir le même sort aux dantonistes. — Arrestation, procès et supplice de Danton, Camille Desmoulins, Philipeaux, Lacroix, Hérault-Séchelles, Fabre-d'Églantine, Chabot, etc.

La convention avait commencé d'exercer quelques sévérités envers la faction turbulente des cordeliers et des agents ministériels. Ronsin et Vincent étaient en prison. Leurs partisans s'agitaient au dehors. Momoro, aux Cordeliers,

Hébert, aux Jacobins, s'efforçaient d'exciter en faveur de leurs amis l'intérêt des chauds révolutionnaires. Les cordeliers firent une pétition, et, d'un ton assez peu respectueux, demandèrent si on voulait punir Vincent et Ronsin d'avoir courageusement poursuivi Dumouriez, Custine et Brissot; ils déclarèrent qu'ils regardaient ces deux citoyens comme d'excellents patriotes, et qu'ils les conserveraient toujours comme membres de leur société. Les jacobins présentèrent une pétition plus mesurée, et se bornèrent à demander qu'on accélérât le rapport sur Vincent et Ronsin, afin de les punir s'ils étaient coupables, ou de les rendre à la liberté s'ils étaient innocents.

Le comité de salut public gardait encore le silence. Collot-d'Herbois seul, quoique membre du comité et partisan obligé du gouvernement, montra le plus grand zèle pour Ronsin. Le motif en était naturel : la cause de Vincent lui était presque étrangère, mais celle de Ronsin, envoyé à Lyon avec lui, et de plus exécuteur de ses sanglantes ordonnances, le touchait de très-près. Collot-d'Herbois avait soutenu avec Ronsin qu'il n'y avait qu'un centième des Lyonnais qui fussent patriotes; qu'il fallait déporter ou immoler le reste, charger le Rhône de cadavres, effrayer tout le Midi de ce spectacle, et frapper de terreur la rebelle cité de Toulon. Ronsin était en prison pour avoir répété ces horribles expressions dans une affiche. Collot-d'Herbois, rappelé pour rendre compte de sa mission, avait le plus grand intérêt à justifier la conduite de Ronsin, afin de faire approuver la sienne. Dans ce moment, il arrivait une pétition signée de quelques citoyens lyonnais, qui faisaient la peinture la plus déchirante des maux de leur ville. Ils montraient les mitraillades succédant aux exécutions de la guillotine, une population entière menacée d'extermination, et une cité riche et manufacturière démolie, non plus avec le marteau, mais avec la mine. Cette pétition, que quatre citoyens avaient eu le courage de signer, produisit une impression douloureuse sur la convention. Collot-d'Herbois se hâta de faire son rapport, et, dans son ivresse révolutionnaire, il présenta ces terribles exécutions comme elles s'offraient à sa propre imagination, c'est-à-dire comme indispensables et toutes naturelles. — « Les Lyonnais, dit-il en substance, étaient vaincus, mais ils disaient hautement qu'ils prendraient bientôt leur revanche. Il fallait frapper de terreur ces rebelles encore insoumis, et avec eux, tous ceux qui voudraient les imiter; il fallait un exemple prompt

et terrible. L'instrument ordinaire de mort n'agissait point assez vite; le marteau ne démolissait que lentement. La mitraille a détruit les hommes, la mine a détruit les édifices. Ceux qui sont morts avaient tous trempé leurs mains dans le sang des patriotes. Une commission populaire les choisissait d'un coup d'œil prompt et sûr dans la foule des prisonniers; et on n'a lieu de regretter aucun de ceux qui ont été frappés. » — Collot-d'Herbois obligea la convention étonnée à approuver ce qui lui semblait à lui-même si naturel; il se rendit ensuite aux Jacobins pour se plaindre à eux de la peine qu'il avait eue à justifier sa conduite, et de la compassion qu'avaient inspirée les Lyonnais. « Ce ma-
« tin, j'ai eu besoin, dit-il, de me servir de
« circonlocutions pour faire approuver la mort
« des traîtres. On pleurait, on demandait *s'ils*
« *étaient morts du premier coup!*... Du premier
« coup, les contre-révolutionnaires! et Chalier
« est-il mort du premier coup*!.... Vous vous
« informez, disais-je à la convention, comment
« sont morts ces hommes qui étaient couverts du
« sang de nos frères! S'ils n'étaient pas morts,

---

* Ce montagnard, condamné par les fédéralistes lyonnais, avait été mal exécuté par le bourreau, qui avait été obligé de revenir jusqu'à trois fois pour faire tomber sa tête.

« vous ne délibéreriez pas ici !... Eh bien ! à peine
« entendait-on ce langage ! Ils ne pouvaient
« entendre parler des morts; ils ne savaient pas
« se défendre des ombres ! » Passant ensuite à
Ronsin, Collot-d'Herbois dit que ce général
avait partagé tous les dangers des patriotes dans
le Midi, qu'il y avait bravé avec lui les poignards
des aristocrates, et déployé la plus grande fermeté pour y faire respecter l'autorité de la république; que dans ce moment tous les aristocrates
se réjouissaient de son arrestation, et y voyaient
pour eux-mêmes un sujet d'espoir. — « Qu'a donc
fait Ronsin pour être arrêté ? ajoutait Collot. Je
l'ai demandé à tout le monde; personne n'a
pu me le dire. » — Le lendemain de cette séance,
dans celle du 3 nivôse, Collot, revenant à la
charge, vint annoncer la mort du patriote
Gaillard, lequel, voyant que la convention
semblait désapprouver l'énergie déployée à
Lyon, s'était donné la mort. — « Vous ai-je trompés, s'écria Collot, quand je vous ai dit que les
patriotes allaient être réduits au désespoir, si
l'esprit public venait à baisser ici ? »

Ainsi, tandis que deux chefs des ultra-révolutionnaires étaient enfermés, leurs partisans
s'agitaient pour eux. Les clubs, la convention
étaient troublés de réclamations en leur faveur,
et un membre même du comité de salut pu-

blic, compromis dans leur système sanguinaire, les défendait pour se défendre lui-même. Leurs adversaires commençaient, de leur côté, à mettre la plus grande énergie dans leurs attaques. Philipeaux, revenu de la Vendée, et plein d'indignation contre l'état-major de Saumur, voulait que le comité de salut public, partageant sa colère, poursuivît Rossignol, Ronsin et autres, et vît une trahison dans la non-réussite du plan de campagne du 2 septembre. On a déjà vu combien il y avait de torts réciproques, de malentendus, et d'incompatibilités de caractère, dans la conduite de cette guerre. Rossignol et l'état-major de Saumur avaient eu de l'humeur, mais n'avaient point trahi; le comité, en les désapprouvant, ne pouvait leur faire essuyer une condamnation qui n'aurait été ni juste ni politique. Robespierre aurait voulu qu'on s'expliquât à l'amiable; mais Philipeaux, impatient, écrivit un pamphlet virulent où il raconta toute la guerre, et où il mêla beaucoup d'erreurs à beaucoup de vérités. Cet écrit devait produire la plus vive sensation, car il attaquait les révolutionnaires les plus prononcés, et les accusait des plus affreuses trahisons. « Qu'a fait Ronsin? disait Philipeaux; beau-
« coup intrigué, beaucoup volé, beaucoup
« menti! Sa seule expédition c'est celle du 18

« septembre, où il fit accabler quarante-cinq
« mille patriotes par trois mille brigands ; c'est
« cette journée fatale de Coron, où, après avoir
« disposé notre artillerie dans une gorge, à la
« tête d'une colonne de six lieues de flanc, il
« se tint caché dans une étable comme un lâ-
« che coquin, à deux lieues du champ de ba-
« taille, où nos infortunés camarades étaient
« foudroyés par leurs propres canons. » Les
expressions n'étaient pas ménagées, comme on
le voit, dans l'écrit de Philipeaux. Malheureusement, le comité de salut public, qu'il aurait
dû mettre dans ses intérêts, n'était pas traité
avec beaucoup d'égards. Philipeaux, mécontent de ne pas voir son indignation assez partagée, semblait imputer au comité une partie
des torts qu'il reprochait à Ronsin, et employait
même cette expression offensante : *Si vous n'a-
vez été que trompés.*

L'écrit, comme nous venons de le dire, produisit une grande sensation. Camille Desmoulins ne connaissait point Philipeaux ; mais,
satisfait de voir que dans la Vendée les ultra-
révolutionnaires avaient autant de torts qu'à
Paris, et n'imaginant pas que la colère eût aveu-
glé Philipeaux jusqu'à lui faire changer des
fautes en trahison, il lut son pamphlet avec empressement, admira son courage, et, dans sa

naïveté, il disait à tout le monde : Avez-vous lu Philipeaux?.... Lisez Philipeaux... — Tout le monde, suivant lui, devait lire cet écrit, qui prouvait les dangers qu'avait courus la république, par la faute des exagérés révolutionnaires.

Camille aimait beaucoup Danton, et en était aimé. Tous deux pensaient que la république étant sauvée par ses dernières victoires, il était temps de mettre fin à des cruautés désormais inutiles; que ces cruautés prolongées plus longtemps ne seraient propres qu'à compromettre la révolution, et que l'étranger pouvait seul en désirer et en inspirer la continuation. Camille imagina d'écrire un nouveau journal qu'il intitula *Le Vieux Cordelier*, car Danton et lui étaient les doyens de ce club célèbre. Il dirigea sa feuille contre tous les révolutionnaires nouveaux, qui voulaient renverser et dépasser les révolutionnaires les plus anciens et les plus éprouvés. Jamais cet écrivain, le plus remarquable de la révolution, et l'un des plus naïfs et des plus spirituels de notre langue, n'avait déployé autant de grace, d'originalité et même d'éloquence. Il commençait ainsi son premier numéro (15 frimaire) : « O Pitt! je rends hom« mage à ton génie! Quels nouveaux débarqués « de France en Angleterre t'ont donné de si « bons conseils et des moyens si sûrs de per-

« dre ma patrie? Tu as vu que tu échouerais
« éternellement contre elle, si tu ne t'attachais
« à perdre dans l'opinion publique ceux qui,
« depuis cinq ans, ont déjoué tous tes projets.
« Tu as compris que ce sont ceux qui t'ont
« toujours vaincu qu'il fallait vaincre; qu'il
« fallait faire accuser de corruption, précisé-
« ment ceux que tu n'avais pu corrompre, et
« d'attiédissement ceux que tu n'avais pu at-
« tiédir! J'ai ouvert les yeux, ajoutait Des-
« moulins, j'ai vu le nombre de nos ennemis :
« leur multitude m'arrache de l'hôtel des In-
« valides, et me ramène au combat. Il faut
« écrire, il faut quitter le crayon lent de l'his-
« toire de la révolution, que je traçais au coin
« du feu, pour reprendre la plume rapide et
« haletante du journaliste, et suivre, à bride
« abattue, le torrent révolutionnaire. Député
« consultant que personne ne consultait plus
« depuis le 3 juin, je sors de mon cabinet et de
« ma chaise à bras, où j'ai eu tout le loisir de
« suivre, par le menu, le nouveau système de
« nos ennemis. »

Camille élevait Robespierre jusqu'aux cieux, pour sa conduite aux Jacobins, pour les services généreux qu'il avait rendus aux vieux patriotes, et il s'exprimait de la manière suivante à l'égard du culte et des proscriptions :

« Il faut, disait-il, à l'esprit humain malade
« le lit plein de songes de la superstition : et à
« voir les fêtes, les processions qu'on institue,
« les autels et les saints sépulcres qui s'élèvent,
« il me semble qu'on ne fait que changer le lit
« du malade ; seulement on lui retire l'oreiller
« de l'espérance d'une autre vie..... Pour moi,
« je l'ai dit ainsi, le jour même où je vis Go-
« bel venir à la barre, avec sa double croix
« qu'on portait en triomphe devant le philo-
« sophe *Anaxagoras**. Si ce n'était pas un
« crime de lèse-Montagne, de soupçonner un
« président des jacobins et un procureur de la
« commune, tels que Clootz et Chaumette, je
« serais tenté de croire qu'à cette nouvelle de
« Barrère, *la Vendée n'existe plus*, le roi de
« Prusse s'est écrié douloureusement : *Tous*
« *nos efforts échoueront donc contre la répu-*
« *blique, puisque le noyau de la Vendée est dé-*
« *truit*; et que l'adroit Luchesini, pour le conso-
« ler, lui aura dit : *Héros invincible, j'imagine*
« *une ressource ; laissez-moi faire. Je paierai*
« *quelques prêtres pour se dire charlatans, j'en-*
« *flammerai le patriotisme des autres pour faire*
« *une pareille déclaration. Il y a à Paris deux*
« *fameux patriotes qui seront très-propres par*

* Nom qu'avait pris Chaumette.

« leurs talents, leur exagération, et leur sys-
« tème religieux bien connu, à nous seconder
« et à recevoir nos impressions. Il n'est ques-
« tion que de faire agir nos amis en France,
« auprès des deux grands philosophes Anachar-
« sis et Anaxagoras; de mettre en mouvement
« leur bile, et d'éblouir leur civisme, par la ri-
« che conquête des sacristies. (J'espère que
« Chaumette ne se plaindra pas de ce numéro;
« le marquis de Luchesini ne peut pas parler
« de lui en termes plus honorables). *Anachar-
« sis et Anaxagoras croiront pousser la roue
« de la raison, tandis que ce sera celle de la
« contre-révolution; et bientôt, au lieu de lais-
« ser mourir en France de vieillesse et d'inani-
« tion le papisme prêt à y rendre le dernier
« soupir, je vous promets, par la persécution
« et l'intolérance contre ceux qui voudraient
« messer et être messés, de faire passer force
« recrues à Lescure et à Larochejacquelein.* »

Camille, racontant ensuite ce qui se faisait sous les empereurs romains, et prétendant ne donner qu'une traduction de Tacite, fit une effrayante allusion à la loi des suspects. « An-
« ciennement, dit-il, il y avait à Rome, selon
« Tacite, une loi qui spécifiait les crimes d'é-
« tat et de lèse-majesté, et portait peine ca-
« pitale. Ces crimes de lèse-majesté, sous la

« république, se réduisaient à quatre sortes :
« si une armée avait été abandonnée en pays
« ennemi; si l'on avait excité des séditions; si
« les membres des corps constitués avaient mal
« administré les affaires ou les deniers publics;
« si la majesté du peuple romain avait été avi-
« lie. Les empereurs n'eurent besoin que de
« quelques articles additionnels à cette loi,
« pour envelopper les citoyens et les cités en-
« tières dans la proscription. Auguste fut le
« premier à étendre cette loi de lèse-majesté,
« en y comprenant les écrits qu'il appelait con-
« tre-révolutionnaires. Bientôt les extensions
« n'eurent plus de bornes. Dès que les propos
« furent devenus des crimes d'état, il n'y eut
« plus qu'un pas à faire pour changer en cri-
« mes les simples regards, la tristesse, la com-
« passion, les soupirs, le silence même.

« Bientôt ce fut un crime de lèse-majesté ou
« de contre-révolution à la ville de *Nursia*
« d'avoir élevé un monument à ses habitants
« morts au siége de Modène; crime de contre-
« révolution à Libon Drusus d'avoir demandé
« aux diseurs de bonne aventure s'il ne possé-
« derait pas un jour de grandes richesses;
« crime de contre-révolution au journaliste
« Cremutius Cordus d'avoir appelé Brutus et
« Cassius les derniers des Romains; crime de

« contre-révolution à un des descendants de
« Cassius d'avoir chez lui un portrait de son
« bisaïeul; crime de contre-révolution à Mar-
« cus Scaurus d'avoir fait une tragédie où il y
« avait tel vers auquel on pouvait donner deux
« sens; crime de contre-révolution à Torqua-
« tus Silanus de faire de la dépense; crime de
« contre-révolution à Pétréius d'avoir eu un
« songe sur Claude; crime de contre-révolu-
« tion à Pomponius de ce qu'un ami de Sé-
« jan était venu chercher un asile dans une de
« ses maisons de campagne; crime de contre-
« révolution de se plaindre des malheurs du
« temps, car c'était faire le procès du gouver-
« nement; crime de contre-révolution de ne
« pas invoquer le génie divin de Caligula. Pour
« y avoir manqué, grand nombre de citoyens
« furent déchirés de coups, condamnés aux
« mines ou aux bêtes, quelques-uns même sciés
« par le milieu du corps. Crime enfin de con-
« tre-révolution à la mère du consul Fusius
« Germinus d'avoir pleuré la mort funeste de
« son fils.

« Il fallait montrer de la joie de la mort de
« son ami, de son parent, si l'on ne voulait
« s'exposer à périr soi-même.

« Tout donnait de l'ombrage au tyran. Un
« citoyen avait-il de la popularité? c'était un

« rival du prince, qui pouvait susciter une
« guerre civile. *Studia civium in se verteret,*
« *et si multi idem audeant, bellum esse.* Suspect.

« Fuyait-on au contraire la popularité, et se
« tenait-on au coin de son feu? cette vie retirée
« vous avait fait remarquer, vous avait donné
« de la considération. *Quantò metu occultior,*
« *tantò plus famâ adeptus.* Suspect.

« Étiez-vous riche? il y avait un péril immi-
« nent que le peuple ne fût corrompu par vos
« largesses. *Auri vim atque opes Plauti, prin-*
« *cipi infensas.* Suspect.

« Étiez-vous pauvre? Comment donc! invin-
« cible empereur! il faut surveiller de plus près
« cet homme. Il n'y a personne d'entreprenant
« comme celui qui n'a rien. *Syllam inopem,*
« *unde præcipuam audaciam.* Suspect.

« Étiez-vous d'un caractère sombre, mélan-
« colique, ou mis en négligé? Ce qui vous af-
« fligeait, c'est que les affaires publiques al-
« laient bien. *Hominem publicis bonis mæstum.*
« Suspect. »

Camille Desmoulins poursuivait ainsi cette grande énumération de suspects, et traçait un horrible tableau de ce qui se passait à Paris, par ce qui s'était fait à Rome. Si la lettre de Philipeaux avait excité une vive sensation, le journal de Camille Desmoulins en produisit une bien plus grande encore. Cinquante mille exemplaires de chacun de ses numéros furent vendus en quelques jours. Les provinces en demandaient en quantité; les prisonniers se les transmettaient à la dérobée, et ils lisaient avec délices, et avec un peu d'espoir, ce révolutionnaire qui leur était autrefois si odieux. Camille, sans vouloir qu'on ouvrît les prisons, ni qu'on fît rétrograder la révolution, demandait l'institution d'un comité, dit de *clémence*, qui ferait la revue des prisonniers, élargirait les citoyens enfermés sans cause suffisante, et arrêterait le sang là où il avait déjà trop coulé.

Les écrits de Philipeaux et de Desmoulins irritèrent au plus haut degré les révolutionnaires zélés, et furent improuvés aux Jacobins. Hébert les y dénonça avec fureur; il proposa même de radier les auteurs de la liste de la société. Il signala en outre, comme complices de Camille Desmoulins et de Philipeaux, Bourdon de l'Oise et Fabre-d'Églantine. On a vu que Bourdon de l'Oise avait voulu, de concert avec Goupilleau, destituer Rossignol; il s'était brouillé depuis avec l'état-major de Saumur, et n'avait cessé dans la convention de s'élever contre le parti Ronsin. C'est ce qui le faisait associer à Philipeaux. Fabre était accusé d'avoir pris part à l'affaire du faux décret, et on était disposé à le croire, quoiqu'il eût été justifié par Chabot. Sentant sa position périlleuse, et ayant tout à craindre d'un système de sévérité trop grande, il avait deux ou trois fois parlé pour le système de l'indulgence, s'était entièrement brouillé avec les ultra-révolutionnaires, et avait été traité d'intrigant par le Père Duchesne. Les jacobins, sans adopter les violentes propositions d'Hébert, décidèrent que Philipeaux, Camille Desmoulins, Bourdon de l'Oise et Fabre-d'Églantine, viendraient à la barre de la société, donner des explications sur leurs écrits, et sur leurs discours dans la convention.

La séance où ils devaient comparaître avait excité une affluence extraordinaire. On se disputait les places avec fureur, on en vendit quelques-unes jusqu'à 25 francs. C'était, en effet, le procès de deux nouvelles classes de patriotes, qui allait se juger devant l'autorité toute puissante des jacobins. Philipeaux, quoiqu'il ne fût pas membre de la société, ne refusa pas de comparaître à sa barre, et répéta les accusations qu'il avait déja consignées, soit dans sa correspondance avec le comité de salut public, soit dans sa brochure. Il ne ménagea pas plus les individus qu'il ne l'avait fait précédemment, et donna à Hébert deux ou trois démentis formels et insultants. Ces personnalités si hardies de Philipeaux commençaient à agiter la société, et la séance devenait orageuse, lorsque Danton, prenant la parole, observa que, pour juger une question aussi grave, il fallait la plus grande attention et le plus grand calme; qu'il n'avait aucune opinion faite sur Philipeaux et sur la vérité de ses accusations; qu'il lui avait déjà dit à lui-même: « Il faut que tu prouves tes accusations ou que « tu portes ta tête sur l'échafaud; » que peut-être il n'y avait ici de coupables que les événements; mais que, dans tous les cas, il fallait que tout le monde fût entendu, et surtout écouté.

Robespierre, parlant après Danton, dit qu'il n'avait pas lu la brochure de Philipeaux, qu'il savait seulement que, dans cette brochure, on rendait le comité responsable de la perte de trente mille hommes; que le comité n'avait pas le temps de répondre à des libelles et de faire une guerre de plume; que cependant il ne croyait pas Philipeaux coupable d'intentions mauvaises, mais entraîné par des passions. « Je ne prétends pas, dit Robespierre, impo- « ser silence à la conscience de mon collègue; « mais qu'il s'examine, et juge s'il n'y a eu lui-

« même ni vanité, ni petites passions. Je le
« crois entraîné par le patriotisme non moins
« que par la colère; mais qu'il réfléchisse! qu'il
« considère la lutte qui s'engage! il verra que
« les modérés prendront sa défense, que les
« aristocrates se rangeront de son côté, que la
« convention elle-même se partagera, qu'il s'y
« élèvera peut-être un parti de l'opposition,
« ce qui serait désastreux, et ce qui renouvel-
« lerait le combat dont on est sorti, et les
« conspirations qu'on a eu tant de peine à dé-
« jouer! » Il invite donc Philipeaux à examiner
ses motifs secrets, et les jacobins à l'écouter
silencieusement.

Rien n'était plus sage et plus convenable
que les observations de Robespierre, au ton
près, qui était toujours emphatique et docto-
ral, surtout depuis qu'il dominait aux Jacobins. Philipeaux reprend la parole, se rejette
dans les mêmes personnalités, et provoque le
même trouble. Danton impatienté s'écrie qu'il
faut abréger de telles querelles, et nommer
une commission qui examine les pièces du
procès. Couthon dit qu'avant même de recourir à cette mesure, il faut s'assurer si la question en vaut la peine, si ce ne serait pas sim-
plement une question d'homme à homme, et
il propose de demander à Philipeaux si, en

son ame et conscience, il croit qu'il y ait eu trahison. Alors il s'adresse à Philipeaux.—Crois-tu, lui dit-il, en ton ame et conscience, qu'il y ait eu trahison?—Oui, répond imprudemment Philipeaux. — En ce cas, reprend Couthon, il n'y a point d'autre moyen; il faut nommer une commission qui écoute les accusés et les accusateurs, et en fasse son rapport à la société. — La proposition est adoptée, et la commission est chargée d'examiner, outre les accusations de Philipeaux, la conduite de Bourdon de l'Oise, de Fabre-d'Églantine et de Camille Desmoulins.

C'était le 3 nivôse (28 décembre). Dans l'intervalle de temps employé par la commission à faire son rapport, la guerre de plume et les récriminations continuèrent sans interruption. Les cordeliers exclurent Camille Desmoulins de leur société. Ils firent de nouvelles pétitions pour Ronsin et Vincent, et vinrent les communiquer aux jacobins, pour engager ceux-ci à les appuyer auprès de la convention. Cette foule d'aventuriers, de mauvais sujets, dont on avait rempli l'armée révolutionnaire, se montraient partout, dans les promenades, les tavernes, les cafés, les spectacles, en épaulettes de laine et en moustaches, faisaient grand bruit pour Ronsin leur général, et Vincent leur ministre. Ils étaient surnommés les *épauletiers*, et fort redoutés dans Paris. Depuis la loi qui interdisait aux sections de se réunir plus de deux fois par semaine, elles s'étaient changées en sociétés populaires fort turbulentes. Il y avait jusqu'à deux de ces sociétés par section, et c'était là que tous les partis intéressés à produire un mouvement, dirigeaient leurs agents. Les *épauletiers* ne manquaient pas de s'y rendre, et, grace à eux, le tumulte régnait dans presque toutes.

Robespierre, toujours ferme aux Jacobins, fit repousser la pétition des cordeliers, et de plus, fit retirer l'affiliation à toutes les sociétés populaires formées depuis le 31 mai. C'étaient là des actes d'une prudente et louable énergie. Cependant le comité, tout en faisant les plus grands efforts pour comprimer la faction turbulente, devait s'attacher aussi à ne pas se donner les apparences de la mollesse et de la modération. Il fallait, pour qu'il pût conserver sa popularité et sa force, qu'il déployât la même rigueur contre la faction opposée. C'est pourquoi, le 5 nivôse (25 décembre), Robespierre fut chargé de faire un nouveau rapport sur les principes du gouvernement révolutionnaire, et de proposer des mesures de sévérité contre quelques prisonniers illustres. S'attachant tou-

jours, par politique et aussi par erreur, à rejeter tous les désordres sur la prétendue faction étrangère, il lui imputa à la fois les torts des modérés et des exagérés. « Les cours étran-
« gères ont vomi, dit-il, sur la France, les scé-
« lérats habiles qu'elles tiennent à leur solde.
« Ils délibèrent dans nos administrations, s'in-
« troduisent dans nos assemblées sectionnaires
« et dans nos clubs; ils ont siégé jusque dans
« la représentation nationale; ils dirigent et di-
« rigeront éternellement la contre-révolution
« sur le même plan. Ils rôdent autour de nous;
« ils surprennent nos secrets, caressent nos
« passions, et cherchent à nous inspirer jus-
« qu'à nos opinions. » Robespierre, poursuivant ce tableau, les montre poussant tour à tour à l'exagération ou à la faiblesse, excitant à Paris la persécution des cultes, et dans la Vendée la résistance du fanatisme; immolant Lepelletier et Marat, et puis se mêlant dans les groupes pour leur décerner les honneurs divins, afin de les rendre ridicules et odieux; donnant ou retirant le pain au peuple, faisant paraître ou disparaître l'argent, profitant enfin de tous les accidents pour les tourner contre la révolution et la France. Après avoir fait ainsi la somme générale de tous nos maux, Robespierre, ne voulant pas voir qu'ils étaient iné-

vitables, les imputait à l'étranger, qui, sans doute, pouvait s'en applaudir, mais qui, pour les produire, s'en reposait sur les vices de la nature humaine, et n'aurait pas eu le moyen d'y suppléer par des complots. Robespierre, regardant comme complices de la coalition tous les prisonniers illustres qu'on détenait encore, proposa de les envoyer de suite au tribunal révolutionnaire. Ainsi Dietrich, maire de Strasbourg, Custine fils, Biron, et tous les officiers amis de Dumouriez, de Custine et de Houchard, durent être incessamment jugés. Sans doute, il n'était pas besoin d'un décret de la convention pour que ces victimes fussent immolées par le tribunal révolutionnaire; mais ce soin de hâter leur supplice était une preuve que le gouvernement ne faiblissait pas. Robespierre proposa en outre d'augmenter d'un tiers les récompenses territoriales promises aux défenseurs de la patrie.

Après ce rapport, Barrère fut chargé d'en faire un autre sur les arrestations qu'on disait chaque jour plus nombreuses, et de proposer les moyens de vérifier les motifs de ces arrestations. Le but de ce rapport était de répondre, sans qu'il y parût, *au Vieux Cordelier*, de Camille Desmoulins, et à sa proposition d'un comité de clémence. Barrère traita avec sévérité les *Traductions des orateurs anciens*, et proposa néanmoins de nommer une commission pour vérifier les arrestations; ce qui ressemblait fort au comité de clémence imaginé par Camille. Cependant, sur les observations de quelques-uns de ses membres, la convention crut devoir s'en tenir à ses décrets précédents, qui obligeaient les comités révolutionnaires à adresser au comité de sûreté générale les motifs des arrestations, et permettaient aux détenus de réclamer auprès de ce dernier comité.

Le gouvernement poursuivait ainsi sa marche entre les deux partis qui se formaient, inclinant secrètement pour le parti modéré, mais craignant toujours de le laisser trop apercevoir. Pendant ce temps, Camille publia un numéro plus fort encore que les précédents, et qui était adressé aux jacobins. Il l'intitula : *Ma Défense*; et c'était la plus hardie et la plus terrible récrimination contre ses adversaires.

A propos de sa radiation des Cordeliers, il disait : « Pardon, frères et amis, si j'ose prendre
« encore le titre de vieux cordelier, après l'ar-
« rété du club qui me défend de me parer de
« ce nom. Mais, en vérité, c'est une insolence
« si inouïe que celle de petit-fils se révoltant
« contre leur grand-père, et lui défendant de
« porter son nom, que je veux plaider cette

« cause contre ces fils ingrats. Je veux savoir
« à qui le nom doit rester ou au grand-papa
« ou à des enfants qu'on lui a faits, dont il n'a
« jamais ni reconnu ni même connu la dixième
« partie, et qui prétendent le chasser du pa-
« ternel logis ! »

Ensuite il explique ses opinions. « Le vaisseau
« de la république vogue entre deux écueils,
« le rocher de l'exagération et le banc de sable
« du modérantisme. Voyant que le Père Du-
« chesne et presque toutes les sentinelles pa-
« triotes se tenaient sur le tillac, avec leur lu-
« nette, occupés uniquement à crier : Gare !
« vous touchez au modérantisme ! il a bien
« fallu que moi, vieux cordelier et doyen des
« jacobins, je me chargeasse de faire la faction
« difficile, et dont aucun des jeunes gens ne
« voulait, crainte de se dépopulariser, celle de
« crier : Gare ! vous allez toucher à l'exagéra-
« tion ! Et voilà l'obligation que doivent m'a-
« voir tous mes collègues de la convention,
« celle d'avoir exposé ma popularité même,
« pour sauver le navire où ma cargaison n'était
« pas plus forte que la leur. »

Il se justifie ensuite de ce propos qui lui
avait été si reproché : *Vincent Pitt gouverne
George Bouchotte*. « J'ai bien, dit-il, appelé
« Louis XVI mon gros benêt de roi, en 1787,

« sans être embastillé pour cela. Bouchotte se-
« rait-il un plus grand seigneur? »

Il passe ensuite ses adversaires en revue ; il
dit à Collot-d'Herbois que si, lui Desmoulins, a
son Dillon, lui Collot a son Brunet, son Proli,
qu'il a défendus tous les deux. Il dit à Barrère :
« On ne se reconnaît plus à la Montagne; si
« c'était un vieux cordelier comme moi, un pa-
« triote *rectiligne*, Billaud-Varennes par exem-
« ple, qui m'eût gourmandé si durement, *sus-*
« *tinuissem utique;* j'aurais dit : C'est le soufflet
« du bouillant saint Paul au bon saint Pierre
« qui a péché! Mais toi, mon cher Barrère, toi
« l'heureux tuteur de Paméla*! toi le prési-
« dent des feuillants, qui as proposé le comité
« des douze! toi, qui, le 2 juin, mettais en dé-
« libération dans le comité de salut public si
« on n'arrêterait pas Danton! toi dont je pour-
« rais relever bien d'autres fautes, si je voulais
« fouiller le *vieux sac***, que tu deviennes tout-
« à-coup un *passe-Robespierre*, et que je sois
« par toi apostrophé si sec! »

« Tout cela n'est qu'une querelle de ménage,
« ajoute Camille, avec mes amis les patriotes

---

* Allusion à la pièce de *Paméla*, dont la représentation
avait été défendue.

** Barrère s'appelait de *Vieux-sac*, quand il était noble.

« Collot et Barrère; mais je vais être à mon
« tour *bougrement en colère** contre le Père
« Duchesne, qui m'appelle un *misérable intri-*
« *gailleur, un viédase à mener à la guillotine,*
« *un conspirateur qui veut qu'on ouvre les pri-*
« *sons pour en faire une nouvelle Vendée, un*
« *endormeur payé par Pitt, un bourriquet à*
« *longues oreilles*. ATTENDS-MOI, HÉBERT, JE SUIS
« A TOI DANS UN MOMENT. Ici, ce n'est pas avec
« des injures grossières et des mots que je vais
« t'attaquer, c'est avec des faits. »

Alors Camille, qui avait été accusé par Hébert d'avoir épousé une femme riche, et de dîner avec des aristocrates, fait l'histoire de son mariage, qui lui avait valu quatre mille livres de rentes, et il trace le tableau de sa vie simple, modeste et paresseuse. Passant ensuite à Hébert, il rappelle l'ancien métier de ce distributeur de *contre-marques*, ses vols qui l'avaient fait chasser du théâtre, sa fortune subite et connue, et il le couvre de la plus juste infamie. Il raconte et prouve que Bouchotte avait donné à Hébert, sur les fonds de la guerre, d'abord cent vingt mille francs, puis dix, puis soixante, pour les exemplaires du Père Du-

---

* Expression des colporteurs qui, en vendant les feuilles du *Père Duchesne*, criaient dans les rues : *Il est bougrement en colère le Père Duchesne!*

chesne distribués aux armées; que ces exemplaires ne valaient que seize mille francs, et que par conséquent le surplus avait été volé à la nation.

« Deux cent mille francs, s'écrie Camille, à
« ce pauvre sans-culotte Hébert, pour soute-
« nir les motions de Proli, de Clootz! deux
« cent mille francs pour calomnier Danton,
« Lindet, Cambon, Thuriot, Lacroix, Phili-
« peaux, Bourdon de l'Oise, Barras, Fréron,
« d'Églantine, Legendre, Camille Desmoulins,
« et presque tous les commissaires de la con-
« vention! Pour inonder la France de ses écrits,
« si propres à former l'esprit et le cœur, deux
« cent mille francs de Bouchotte!... S'étonnera-
« t-on après cela de cette exclamation filiale
« d'Hébert à la séance des Jacobins : *Oser at-*
« *taquer Bouchotte! Bouchotte qui a mis à la*
« *tête des armées des généraux sans-culottes!*
« *Bouchotte, un patriote si pur!* Je suis étonné
« que, dans le transport de sa reconnaissance,
« le Père Duchesne ne se soit pas écrié : Bou-
« chotte qui m'a donné deux cent mille livres
« depuis le mois de juin!

« Tu me parles, ajoute Camille, de mes so-
« ciétés : mais ne sait-on pas que c'est avec
« l'intime de Dumouriez, le banquier Kock,
« avec la femme Rochechouart, agente des

« émigrés, que le grand patriote Hébert, après
« avoir calomnié dans sa feuille les hommes
« les plus purs de la république, va, dans sa
« grande joie, lui et sa Jacqueline, passer les
« beaux jours de l'été à la campagne, boire le
« vin de Pitt, et porter des toasts à la ruine
« des réputations des fondateurs de la liberté? »

Camille reproche ensuite à Hébert le style
de son journal : « Ne sais-tu pas, Hébert, que
« lorsque les tyrans d'Europe veulent faire
« croire à leurs esclaves que la France est cou-
« verte des ténèbres de la barbarie, que Paris,
« cette ville si vantée par son atticisme et son
« goût, est peuplée de vandales; ne sais-tu pas,
« malheureux, que ce sont des lambeaux de
« tes feuilles qu'ils insèrent dans leurs gazettes?
« comme si le peuple était aussi ignorant que
« tu voudrais le faire croire à M. Pitt; comme
« si on ne pouvait lui parler qu'un langage
« aussi grossier; comme si c'était là le langage
« de la convention et du comité de salut pu-
« blic; comme si tes saletés étaient celles de la
« nation; comme si un égout de Paris était la
« Seine! »

Camille l'accuse ensuite d'avoir ajouté par ses
numéros aux scandales du culte de la Raison,
puis il s'écrie : « Ainsi, c'est ce vil flagorneur
« aux gages de deux cent mille livres, qui me

« reprochera les quatre mille livres de rente
« de ma femme! c'est cet ami intime des Kock,
« des Rochechouart, et d'une multitude d'es-
« crocs, qui me reprochera mes sociétés! c'est
« cet écrivain insensé ou perfide qui me re-
« prochera mes écrits aristocratiques, lui, dont
« je démontrerai que les feuilles sont les dé-
« lices de Coblentz, et le seul espoir de Pitt!
« Cet homme rayé de la liste des garçons de
« théâtre, pour vols, fera rayer de la liste des
« jacobins, pour leur opinion, des députés
« fondateurs immortels de la république! cet
« écrivain des charniers sera le régulateur de
« l'opinion, le mentor du peuple français!

« Qu'on désespère, ajoute Camille Desmou-
« lins, de m'intimider par les terreurs et les
« bruits de mon arrestation, qu'on sème au-
« tour de moi. Nous savons que des scélérats
« méditent un 31 mai contre les hommes les
« plus énergiques de la Montagne!..... O mes
« collègues! je vous dirai comme Brutus et Ci-
« céron : *Nous craignons trop la mort, et l'exil,*
« *et la pauvreté! Nimium timemus mortem et*
« *exilium et paupertatem....* Eh quoi! lorsque,
« tous les jours, douze cent mille Français af-
« frontent les redoutes hérissées des batteries
« les plus meurtrières, et volent de victoires en
« victoires, nous, députés à la convention, nous

« qui ne pouvons jamais tomber comme le sol-
« dat, dans l'obscurité de la nuit, fusillé dans
« les ténèbres, et sans témoins de sa valeur;
« nous, dont la mort soufferte pour la liberté
« ne peut être que glorieuse, solennelle et
« reçue en présence de la nation entière, de
« l'Europe et de la postérité; serions-nous plus
« lâches que nos soldats? craindrions-nous de
« nous exposer à regarder Bouchotte en face?
« n'oserons-nous pas braver la grande colère
« du Père Duchesne, pour remporter aussi la
« victoire que le peuple attend de nous, la vic-
« toire sur les ultra-révolutionnaires, comme
« sur les contre-révolutionnaires; la victoire
« sur tous les intrigants, sur tous les fripons,
« sur tous les ambitieux, sur tous les ennemis
« du bien public?

« Croit-on que même sur l'échafaud, soutenu
« de ce sentiment intime que j'ai aimé avec
« passion ma patrie et la république, couronné
« de l'estime et des regrets de tous les vrais
« républicains, je voulusse changer mon sup-
« plice contre la fortune de ce misérable Hé-
« bert, qui, dans sa feuille, pousse au déses-
« poir et à la révolte vingt classes de citoyens;
« qui, pour s'étourdir sur ses remords et ses
« calomnies, a besoin de se procurer une ivresse
« plus forte que celle du vin, et de lécher sans

« cesse le sang au pied de la guillotine ? Qu'est-
« ce donc que l'échafaud pour un patriote,
« sinon le piédestal des Sidney et des Jean de
« With ? Qu'est-ce, dans un moment de guerre
« où j'ai eu mes deux frères hachés pour la li-
« berté, qu'est-ce que la guillotine, sinon un
« coup de sabre, et le plus glorieux de tous,
« pour un député victime de son courage et
« de son républicanisme ? »

Ces pages donneront une idée des mœurs de l'époque. L'âpreté, le cynisme, l'éloquence de Rome et d'Athènes, avaient reparu parmi nous, avec la liberté démocratique.

Ce nouveau numéro de Camille Desmoulins causa encore plus d'agitation que les précédents. Hébert ne cessa de le dénoncer aux jacobins, et de demander le rapport de la commission. Le 16 nivôse, enfin, Collot-d'Herbois prit la parole pour faire ce rapport. L'affluence était aussi considérable que le jour où la discussion avait été entamée, et les places se vendaient aussi cher. Collot montra plus d'impartialité qu'on n'aurait dû l'attendre d'un ami de Ronsin. Il reprocha à Philipeaux d'impliquer le comité de salut public dans ses accusations, de montrer les dispositions les plus favorables pour des hommes suspects, de parler de Biron avec éloge, tandis qu'il couvrait Rossignol d'outrages, et enfin d'exprimer exactement les mêmes préférences que les aristocrates. Il lui fit aussi un reproche qui, dans les circonstances, avait quelque gravité : c'était d'avoir retiré dans son dernier écrit les accusations portées contre le général Fabre-Fond, frère de Fabre-d'Églantine. Philipeaux, en effet, qui ne connaissait ni Fabre ni Camille, avait dénoncé le frère du premier, qu'il croyait avoir trouvé en faute dans la Vendée. Une fois rapproché de Fabre par sa position, et accusé avec lui, il avait retranché, par un ménagement tout naturel, les allégations relatives à son frère. Cela seul prouvait qu'ils avaient été conduits, isolément et sans se connaître, à agir comme ils l'avaient fait, et qu'ils ne formaient point une faction véritable. Mais l'esprit de parti en jugea autrement, et Collot insinua qu'il existait une intrigue sourde, et un concert entre les prévenus de modération. Il fouilla dans le passé, et reprocha à Philipeaux ses votes sur Louis XVI et sur Marat. Quant à Camille, il le traita bien plus favorablement; il le représenta comme un bon patriote, égaré par de mauvaises sociétés, et auquel il fallait pardonner, en l'engageant toutefois à ne plus commettre de pareilles débauches d'esprit. Il demanda donc l'exclusion de Philipeaux et la censure pure et simple de Camille.

Dans ce moment, Camille, présent à la séance, fait passer une lettre au président, pour déclarer que sa défense est consignée dans son dernier numéro, et pour demander que la société veuille bien en écouter le contenu. A cette proposition, Hébert, qui redoutait la lecture de ce numéro, où les turpitudes de sa vie étaient révélées, prend la parole, et s'écrie qu'on a voulu compliquer la discussion en le calomniant, et que, pour détourner l'attention, on lui a imputé d'avoir volé la trésorerie, ce qui est une fausseté atroce..... — J'ai les pièces en main! s'écrie Camille. — Ces mots causent une grande rumeur. Robespierre le jeune dit alors qu'il faut écarter les discussions personnelles; que la société n'est pas réunie pour l'intérêt des réputations, et que, si Hébert a volé, peu lui importe à elle; que ceux qui ont des reproches à se faire ne doivent pas interrompre la discussion générale.... — A ces expressions peu satisfaisantes, Hébert s'écrie : Je n'ai rien à me reprocher. — Les troubles des départements, reprend Robespierre le jeune, sont ton ouvrage; c'est toi qui as contribué à les provoquer en attaquant la liberté des cultes. — Hébert se tait à cette interpellation. Robespierre aîné prend la parole, et, gardant plus de mesure que son frère, mais

sans être plus favorable à Hébert, dit que Collot a présenté la question sous son véritable point de vue, qu'un incident fâcheux avait troublé la dignité de la discussion, que tout le monde avait eu tort, Hébert, ainsi que ceux qui lui avaient répondu. « Ce que je vais dire, ajoute-
« t-il, n'a trait à aucun individu. On a mauvaise
« grace à se plaindre de la calomnie quand on
« a calomnié soi-même. On ne doit pas se plain-
« dre des injustices quand on a jugé les autres
« avec légèreté, précipitation et fureur. Que
« chacun interroge sa conscience, et s'applique
« ces réflexions. J'avais voulu prévenir la dis-
« cussion actuelle ; je voulais que dans des en-
« tretiens particuliers, dans des conférences
« amicales, chacun s'expliquât et convînt de ses
« torts. Alors on aurait pu s'entendre et s'épar-
« gner du scandale. Mais point du tout, les
« pamphlets ont été répandus le lendemain, et
« on s'est empressé de produire un éclat. Main-
« tenant, ce qui nous importe dans toutes ces
« querelles personnelles, ce n'est pas de savoir
« si on a mis de tous côtés des passions et de l'in-
« justice, mais si les accusations dirigées par
« Philipeaux contre les hommes chargés de la
« plus importante de nos guerres sont fondées.
« Voilà ce qu'il faut éclaircir dans l'intérêt non
« des individus mais de la république. »

Robespierre pensait, en effet, que les attaques de Camille contre Hébert étaient inutiles à discuter, car tout le monde savait combien elles étaient fondées; que d'ailleurs elles ne renfermaient rien que la république eût intérêt à constater, et qu'au contraire il importait beaucoup d'éclaircir la conduite des généraux dans la Vendée. On poursuit, en effet, la discussion relative à Philipeaux. La séance entière est consacrée à écouter une foule de témoins oculaires; mais, au milieu de ces affirmations contradictoires, Danton, Robespierre déclarent qu'ils ne discernent rien, et qu'ils ne savent plus à quoi s'en tenir. La discussion, déjà trop longue, est renvoyée à la séance suivante.

Le 18, la séance est reprise; Philipeaux était absent. On se sentait déjà fatigué de la discussion dont il était le sujet, et qui n'amenait aucun éclaircissement. On s'étend alors sur Camille Desmoulins. On le somme de s'expliquer sur les éloges qu'il a donnés à Philipeaux, et sur ses relations avec lui. Camille ne le connaît pas, à ce qu'il assure; des faits affirmés par Goupilleau, par Bourdon, lui avaient d'abord persuadé que Philipeaux disait vrai, et l'avaient rempli d'indignation; mais aujourd'hui qu'il s'aperçoit, d'après la discussion, que Philipeaux a altéré la vérité (ce qui commençait en effet à percer de toutes parts), il rétracte ses éloges, et déclare n'avoir plus aucune opinion à cet égard.

Robespierre prenant encore une fois la parole sur Camille, répète ce qu'il avait déjà dit à son égard : que son caractère est excellent, mais que ce caractère connu ne lui donne pas le droit d'écrire contre les patriotes; que ses écrits, dévorés par les aristocrates, font leurs délices, et sont répandus dans tous les départements; qu'il a traduit Tacite sans l'entendre; qu'il faut le traiter comme un enfant étourdi qui a touché à des armes dangereuses et en a fait un usage funeste, l'engager à quitter les aristocrates et les mauvaises sociétés qui le corrompent; et qu'en lui pardonnant à lui, il faut brûler ses numéros. — Camille, alors, oubliant les ménagements qu'il fallait garder envers l'orgueilleux Robespierre, s'écrie de sa place : Brûler n'est pas répondre. — «Eh bien! « reprend Robespierre irrité, qu'on ne brûle « pas, mais qu'on réponde; qu'on lise sur-le- « champ les numéros de Camille. Puisqu'il le « veut, qu'il soit couvert d'ignominie; que la « société ne retienne pas son indignation, puis- « qu'il s'obstine à soutenir ses diatribes et ses « principes dangereux. L'homme qui tient aussi « fortement à des écrits perfides est peut-être

« plus qu'égaré; s'il eût été de bonne foi, s'il
« eût écrit dans la simplicité de son cœur, il
« n'aurait pas osé soutenir plus long-temps des
« ouvrages proscrits par les patriotes, et re-
« cherchés par les contre-révolutionnaires. Son
« courage n'est qu'emprunté; il décèle les hom-
« mes cachés sous la dictée desquels il a écrit
« son journal; il décèle que Desmoulins est
« l'organe d'une faction scélérate qui a em-
« prunté sa plume pour distiller son poison
« avec plus d'audace et de sûreté. » Camille
veut en vain demander la parole et calmer Robespierre; on refuse de l'écouter, et on passe
sur-le-champ à la lecture de ses feuilles. Quelque ménagement que les individus veuillent
garder les uns pour les autres dans des querelles
de parti, il est difficile que bientôt les amours-
propres ne se trouvent pas engagés. Avec la
susceptibilité de Robespierre et la naïve étour-
derie de Camille, la division d'opinions devait
bientôt se changer en une division d'amour-
propre et en haine. Robespierre méprisait trop
Hébert et les siens pour se brouiller avec eux;
mais il pouvait se brouiller avec un écrivain
aussi célèbre dans la révolution que Camille
Desmoulins; et celui-ci ne mit pas assez d'a-
dresse à éviter une rupture.

La lecture des numéros de Camille occupe

deux séances tout entières. On passe ensuite à Fabre. On l'interroge, on veut l'obliger à dire quelle part il a eue aux écrits nouvellement répandus. Il répond qu'il n'y est pas pour une virgule, et que, relativement à Philipeaux et Bourdon de l'Oise, il peut assurer ne pas les connaître. On veut enfin prendre un parti sur les quatre individus dénoncés. Robespierre, quoique n'étant plus disposé à ménager Camille, propose de laisser là cette discussion, et de passer à un autre sujet plus grave, plus digne de la société, plus utile à l'esprit public, savoir les vices et les crimes du gouvernement anglais. « Ce gouvernement
« atroce cache, disait-il, sous quelques apparen-
« ces de liberté, un principe de despotisme et
« de machiavélisme atroce; il faut le dénoncer
« à son propre peuple, et répondre à ses ca-
« lomnies, en prouvant ses vices d'organisa-
« tion et ses forfaits. » Les jacobins voulaient bien de ce sujet qui fournissait une si vaste carrière à leur imagination accusatrice, mais quelques uns d'entre eux désiraient auparavant radier Philipeaux, Camille, Bourdon et Fabre. Une voix même accuse Robespierre de s'arroger une espèce de dictature. « Ma dicta-
« ture, s'écrie-t-il, est celle de Marat et de Le-
« pelletier; elle consiste à être exposé sous les

« jours aux poignards des tyrans. Mais je suis
« las des disputes qui s'élèvent chaque jour dans
« le sein de la société, et qui n'aboutissent à
« aucun résultat utile. Nos véritables ennemis
« sont les étrangers; ce sont eux qu'il faut pour-
« suivre et dont il faut dévoiler les trames. »
Robespierre renouvelle en conséquence sa proposition, et fait décider, au milieu des applaudissements, que la société, mettant de côté les
disputes élevées entre les individus, s'occupera,
dans les séances qui vont suivre, de discuter,
sans interruption, les vices du gouvernement
anglais.

C'était détourner à propos l'inquiète imagination des jacobins, et la diriger sur une
proie qui pouvait les occuper long-temps.
Philipeaux s'était déja retiré sans attendre une
décision. Camille et Bourdon ne furent ni rejetés ni confirmés; on n'en parla plus, et ils se
contentèrent de ne plus paraître devant la société. Pour Fabre d'Églantine, bien que Chabot
l'eût entièrement justifié, les faits qui arrivaient
chaque jour à la connaissance du comité de
sûreté générale, ne permirent plus de douter
de sa complicité; il fallut lancer contre lui un
mandat d'arrêt, et le réunir à Chabot, Bazire,
Delaunay et Julien de Toulouse.

Il restait de toutes ces discussions une impression fâcheuse pour les nouveaux modérés. Il n'y avait aucune espèce de concert entre eux. Philipeaux, presque girondin autrefois, ne connaissait ni Camille, ni Fabre, ni Bourdon; Camille seul était assez lié avec Fabre; quant à Bourdon, il était entièrement étranger aux trois autres. Mais on s'imagina dès lors qu'il y avait une faction secrète dont ils étaient ou complices ou dupes. La facilité de caractère, les goûts épicuriens de Camille, et deux ou trois dîners qu'il avait faits avec les riches financiers de l'époque, la complicité démontrée de Fabre avec les agioteurs, sa récente opulence, firent supposer qu'ils étaient liés à la prétendue faction corruptrice. On n'osait pas encore désigner Danton comme en étant le chef; mais, si on ne l'accusait pas d'une manière publique, si Hébert dans sa feuille, si les cordeliers à leur tribune ménageaient ce puissant révolutionnaire, ils se disaient entre eux ce qu'ils n'osaient publier.

L'homme le plus nuisible au parti était Lacroix, dont les concussions en Belgique étaient si démontrées, qu'on pouvait très-bien les lui imputer sans être accusé de calomnie, et sans qu'il osât répondre. On l'associait aux modérés à cause de son ancienne liaison avec Danton, et il leur faisait partager sa honte.

Les cordeliers, mécontents de ce que les jacobins avaient passé à l'ordre du jour sur les dénoncés, déclarèrent : 1° que Philipeaux était un calomniateur ; 2° que Bourdon, accusateur acharné de Ronsin, de Vincent et des bureaux de la guerre, avait perdu leur confiance, et n'était à leurs yeux que le complice de Philipeaux ; 3° que Fabre, partageant les sentiments de Bourdon et de Philipeaux, n'était qu'un intrigant plus adroit ; 4° que Camille, déja exclu de leurs rangs, avait aussi perdu leur confiance, quoique auparavant il eût rendu de grands services à la révolution.

Après avoir détenu quelque temps Ronsin et Vincent, on les fit élargir, car on ne pouvait les mettre en jugement pour aucune cause. Il n'était pas possible de poursuivre Ronsin pour sa conduite dans la Vendée, car les événements de cette guerre étaient couverts d'un voile épais ; ni pour ce qu'il avait fait à Lyon, car c'était soulever une question dangereuse, et accuser en même temps Collot-d'Herbois et tout le système actuel du gouvernement. Il était tout aussi impossible de poursuivre Vincent pour quelques actes de despotisme dans les bureaux de la guerre. On n'aurait pu faire à l'un et à l'autre qu'un procès politique, et le moment n'était pas venu de leur en intenter un pareil. Ils furent donc élargis *, à la grande joie des cordeliers et de tous les *épauletiers* de l'armée révolutionnaire.

Vincent était un jeune homme de vingt et quelques années, espèce de frénétique dont le fanatisme allait jusqu'à la maladie, et chez lequel il y avait encore plus d'aliénation d'esprit que d'ambition personnelle. Un jour que sa femme, qui allait le voir dans sa prison, lui rapportait ce qui se passait, indigné du récit qu'elle lui fit, il s'élança sur un morceau de viande crue, et dit en le dévorant : « Je voudrais dévorer ainsi tous ces scélérats. » Ronsin, tour à tour médiocre pamphlétaire, fournisseur, général, joignait à beaucoup d'intelligence un courage remarquable et une grande activité. Naturellement exagéré, mais ambitieux, il était le plus distingué de ces aventuriers qui s'étaient offerts à être les instruments du gouvernement nouveau. Chef de l'armée révolutionnaire, il songeait à tirer parti de sa position, soit pour lui, soit pour ses amis, soit pour le triomphe de son système. Dans la prison du Luxembourg, Vincent et lui, enfermés ensemble, avaient toujours parlé en maîtres; ils n'avaient cessé de dire qu'ils triompheraient de

* Le 14 pluviôse (2 février).

l'intrigue, qu'ils sortiraient par le secours de leurs partisans, qu'ils reviendraient alors pour élargir les patriotes enfermés, et envoyer tous les autres prisonniers à la guillotine. Ils avaient fait le tourment des malheureux détenus avec eux, et les laissèrent pleins d'effroi.

A peine sortis, ils dirent hautement qu'ils se vengeraient, et que bientôt ils sauraient se faire raison de leurs ennemis. Le comité de salut public ne pouvait guère se dispenser de les élargir; mais il ne tarda pas à s'apercevoir qu'il avait déchaîné des furieux, et qu'il faudrait bientôt les réduire à l'impossibilité de nuire. Il restait à Paris quatre mille hommes de l'armée révolutionnaire. Là, se trouvaient des aventuriers, des voleurs, des septembriseurs, qui prenaient le masque du patriotisme, et qui aimaient mieux butiner à l'intérieur que d'aller sur les frontières mener une vie pauvre, dure et périlleuse. Ces petits tyrans, avec leurs moustaches et leurs grands sabres, exerçaient dans tous les lieux publics le plus dur despotisme. Ayant de l'artillerie, des munitions et un chef entreprenant, ils pouvaient devenir dangereux. A eux se joignaient les brouillons, qui remplissaient les bureaux de Vincent. Celui-ci était leur chef civil, comme Ronsin leur chef militaire. Ils avaient des liaisons avec la commune par Hébert, substitut de Chaumette, et par le maire Pache, toujours prêt à recevoir chez lui tous les partis, et à caresser tous les hommes redoutables. Momoro, l'un des présidents des cordeliers, était leur fidèle partisan et leur avocat aux Jacobins. Ainsi on rangeait ensemble Ronsin, Vincent, Hébert, Chaumette, Momoro; et on ajoutait à la liste Pache et Bouchotte, comme des complaisants qui leur laissaient usurper deux grandes autorités.

Déjà ces hommes ne se contenaient plus dans leurs discours contre ces représentants qui voulaient, disaient-ils, s'éterniser au pouvoir et faire grace aux aristocrates. Un jour, étant à dîner chez Pache, ils y rencontrèrent Legendre, l'ami de Danton, autrefois l'imitateur de sa véhémence, aujourd'hui de sa réserve, et la victime de cette imitation, car il essuyait les attaques qu'on n'osait pas diriger contre Danton lui-même. Ronsin et Vincent lui adressèrent de mauvais propos. Vincent, qui avait été son obligé, l'embrassa en lui disant qu'il embrassait l'ancien, et non le nouveau Legendre; que le nouveau Legendre était devenu un modéré et ne méritait aucune estime. Vincent lui demanda ensuite avec ironie s'il avait porté dans ses missions le costume de député. Legendre lui ayant répondu qu'il le portait aux armées, Vincent ajouta que ce costume était fort pompeux, mais indigne de vrais républicains; qu'il habillerait un mannequin de ce costume, qu'il rassemblerait le peuple, et lui dirait : « Voilà les représentants « que vous vous êtes donnés! ils vous prêchent « l'égalité, et se couvrent d'or et de plumes. » Il dit ensuite qu'il mettrait le feu au mannequin. Legendre alors le traita de fou et de séditieux. On fut près d'en venir aux mains, au grand effroi de Pache. Legendre ayant voulu s'adresser à Ronsin, qui paraissait plus calme, et l'ayant engagé à modérer Vincent, Ronsin répondit qu'à la vérité Vincent était vif, mais que son caractère convenait aux circonstances, et qu'il fallait de pareils hommes pour le temps où l'on vivait. — « Vous avez, ajouta Ronsin, « une faction dans le sein de l'assemblée; si « vous ne l'en chassez pas, vous nous en ferez « raison. » — Legendre sortit indigné, et répéta tout ce qu'il avait vu et entendu pendant ce repas. La conversation fut connue, et donna une nouvelle idée de l'audace et de la frénésie des deux hommes qu'on venait d'élargir.

Ils témoignaient un grand respect pour Pache et pour ses vertus, comme avaient fait jadis les jacobins, quand Pache était au ministère. Le sort de Pache était de charmer par sa complaisance et par sa douceur tous les hommes violents. Ils étaient enchantés de voir leurs passions approuvées par un homme qui avait toutes les apparences de la sagesse. Les nouveaux révolutionnaires en voulaient faire, disaient-ils, un grand personnage dans leur gouvernement ; car sans avoir un but précis, sans avoir même encore le projet et le courage d'une insurrection, ils parlaient beaucoup, à l'exemple de tous les comploteurs qui commencent par s'essayer et s'échauffer en paroles. Ils disaient partout qu'il fallait d'autres institutions. Tout ce qui leur plaisait dans l'organisation actuelle du gouvernement, c'étaient le tribunal et l'armée révolutionnaires. Ils imaginaient donc une constitution consistant en un tribunal suprême présidé par un grand-juge, et un conseil militaire dirigé par un généralissime. Dans ce gouvernement on devait juger et administrer militairement. Le généralissime et le grand-juge étaient les deux principaux personnages. Il devait y avoir auprès du tribunal un grand-accusateur sous le titre de censeur, qui serait chargé de provoquer les poursuites. Ainsi dans ce projet, formé dans un moment de fermentation révolutionnaire, les deux fonctions, essentielles, uniques, consistaient à condamner et à se battre. On ne sait si ce projet était celui d'un rêveur en délire, ou de plusieurs d'entre eux; s'il n'avait d'autre existence que des propos, ou s'il fut rédigé; mais il est certain qu'il avait son modèle dans les commissions révolutionnaires établies à Lyon, Marseille, Toulon, Bordeaux, Nantes, et que l'imagination pleine de ce qu'ils avaient fait dans ces grandes cités, ces terribles exécuteurs voulaient gouverner sur le même plan la France tout entière, et faire de la violence d'un jour le type d'un gouvernement permanent. Ils ne désignaient encore qu'un seul des grands personnages destinés à occuper ces hautes dignités. Pache convenait à merveille à la place de grand-juge; les conjurés disaient donc qu'il devait l'être, et qu'il le serait. Sans savoir ce que c'était que ce projet et cette dignité de grand-juge, beaucoup de gens répétaient comme une nouvelle : Pache doit être fait grand-juge. Ce bruit circulait sans être ni expliqué ni compris. Quant à la dignité de généralissime, Ronsin, quoique général de l'armée révolutionnaire, n'osait y prétendre, et ses partisans n'osaient pas le proposer, car il fallait un plus grand nom pour une telle dignité. Chaumette était désigné aussi par quelques bouches comme censeur, mais son nom avait été rarement prononcé. Parmi ces bruits il n'y en avait qu'un de bien répandu, c'est que *Pache serait grand-juge*.

Pendant toute la révolution, lorsque les passions d'un parti, long-temps excitées, étaient prêtes à faire explosion, c'était toujours une défaite, une trahison, une disette, une calamité enfin, qui leur servait de prétexte pour éclater. Il en arriva de même ici. La seconde loi du maximum qui, remontant au-delà des boutiques, fixait la valeur des objets sur le lieu de fabrication, déterminait le prix du transport, réglait le profit du marchand en gros, celui du marchand en détail, avait été rendue; mais le commerce échappait encore de mille manières au despotisme de la loi, et il y échappait surtout par le moyen le plus désastreux, en s'arrêtant. Le resserrement de la marchandise n'était pas moins grand qu'auparavant; et si elle ne refusait plus de se donner au prix de l'assignat, elle se cachait, ou cessait de se mouvoir, et de se transporter sur les lieux de consommation. La disette était donc très-grande par la stagnation générale du commerce. Cependant les efforts extraordinaires du gouvernement, les soins de la commission des subsistances, avaient réussi en partie à ne pas trop laisser manquer les blés, et surtout à diminuer la crainte de la disette, aussi redoutable que la disette même, à cause du désordre et du trouble qu'elle apporte dans les relations commerciales. Mais une nouvelle calamité venait de se faire sentir, c'était le défaut de viande. Les nombreux bestiaux que la Vendée envoyait jadis aux provinces voisines, n'arrivaient plus depuis l'insurrection. Les départements du Rhin avaient cessé aussi d'en fournir depuis que la guerre s'y était fixée; il y avait donc une diminution réelle dans la quantité. En outre, les bouchers, achetant les bestiaux à haut prix, et obligés de les vendre au prix du maximum, cherchaient à échapper à la loi. La bonne viande était réservée pour le riche ou pour le citoyen aisé qui la payait bien. Il s'établissait une foule de marchés clandestins, surtout aux environs de Paris et dans les campagnes; et il ne restait que les rebuts pour le peuple ou l'acheteur qui se présentait dans les boutiques, et traitait au prix du maximum. Les bouchers se dédommageaient ainsi par la mauvaise qualité de la marchandise, du bas prix auquel ils étaient forcés de vendre. Le peuple se plaignait avec fureur du poids, de la qualité, *des réjouissances*, et des marchés clandestins établis autour de Paris. Les bestiaux manquant, on avait été réduit à tuer des vaches pleines. Le peuple avait dit aussitôt que les bouchers aristocrates voulaient détruire l'espèce, et avait demandé la peine de mort contre ceux qui tuaient des vaches et des brebis pleines. Mais ce n'était pas tout : les légumes, les fruits, les œufs, le beurre, le poisson, n'arrivaient plus dans les marchés. Un chou coûtait jusqu'à vingt sous. On devançait les charrettes sur les routes, on les entourait, et on achetait à tout prix leur chargement; peu arrivaient à Paris où le peuple les attendait en vain. Dès qu'il y a une chose à faire, il se trouve bientôt des gens qui s'en chargent. Il s'agissait de parcourir les campagnes pour devancer sur la route les fermiers apportant des légumes : une foule d'hommes et de femmes s'étaient chargés de ce soin, et achetaient les denrées pour le compte des gens aisés, en les payant au-dessus du maximum. Y avait-il un marché mieux approvisionné que d'autres, ces espèces d'entremetteurs y couraient, et enlevaient les denrées à un prix supérieur à la taxe. Le peuple se déchaînait violemment contre ceux qui faisaient ce métier; on disait qu'il se trouvait dans le nombre beaucoup de malheureuses filles publiques, que les réquisitoires de Chaumette avaient privées de leur déplorable industrie, et qui, pour vivre, avaient embrassé cette profession nouvelle.

Pour parer à tous ces inconvénients, la commune avait arrêté, sur les pétitions réitérées des sections, que les bouchers ne pourraient plus devancer les bestiaux et aller au-delà des marchés ordinaires ; qu'ils ne pourraient tuer que dans *les abattoirs* autorisés ; que la viande ne pourrait être achetée que dans les étaux ; qu'il ne serait plus permis d'aller sur les routes au-devant des fermiers ; que ceux qui arriveraient seraient dirigés par la police et distribués également entre les différents marchés ; qu'on ne pourrait pas aller faire queue à la porte des bouchers avant six heures, car il arrivait souvent qu'on se levait à trois pour cela.

Ces réglements multipliés ne pouvaient épargner au peuple les maux qu'il endurait. Les ultra-révolutionnaires se torturaient l'esprit pour imaginer des moyens. Une dernière idée leur était venue, c'est que les jardins de luxe dont abondaient les faubourgs de Paris, et surtout le faubourg Saint-Germain, pourraient être mis en culture. Aussitôt la commune, qui ne leur refusait rien, avait ordonné le recensement de ces jardins, et on décida que, le recensement fait, on y cultiverait des pommes de terre et des plantes potagères. En outre, ils avaient supposé que les légumes, le laitage, la volaille n'arrivant plus à la ville, la cause en devait être imputée aux aristocrates retirés dans leurs maisons autour de Paris. En effet, beaucoup de gens effrayés s'étaient cachés dans leurs maisons de campagne. Des sections vinrent proposer à la commune de rendre un arrêté ou de demander une loi pour les faire rentrer. Cependant Chaumette, sentant que ce serait une violation trop odieuse de la liberté individuelle, se contenta de prononcer un discours menaçant contre les aristocrates retirés autour de Paris. Il leur adressa seulement l'invitation de rentrer en ville, et fit donner aux municipalités des villages l'avis de les surveiller.

Cependant l'impatience du mal était au comble. Le désordre augmentait dans les marchés. A chaque instant il s'y élevait des tumultes. On faisait queue à la porte des bouchers, et malgré la défense d'y aller avant une certaine heure, on mettait toujours le même empressement à s'y devancer. On avait transporté là un usage qui avait pris naissance à la porte des boulangers, c'était d'attacher à la boutique une corde que chacun saisissait et tenait de manière à pouvoir garder son rang. Mais il arrivait ici, comme chez les boulangers, que des malveillants ou des gens mal placés coupaient la corde; alors les rangs se confondaient, le désordre s'introduisait dans la foule qui était en attente, et on était prêt à en venir aux mains.

On ne savait plus désormais à qui s'en prendre. On ne pouvait pas, comme avant le 31 mai, se plaindre que la convention refusât une loi de *maximum*, objet de toutes les espérances, car elle accordait tout. Dans l'impuissance d'imaginer quelque chose, on ne lui demandait plus rien. Cependant il fallait se plaindre ; les épauletiers, les commis de Bouchotte, les cordeliers, disaient que la cause de la disette était dans la faction modérée de la convention; que Camille Desmoulins, Philipeaux, Bourdon de l'Oise, et leurs amis, étaient les auteurs des maux qu'on essuyait ; qu'on ne pouvait plus exister de la sorte, qu'il fallait recourir à des moyens extraordinaires; et ils ajoutaient le vieux propos de toutes les insurrections : *Il faut un chef*. Alors ils se disaient mystérieusement à l'oreille : *Pache sera fait grand-juge*.

Cependant, bien que le nouveau parti disposât de moyens assez considérables, bien qu'il eût pour lui l'armée révolutionnaire et une disette, il n'avait cependant ni le gouvernement, ni l'opinion, car les jacobins lui étaient opposés. Ronsin, Vincent, Hébert, étaient obligés de professer pour les autorités établies un respect apparent, de cacher leurs projets, de les tramer dans l'ombre. A l'époque du 10 août et du 31 mai, les conspirateurs, maîtres de la commune, des Cordeliers, des Jacobins, de tous les clubs, ayant dans l'assemblée nationale et les comités de nombreux et énergiques partisans, osant conspirer à découvert, pouvaient entraîner publiquement le peuple à leur suite, et se servir des masses pour l'exécution de leurs complots; mais il n'en était pas de même pour le parti des *ultra-révolutionnaires*.

L'autorité actuelle ne refusait aucun des moyens extraordinaires de défense, ni même de vengeance; des trahisons n'accusaient plus sa vigilance; des victoires sur toutes les frontières attestaient au contraire sa force, son habileté et son zèle. Par conséquent, ceux qui attaquaient cette autorité et promettaient ou une habileté ou une énergie supérieures à la sienne, étaient des intrigants qui agissaient évidemment dans un but de désordre ou d'ambition. Telle était la conviction publique, et les conjurés ne pouvaient se flatter d'entraîner le peuple à leur suite. Ainsi, quoique redoutables si on les laissait agir, ils l'étaient peu si on les arrêtait à temps.

Le comité les observait, et il continuait, par une suite de rapports, à déconsidérer les deux partis opposés. Dans les ultra-révolutionnaires, il voyait de véritables conspirateurs à détruire; au contraire, il n'apercevait dans les modérés que d'anciens amis, qui partageaient ses opinions, et dont le patriotisme ne pouvait lui être suspect. Mais pour ne point paraître faiblir en frappant les ultra-révolutionnaires, il était obligé de condamner les modérés, et d'en appeler sans cesse à la terreur. Ces derniers voulaient répondre. Camille écrivait de nouveaux numéros; Danton et ses amis combattaient dans leurs entretiens les raisons du comité, et dès lors une lutte d'écrits et de propos s'était engagée. L'aigreur s'en était suivie, et Saint-Just, Robespierre, Barrère, Billaud, qui d'abord n'avaient repoussé les modérés que par politique, et pour être plus forts contre les ultra-révolutionnaires, commençaient à les poursuivre par humeur personnelle et par haine. Camille avait déjà attaqué, comme on l'a vu, Collot et Barrère. Dans sa lettre à Dillon, il avait adressé au fanatisme dogmatique de Saint-Just, et à la dureté monacale de Billaud, des plaisanteries qui les blessèrent profondément. Il avait enfin irrité Robespierre aux Jacobins, et, tout en le louant beaucoup, il finit par se l'aliéner tout-à-fait. Danton leur était peu agréable à tous par sa renommée; et aujourd'hui, qu'étranger à la conduite des affaires, il restait à l'écart, censurant le gouvernement, et paraissant exciter la plume caustique et *babillarde** de Camille, il devait leur devenir chaque jour plus odieux; et il n'était pas supposable que Robespierre s'exposât encore à le défendre.

Robespierre et Saint-Just, habitués à faire au nom du comité les exposés de principes, et chargés en quelque sorte de la partie morale du gouvernement, tandis que Barrère, Carnot, Billaud et autres, s'acquittaient de la partie matérielle et administrative, Robespierre et Saint-Just firent deux rapports, l'un *sur les principes de morale qui devaient diriger le gouvernement révolutionnaire*, l'autre sur les détentions dont Camille s'était plaint dans le *Vieux Cordelier*. Il faut voir comment ces deux esprits sombres concevaient le gouvernement révolutionnaire, et les moyens de régénérer un état.

« Le principe du gouvernement démocratique, c'est la vertu, disait Robespierre**, et son

---

* Expression de Camille lui-même.
** Séance du 17 pluviôse an II (5 février).

« moyen pendant qu'il s'établit, c'est la terreur.
« Nous voulons substituer, dans notre pays,
« la morale à l'égoïsme, la probité à l'honneur,
« les principes aux usages, les devoirs aux bien-
« séances, l'empire de la raison à la tyrannie
« de la mode, le mépris du vice au mépris du
« malheur, la fierté à l'insolence, la grandeur
« d'ame à la vanité, l'amour de la gloire à l'a-
« mour de l'argent, les bonnes gens à la bonne
« compagnie, le mérite à l'intrigue, le génie
« au bel esprit, la vérité à l'éclat, le charme
« du bonheur aux ennuis de la volupté, la
« grandeur de l'homme à la petitesse des
« grands, un peuple magnanime, puissant,
« heureux, à un peuple aimable, frivole et mi-
« sérable, c'est-à-dire toutes les vertus et tous
« les miracles de la république à tous les vices
« et à tous les ridicules de la monarchie. »

Pour atteindre à ce but, il fallait un gouvernement austère, énergique, qui surmontât les résistances de toute espèce. Il y avait, d'une part, l'ignorance brutale, avide, qui ne voulait dans la république que des bouleversements; de l'autre, la corruption lâche et vile qui voulait toutes les délices de l'ancien luxe, et qui ne pouvait pas se résoudre aux vertus énergiques de la démocratie. De là, deux factions: l'une qui voulait outrer toute chose, qui poussait tout au-delà des bornes, qui, pour attaquer la superstition, cherchait à détruire Dieu même, et à verser des torrents de sang sous prétexte de venger la république; l'autre qui, faible et vicieuse, ne se sentait pas assez *vertueuse pour être si terrible*, et s'apitoyait lâchement sur tous les sacrifices nécessaires qu'exigeait l'établissement de la vertu. L'une de ces factions, disait Saint-Just[*], voulait CHANGER LA LIBERTÉ EN BACCHANTE, L'AUTRE EN PROSTITUÉE.

Robespierre et Saint-Just énuméraient les folies de quelques agents du gouvernement révolutionnaire, de deux ou trois procureurs de communes, qui avaient prétendu renouveler l'énergie de Marat, et ils faisaient ainsi allusion à toutes les folies d'Hébert et des siens. Ils signalaient ensuite les torts de faiblesse, de complaisance, de sensibilité, imputés aux nouveaux modérés; ils leur reprochaient de s'apitoyer sur des veuves de généraux, sur des intrigantes de l'ancienne noblesse, sur des aristocrates, de parler enfin sans cesse des sévérités de la république, bien inférieures aux cruautés des monarchies. « Vous avez, disait « Saint-Just, cent mille détenus, et le tribunal

[*] Rapport du 8 ventôse (26 février).

« révolutionnaire a condamné déjà trois cents
« coupables. Mais sous la monarchie vous aviez
« quatre cent mille prisonniers; on pendait
« par an quinze mille contrebandiers, on rouait
« trois mille hommes; et aujourd'hui même il
« y a en Europe quatre millions de prisonniers
« dont vous n'entendez pas les cris, tandis que
« votre modération parricide laisse triompher
« tous les ennemis de votre gouvernement!
« Nous nous accablons de reproches, et les
« rois, mille fois plus cruels que nous, dor-
« ment dans le crime. »

Robespierre et Saint-Just, conformément au système convenu, ajoutaient que ces deux factions, en apparence opposées, avaient un point d'appui commun, l'étranger, qui les faisait agir pour perdre la république.

On voit ce qu'il entrait à la fois de fanatisme, de politique et de haine dans le système du comité. Camille, par des allusions, et même par des expressions directes, se trouvait attaqué lui et ses amis. Il répondait, dans son *Vieux Cordelier*, au système de la vertu par celui du bonheur. Il disait qu'il aimait la république parce qu'elle devait ajouter à la félicité générale, parce que le commerce, l'industrie, la civilisation s'étaient développés avec plus d'éclat à Athènes, à Venise à Florence,

que dans toutes les monarchies ; parce que la république pouvait seule réaliser le vœu menteur de la monarchie, *la poule au pot*. « Qu'im-
« porterait à Pitt, s'écriait Camille, que la
« France fût libre, si la liberté ne servait qu'à
« nous ramener à l'ignorance des vieux Gau-
« lois, à leurs *sayes*, à leurs *brayes*, à leur guy
« de chêne, et à leurs maisons, qui n'étaient
« que des échoppes en terre glaise ? Loin d'en
« gémir, il me semble que Pitt donnerait bien
« des guinées pour qu'une telle liberté s'établît
« chez nous. Mais ce qui rendrait furieux le
« gouvernement anglais, c'est si on disait de
« la France ce que disait Dicéarque de l'Atti-
« que : *Nulle part au monde on ne peut vivre*
« *plus agréablement qu'à Athènes, soit qu'on*
« *ait de l'argent, soit qu'on n'en ait point.*
« *Ceux qui se sont mis à l'aise, par le com-*
« *merce ou leur industrie, peuvent s'y procurer*
« *tous les agréments imaginables ; et quant à*
« *ceux qui cherchent à le devenir, il y a tant*
« *d'ateliers où ils gagnent de quoi se divertir*
« *aux* ANTHESTÉRIES, *et mettre encore quelque*
« *chose de côté, qu'il n'y a pas moyen de se*
« *plaindre de sa pauvreté, sans se faire à soi-*
« *même un reproche de sa paresse.*

« Je crois donc que la liberté n'existe pas
« dans une égalité de privations, et que le

« plus bel éloge de la convention serait, si
« elle pouvait se rendre ce témoignage : j'ai
« trouvé la nation sans culottes, et je la laisse
« culottée.

« Charmante démocratie, ajoutait Camille,
« que celle d'Athènes! Solon n'y passa point
« pour un muscadin, il n'en fut pas moins re-
« gardé comme le modèle des législateurs, et
« proclamé par l'oracle le premier des sept
« sages, quoiqu'il ne fît aucune difficulté de
« confesser son penchant pour le vin, les
« femmes et la musique; et il a une possession
« de sagesse si bien établie, qu'aujourd'hui en-
« core on ne prononce son nom dans la con-
« vention et aux Jacobins que comme celui du
« plus grand législateur. Combien cependant
« ont parmi nous une réputation d'aristocrates
« et de Sardanapales, qui n'ont pas publié une
« semblable profession de foi!

« Et ce divin Socrate, un jour rencontrant
« Alcibiade sombre et rêveur, apparemment
« parce qu'il était piqué d'une lettre d'Aspasie :
« — Qu'avez-vous? lui dit le plus grave des
« Mentors; auriez-vous perdu votre bouclier à la
« bataille? avez-vous été vaincu dans le camp,
« à la course ou à la salle d'armes? quelqu'un
« a-t-il mieux chanté ou mieux joué de la lyre
« que vous à la table du général? — Ce trait

« peint les mœurs. Quels républicains aima-
« bles ! »

Camille se plaignait ensuite de ce qu'aux
mœurs d'Athènes, on ne voulût pas ajouter la
liberté de langage qui régnait dans cette république. Aristophane, disait-il, y représentait sur
la scène les généraux, les orateurs, les philosophes et le peuple lui-même; et le peuple d'A-
thènes, tantôt joué sous les traits d'un vieillard, et tantôt sous ceux d'un jeune homme,
loin de s'irriter, proclamait Aristophane vainqueur des jeux, et l'encourageait par des bra-
vos et des couronnes. Beaucoup de ces co-
médies étaient dirigées contre les *ultra-révolutionnaires* de ce temps-là; les railleries en
étaient cruelles. « Et si aujourd'hui, ajoutait
« Camille, on traduisait quelqu'une de ces
« pièces jouées 430 ans avant Jésus-Christ, sous
« l'archonte Sthénoclès, Hébert soutiendrait
« aux Cordeliers que la pièce ne peut être que
« d'hier, de l'invention de Fabre-d'Églantine,
« contre lui et Ronsin, et que c'est le traduc-
« teur qui est la cause de la disette.

« Cependant, reprenait Camille avec tris-
« tesse, je m'abuse quand je dis que les
« hommes sont changés; ils ont toujours été
« les mêmes; la liberté de parler n'a pas été
« plus impunie dans les républiques anciennes

« que dans les modernes. Socrate, accusé d'a-
« voir mal parlé des dieux, but la ciguë; Cicé-
« ron, pour avoir attaqué Antoine, fut livré
« aux proscriptions. »

Ainsi ce malheureux jeune homme semblait prédire que la liberté ne lui serait pas plus pardonnée qu'à tant d'autres. Ces plaisanteries, cette éloquence irritaient le comité. Tandis qu'il suivait de l'œil Rousin, Hébert, Vincent et tous les agitateurs, il concevait une haine funeste contre l'aimable écrivain qui se riait de ses systèmes; contre Danton, qui passait pour inspirer cet écrivain, contre tous les hommes enfin supposés amis ou partisans de ces deux chefs.

Pour ne pas dévier de sa ligne, le comité présenta deux décrets à la suite des rapports de Robespierre et de Saint-Just, tendant, disait-il, à rendre le peuple heureux aux dépens de ses ennemis. Par ces décrets, le comité de sûreté générale était seul investi de la faculté d'examiner les réclamations des détenus, et de les élargir s'ils étaient reconnus patriotes. Tous ceux, au contraire, qui seraient reconnus ennemis de la révolution, resteraient enfermés jusqu'à la paix, et bannis ensuite à perpétuité. Leurs biens, provisoirement séquestrés, devaient être partagés aux patriotes indigents, dont la liste serait dressée par les communes*. C'était, comme on le voit, la loi agraire appliquée contre les suspects au profit des patriotes. Ces décrets, imaginés par Saint-Just, étaient destinés à répondre aux *ultra-révolutionnaires*, et à conserver au comité sa réputation d'énergie.

Pendant ce temps, les conjurés s'agitaient avec plus de violence que jamais. Rien ne prouve que leurs projets fussent bien arrêtés, ni qu'ils eussent mis Pache et la commune dans leur complot. Mais ils s'y prenaient comme avant le 31 mai; ils soulevaient les sociétés populaires, les cordeliers, les sections; ils répandaient des bruits menaçants, et cherchaient à profiter des troubles qu'excitait la disette, chaque jour plus grande et plus sentie.

Tout-à-coup on vit paraître, dans les halles et les marchés, des affiches, des pamphlets, annonçant que la convention était la cause de tous les maux du peuple, et qu'il fallait en arracher la faction dangereuse qui voulait renouveler les brissotins et leur funeste système. Quelques-uns même de ces écrits portaient que la convention tout entière devait être renouvelée, qu'on devait choisir un chef, et organiser le pouvoir exécutif, etc.... Toutes les

---

* Décrets des 8 et 13 ventôse an II.

idées en un mot qu'avaient roulées dans leur tête, Vincent, Ronsin, Hébert, remplissaient ces écrits, et semblaient trahir leur origine. En même temps, on vit les *épauletiers*, plus turbulents et plus fiers que jamais, menacer hautement d'aller égorger dans les prisons les ennemis que la convention corrompue s'obstinait à épargner. Ils disaient que beaucoup de patriotes se trouvaient injustement confondus dans les prisons avec les aristocrates, mais qu'on allait faire le triage de ces patriotes, et qu'on leur donnerait à la fois la liberté et des armes. Ronsin, en grand costume de général de l'armée révolutionnaire, avec une écharpe tricolore, une houppe rouge, et entouré de quelques-uns de ses officiers, parcourait les prisons, se faisait montrer les écrous, et formait des listes.

On était au 15 ventôse. La section Marat, présidée par Momoro, s'assemble, et, indignée, dit-elle, des machinations des ennemis du peuple, elle déclare en masse qu'elle est debout, qu'elle va voiler le tableau de la déclaration des droits, et qu'elle restera dans cet état jusqu'à ce que les subsistances et la liberté soient assurées au peuple, et que ses ennemis soient punis. Dans la même soirée, les cordeliers s'assemblent en tumulte; on fait chez eux le tableau des souffrances publiques; on raconte les persécutions qu'ont récemment essuyées les deux grands patriotes Vincent et Ronsin, lesquels, dit-on, étaient malades au Luxembourg, sans pouvoir obtenir un médecin qui les saignât. En conséquence on déclare la patrie en danger, et on voile la déclaration des droits de l'homme. C'est ainsi que toutes les insurrections avaient commencé, par la déclaration que les lois étaient suspendues, et que le peuple rentrait dans l'exercice de sa souveraineté.

Le lendemain 16, la section Marat et les cordeliers se présentent à la commune pour lui signifier leurs arrêtés, et pour l'entraîner aux mêmes démarches. Pache avait eu soin de ne pas s'y rendre. Le nommé Lubin présidait le conseil général. Il répond à la députation avec un embarras visible; il dit que dans le moment où la convention prend des mesures si énergiques contre les ennemis de la révolution, et pour secourir les patriotes indigents, il est étonnant qu'on donne un signal de détresse, et qu'on voile la déclaration des droits. Feignant ensuite de justifier le conseil général, comme s'il était accusé, Lubin ajoute que le conseil a fait tous ses efforts pour assurer les subsistances et en régler la distribution. Chaumette tient des discours tout aussi vagues. Il recommande la paix, requiert le rapport sur la culture des jardins de luxe, et sur l'approvisionnement de la capitale, qui, d'après les décrets, devait être approvisionnée comme une place de guerre.

Ainsi les chefs de la commune hésitaient, et le mouvement, quoique tumultueux, n'était pas assez fort pour les entraîner, et leur inspirer le courage de trahir le comité et la convention. Le désordre néanmoins était grand. L'insurrection commençait comme toutes celles qui avaient jadis réussi, et ne devait pas inspirer de moindres craintes. Par une rencontre fâcheuse, le comité de salut public était privé, dans le moment, de ses membres les plus influents : Billaud-Varennes, Jean-Bon-Saint-André, étaient absents pour affaire d'administration; Couthon et Robespierre étaient malades, et celui-ci ne pouvait pas venir gouverner ses fidèles jacobins. Il ne restait que Saint-Just et Collot-d'Herbois pour déjouer cette tentative. Ils se rendent tous les deux à la convention, où l'on s'assemblait en tumulte, et où l'on tremblait d'effroi. Sur leur proposition, on mande aussitôt Fouquier-Tinville; on le charge de chercher sur-le-champ les distributeurs des écrits incendiaires répandus dans les marchés, les agitateurs qui troublent les sociétés populaires, tous les conspirateurs enfin qui menacent la tranquillité publique. On lui enjoint par décret de les arrêter sur-le-champ, et d'en faire sous trois jours son rapport à la convention.

C'était peu d'avoir un décret de la convention, car elle ne les avait jamais refusés contre les perturbateurs; et elle n'en avait pas laissé manquer les girondins contre la commune insurgée; mais il fallait assurer l'exécution de ces décrets en se rendant maîtres de l'opinion. Collot, qui avait une grande popularité aux Jacobins et aux Cordeliers par son éloquence de club, et surtout par une énergie de sentiments révolutionnaires bien connue, est chargé de cette journée, et se rend en hâte aux Jacobins. A peine sont-ils assemblés qu'il leur fait le tableau des factions qui menacent la liberté, et des complots qu'elles préparent : « Une nou-
« velle campagne va s'ouvrir, dit-il; les soins
« du comité qui ont si heureusement terminé
« la campagne dernière, allaient assurer à la
« république des victoires nouvelles. Comptant
« sur votre confiance et votre approbation
« qu'il a toujours eu en vue de mériter, il se
« livrait à ses travaux; mais tout-à-coup nos
« ennemis ont voulu l'entraver dans sa mar-

« che; ils ont soulevé autour de lui les patriotes,
« pour les lui opposer et les faire égorger en-
« tre eux. On veut faire de nous des soldats de
« Cadmus; on veut nous immoler par la main
« les uns des autres. Mais non, nous ne serons
« point les soldats de Cadmus! grace à votre
« bon esprit, nous resterons amis, et nous ne
« serons que les soldats de la liberté! Appuyé
« sur vous, le comité saura résister avec éner-
« gie, comprimer les agitateurs, les rejeter hors
« des rangs des patriotes, et, après ce sacrifice
« indispensable, poursuivre ses travaux et vos
« victoires. Le poste où vous nous avez placés
« est périlleux, ajoute Collot; mais aucun de
« nous ne tremble devant le danger. Le co-
« mité de sûreté générale accepte sa pénible
« mission de surveiller et de poursuivre tous
« les ennemis qui trament en secret contre la
« liberté; le comité de salut public ne néglige
« rien pour suffire à son immense tâche; mais
« tous deux ont besoin d'être soutenus par
« vous. Dans ces jours de danger, nous sommes
« peu nombreux. Billaud, Jean-Bon, sont ab-
« sents; nos amis Couthon et Robespierre sont
« malades. Nous restons donc en petit nombre
« pour combattre les ennemis du bien public;
« il faut que vous nous souteniez ou que nous
« nous retirions. » — Non, non, s'écrient les

jacobins. Ne vous retirez pas; nous vous soutiendrons. — Des applaudissements nombreux accompagnent ces paroles encourageantes. Collot poursuit et raconte alors ce qui s'est passé aux Cordeliers. « Il est, dit-il, des hommes qui
« n'ont jamais eu le courage de souffrir pen-
« dant quelques jours de détention, des hom-
« mes qui n'ont rien essuyé pendant la révo-
« lution, des hommes dont nous avions pris la
« défense quand nous les avons crus opprimés,
« et qui ont voulu amener une insurrection
« dans Paris, parce qu'ils avaient été détenus
« quelques instants. Une insurrection, parce
« que deux hommes ont souffert, parce qu'un
« médecin ne les a pas saignés pendant qu'ils
« étaient malades!.... Anathème à ceux qui de-
« mandent une insurrection!...... » Oui, oui, anathème! s'écrient tous les jacobins en masse.
— « Marat était cordelier, reprend Collot, Ma-
« rat était jacobin; eh bien! lui aussi fut per-
« sécuté, beaucoup plus sans doute que ces
« hommes d'un jour; on le traîna devant le
« tribunal, où ne devaient comparaître que
« des aristocrates : provoqua-t-il une insurrec-
« tion?... Non, l'insurrection sacrée, l'insurrec-
« tion qui doit délivrer l'humanité de tous ceux
« qui l'oppriment, prend naissance dans des
« sentiments plus généreux que le petit senti-

« ment où l'on veut nous entraîner; mais nous
« n'y tomberons pas. Le comité de salut public
« ne cédera pas aux intrigants; il prend des
« mesures fortes et vigoureuses; et, dût-il pé-
« rir, il ne reculera pas devant une tâche aussi
« glorieuse. »

À peine Collot a-t-il achevé que Momoro veut prendre la parole pour justifier la section Marat et les cordeliers. Il convient qu'un voile a été jeté sur la déclaration des droits, mais il désavoue les autres faits; il nie le projet d'insurrection, et soutient que la section Marat et les cordeliers sont animés des meilleurs sentiments. Des conspirateurs qui se justifient sont perdus. Dès qu'ils ne peuvent pas avouer l'insurrection, et que le seul énoncé du but ne fait pas éclater un élan de l'opinion en leur faveur, ils ne peuvent plus rien. Momoro est écouté avec une désapprobation marquée; et Collot est chargé d'aller, au nom des jacobins, fraterniser avec les cordeliers, et ramener ces frères égarés par de perfides suggestions.

La nuit était fort avancée, Collot ne pouvait se rendre aux Cordeliers que le lendemain 17; mais le danger, quoique d'abord effrayant, n'était déjà plus redoutable. Il devenait évident que l'opinion n'était pas favorablement disposée pour les conjurés, si on peut leur donner ce nom. La commune avait reculé, les jacobins étaient restés au comité et à Robespierre, quoiqu'il fût absent et malade. Les cordeliers impétueux, mais faiblement dirigés, et surtout délaissés par la commune et les jacobins, ne pouvaient manquer de céder à la faconde de Collot-d'Herbois, et à l'honneur de voir dans leur sein un membre aussi fameux du gouvernement. Vincent avec sa frénésie, Hébert avec son sale journal dont il multipliait les numéros, Momoro avec ses arrêtés de la section Marat, ne pouvaient déterminer un mouvement décisif. Ronsin seul, avec ses épauletiers et des munitions assez considérables, aurait pu tenter un coup de main. Il en aurait eu l'audace, mais soit qu'il ne trouvât pas la même audace dans ses amis, soit qu'il ne comptât point assez sur sa troupe, il n'agit pas, et du 16 au 17, tout se borna en agitations et en menaces. Les épauletiers répandus dans les sociétés populaires y causèrent un grand tumulte, mais n'osèrent pas recourir aux armes.

Le 17 au soir, Collot se rendit aux Cordeliers, où il fut accueilli par de grands applaudissements. Il leur dit que des ennemis secrets de la révolution cherchaient à égarer leur patriotisme; qu'on avait voulu déclarer la république en état de détresse, tandis que dans le moment la royauté et l'aristocratie étaient seules aux abois; qu'on avait cherché à diviser les cordeliers et les jacobins, mais qu'ils devaient composer au contraire une seule famille, unie de principes et d'intentions; que ce projet d'insurrection, ce voile jeté sur la déclaration des droits, réjouissaient les aristocrates, et que la veille ils avaient tous imité cet exemple, et voilé dans leurs salons la déclaration des droits; et qu'ainsi, pour ne pas combler de satisfaction l'ennemi commun, ils devaient se hâter de dévoiler le code sacré de la nature. Les cordeliers furent entraînés, quoiqu'il y eût parmi eux un grand nombre de commis de Bouchotte; ils se hâtèrent de faire acte de repentir; ils arrachèrent le crêpe jeté sur la déclaration des droits, et le remirent à Collot, en le chargeant d'assurer aux jacobins qu'ils marcheraient toujours dans la même voie.

Collot-d'Herbois courut annoncer aux jacobins leur victoire sur les cordeliers et sur les *ultra-révolutionnaires*. Les conjurés étaient donc abandonnés de toutes parts; il ne leur restait que la ressource d'un coup de main, qui, avons-nous dit, était presque impossible. Le comité de salut public résolut de prévenir tout mouvement de leur part, en faisant arrêter les principaux chefs, et en les envoyant sur-le-champ au tribunal révolutionnaire. Il enjoignit à Fouquier de rechercher les faits dont on pourrait composer une conspiration, et de préparer tout de suite un acte d'accusation. Saint-Just fut chargé en même temps de faire un rapport à la convention, contre les factions réunies qui menaçaient la tranquillité de l'état.

Le 23 ventôse (13 mars), Saint-Just présente son rapport. Suivant le système adopté, il montre toujours l'étranger faisant agir deux factions; l'une composée d'hommes séditieux, incendiaires, pillards, diffamateurs, athées, qui voulaient amener le bouleversement de la république par l'exagération; l'autre, composée de corrompus, d'agioteurs, de concussionnaires, qui, s'étant laissé séduire par l'appât des jouissances, voulaient énerver la république et la déshonorer. Il dit que l'une de ces deux factions avait pris l'initiative, qu'elle avait essayé de lever l'étendard de la révolte, mais qu'elle allait être arrêtée, et qu'il venait en conséquence demander un décret de mort contre tous ceux, en général, qui avaient médité la subversion des pouvoirs, machiné la corruption de l'esprit public et des mœurs républicaines, entravé l'arrivage des subsistances, et contribué de quelque manière au plan ourdi par l'étranger. Saint-Just ajoute ensuite que, dès cet instant, il fallait METTRE A L'ORDRE DU JOUR, LA JUSTICE, LA PROBITÉ, ET TOUTES LES VERTUS RÉPUBLICAINES.

Dans ce rapport, écrit avec une violence fanatique, toutes les factions étaient également menacées : mais il n'y avait de clairement dévoués aux coups du tribunal révolutionnaire que les conspirateurs ultra-révolutionnaires, tels que Ronsin, Vincent, Hébert, etc., et les corrompus Chabot, Bazire, Fabre, Julien, fabricateurs du faux décret. Une sinistre réticence était gardée envers ceux que Saint-Just appelait les *indulgents* et les *modérés*.

Dans la soirée du même jour, Robespierre se rend aux Jacobins avec Couthon, et ils sont tous les deux couverts d'applaudissements. On les entoure, on les félicite du rétablissement de leur santé, et on promet à Robespierre un dévouement sans bornes. Il demande pour le lendemain une séance extraordinaire, afin d'éclaircir le mystère de la conspiration découverte. La séance est résolue. L'empressement de la commune n'est pas moins grand. Sur la proposition de Chaumette lui-même, on fait demander le rapport que Saint-Just avait prononcé à la convention, et on envoie à l'imprimerie de la république en chercher un exemplaire pour en faire lecture. Tout se soumet avec docilité à l'autorité triomphante du comité de salut public. Dans cette nuit du 23 au 24, Fouquier-Tinville fait arrêter Hébert, Vincent, Ronsin, Momoro, Mazuel, l'un des officiers de Ronsin, enfin, le banquier étranger Kock, agioteur et ultra-révolutionnaire, chez lequel Hébert, Ronsin et Vincent mangeaient fréquemment, et formaient tous leurs projets. De cette manière, le comité avait deux banquiers étrangers, pour persuader à tout le monde que les deux factions étaient mues par la coalition. Le baron de Batz devait servir à prouver ce fait contre Chabot, Julien, Fabre, contre tous les corrompus et les modérés; Kock devait servir à prouver la même chose contre Vincent, Ronsin, Hébert et les ultra-révolutionnaires.

Les dénoncés se laissèrent arrêter sans résistance, et furent envoyés le lendemain au Luxembourg. Les prisonniers accoururent avec joie pour voir arriver ces furieux qui les avaient tant effrayés, en les menaçant d'un nouveau septembre. Ronsin montra beaucoup de fermeté et d'insouciance; le lâche Hébert était défait et abattu, Momoro consterné. Vincent avait des convulsions. Le bruit de ces arestations se répandit aussitôt dans Paris, et y produisit une joie universelle. Malheureusement, on ajoutait que ce n'était point fini, et qu'on allait frapper les hommes de toutes les factions. La même chose fut répétée dans la séance extraordinaire des jacobins. Après que chacun eut rapporté ce qu'il savait de la conspiration, de ses auteurs, de leurs projets, on ajouta que, du reste, toutes les trames seraient connues, et qu'un rapport serait fait sur des hommes autres que ceux qui étaient actuellement poursuivis.

Les bureaux de la guerre, l'armée révolutionnaire, les cordeliers venaient d'être frappés dans la personne de Vincent, Ronsin, Hébert, Mazuel, Momoro et consorts. On voulait sévir aussi contre la commune. Il n'était bruit que de la dignité de grand-juge réservée à Pache; mais on le savait incapable de s'engager dans une conspiration, docile à l'autorité supérieure, respecté du peuple, et on ne voulut pas frapper un trop grand coup en l'adjoignant aux autres. On préféra faire arrêter Chaumette, qui n'était ni plus hardi ni plus dangereux que Pache, mais qui était, par vanité et engouement, l'auteur des plus imprudentes déterminations de la commune, et l'un des apôtres les plus zélés du culte de la Raison. On arrêta donc le malheureux Chaumette; on l'envoya au Luxembourg avec l'évêque Gobel, auteur de la grande scène d'abjuration, et avec Anacharsis Clootz, déjà exclu des Jacobins et de la convention pour son origine étrangère, sa noblesse, sa fortune, sa république universelle et son athéisme.

Lorsque Chaumette arriva au Luxembourg, les suspects accoururent au-devant de lui, et l'accablèrent de railleries. Le malheureux, avec un grand penchant à la déclamation, n'avait rien de l'audace de Ronsin, ni de la fureur de Vincent. Ses cheveux plats, ses regards tremblants lui donnaient les apparences d'un missionnaire; et il avait été véritablement celui du nouveau culte. Ceux-ci lui rappelaient ses réquisitoires contre les filles de joie, contre les aristocrates, contre la famine, contre les suspects. Un prisonnier lui dit en s'inclinant : « Philosophe Anaxagoras, je suis *suspect*, tu es *suspect*, nous sommes *suspects*. » Chaumette s'excusa avec un ton soumis et tremblant. Mais dès ce moment il n'osa plus sortir de sa cellule, ni se rendre dans la cour des prisonniers.

Le comité, après avoir fait arrêter ces malheureux, fit rédiger par le comité de sûreté générale l'acte d'accusation contre Chabot, Bazire, Delaunay, Julien de Toulouse et Fabre.

Tous cinq furent mis en accusation, et déférés au tribunal révolutionnaire. Dans le même moment, on apprit qu'une émigrée, poursuivie par un comité révolutionnaire, avait trouvé asile chez Hérault-Séchelles. Déjà ce député si connu, qui joignait à une grande fortune, une grande naissance, une belle figure, un esprit plein de politesse et de grace, qui était l'ami de Danton, de Camille Desmoulins, de Proli, et qui souvent s'effrayait de se voir dans les rangs de ces révolutionnaires terribles, était devenu suspect, et on avait oublié qu'il était l'auteur principal de la constitution. Le comité se hâta de le faire arrêter, d'abord parce qu'il ne l'aimait pas, ensuite pour prouver qu'il frapperait sans aucun ménagement les modérés surpris en faute, et qu'il ne serait pas plus indulgent pour eux que pour les autres coupables. Ainsi, les coups du redoutable comité tombaient à la fois sur les hommes de tous les rangs, de toutes les opinions, de tous les mérites.

Le 1er germinal (20 mars), commença le procès d'une partie des conspirateurs. On réunit dans la même accusation Ronsin, Vincent, Hébert, Momoro, Mazuel, le banquier Kock, le jeune Lyonnais Leclerc, devenu chef de division dans les bureaux de Bouchotte, les nommés Ancar, Ducroquet, commissaires aux subsistances, et quelques autres membres de l'armée révolutionnaire et des bureaux de la guerre. Pour continuer la supposition de complicité entre la faction ultra-révolutionnaire et la faction de l'étranger, on confondit encore dans la même accusation Proli, Dubuisson, Pereyra, Desfieux, qui n'avaient jamais eu aucun rapport avec les autres accusés. Chaumette fut réservé pour figurer plus tard avec Gobel et les autres auteurs des scènes du culte de la Raison; enfin, si Clootz, qui aurait dû être associé à ces derniers, fut adjoint à Proli, c'est en sa qualité d'étranger. Les accusés étaient au nombre de dix-neuf. Ronsin et Clootz étaient les plus hardis et les plus fermes.— « Ceci, dit Ronsin à ses coaccusés, est un procès politique; à quoi bon tous vos papiers et vos préparatifs de justification? Vous serez condamnés. Lorsqu'il fallait agir, vous avez parlé; sachez mourir. Pour moi, je jure que vous ne me verrez pas broncher, tâchez d'en faire autant. » — Les misérables Hébert et Momoro se lamentaient, en disant que la liberté était perdue! — « La liberté perdue, s'écria Ronsin, parce que quelques misérables individus vont périr! La liberté est immortelle; nos ennemis succomberont après nous, et la liberté leur survivra à tous. »

— Comme ils s'accusaient entre eux, Clootz les exhorta à ne pas aggraver leurs maux par des invectives mutuelles, et il leur cita cet apologue fameux :

> Je rêvais cette nuit que de mal consumé,
> Côte à côte d'un gueux on m'avait inhumé.

La citation eut son effet, et ils cessèrent de se reprocher leurs malheurs. Clootz, plein encore de ses opinions philosophiques jusqu'à l'échafaud, poursuivit les derniers restes de déisme qui pouvaient demeurer en eux, et ne cessa de leur prêcher jusqu'au bout la nature et la raison, avec un zèle ardent et un inconcevable mépris de la mort. Ils furent amenés au tribunal, au milieu d'un concours immense de spectateurs. On a vu, par le récit de leur conduite, à quoi se réduisait leur conspiration. Clubistes du dernier rang, intrigants de bureaux, coupe-jarrets enrégimentés dans l'armée révolutionnaire, ils avaient l'exagération des inférieurs, des porteurs d'ordres, qui outrent toujours leur mandat. Ainsi, ils avaient voulu pousser le gouvernement révolutionnaire jusqu'à en faire une simple commission militaire, l'abolition des superstitions jusqu'à la persécution des cultes, les mœurs républicaines jusqu'à la grossièreté, la liberté de langage jusqu'à la bassesse la plus dégoûtante, enfin la défiance et la sévérité démocratiques à l'égard des hommes jusqu'à la diffamation la plus atroce. De mauvais propos contre la convention et le comité, des projets de gouvernement en paroles, des motions aux Cordeliers et dans les sections, de sales pamphlets, une visite de Ronsin dans les prisons, pour y rechercher s'il n'y avait pas de patriotes renfermés, comme lui venait de l'être, enfin quelques menaces, et l'essai d'un mouvement sous le prétexte de la disette, tels étaient leurs complots. Il n'y avait là que sottises et ordures de mauvais sujets. Mais une conspiration profondément ourdie et correspondant avec l'étranger était fort audessus de ces misérables. C'était une perfide supposition du comité, que l'infâme Fouquier-Tinville fut chargé de démontrer au tribunal, et que le tribunal eut ordre d'adopter.

Les mauvais propos que Vincent et Ronsin s'étaient permis contre Legendre, en dînant avec lui chez Pache, leurs propositions réitérées d'organiser le pouvoir exécutif, furent allégués comme attestant le projet d'anéantir la représentation nationale et le comité de salut public. Leurs repas chez le banquier Kock furent donnés comme la preuve de leur correspondance avec l'étranger. A cette preuve, on en ajouta une autre. Des lettres écrites de Paris à Londres, et insérées dans les journaux anglais, annonçaient que, d'après l'agitation qui régnait, des mouvements étaient présumables. Ces lettres, dit-on aux accusés, démontrent que l'étranger était dans votre confidence, puisqu'il prédisait d'avance vos complots. La disette, qu'ils avaient reprochée au gouvernement pour soulever le peuple, leur fut imputée à eux seuls; et Fouquier, rendant calomnie pour calomnie, leur soutint qu'ils étaient cause de cette disette, en faisant piller sur les routes les charrettes de légumes et de fruits. Les munitions rassemblées à Paris pour l'armée révolutionnaire leur furent reprochées comme des préparatifs de conspiration. La visite de Ronsin dans les prisons fut donnée comme preuve du projet d'armer les suspects, et de les déchaîner dans Paris. Enfin, les écrits répandus dans les halles, et le voile jeté sur la déclaration des droits, furent considérés comme un commencement d'exécution. Hébert fut couvert d'infamie. A peine lui reprocha-t-on ses actes politiques et son journal; on se contenta de lui prouver des vols de chemises et de mouchoirs.

Mais laissons là ces honteuses discussions entre ces bas accusés et le bas accusateur dont se servait un gouvernement terrible pour consommer les sacrifices qu'il avait ordonnés. Retiré dans sa sphère élevée, ce gouvernement désignait les malheureux qui lui faisaient obstacle, et laissait à son procureur-général Fouquier le soin de satisfaire aux formes avec des mensonges. Si, dans cette vile tourbe de victimes, sacrifiées au besoin de la tranquillité publique, quelques-unes méritent d'être mises à part, ce sont ces malheureux étrangers, Proli, Anacharsis Clootz, condamnés comme agents de la coalition. Proli, comme nous l'avons dit, connaissant la Belgique, sa patrie, avait blâmé la violence ignorante des jacobins dans ce pays; il avait admiré les talents de Dumouriez, et il en convint au tribunal. Sa connaissance des cours étrangères l'avait deux ou trois fois rendu utile à Lebrun, et il l'avoua encore. — Tu as blâmé, lui dit-on, le système révolutionnaire en Belgique, tu as admiré Dumouriez, tu as été l'ami de Lebrun, tu es donc l'agent de l'étranger. — Il n'y eut pas un autre fait allégué. Quant à Clootz, sa république universelle, son dogme de la raison, ses cent mille livres de rente, et quelques efforts tentés par lui pour sauver une émigrée, suffirent pour le convaincre. A peine le troisième jour des débats était-il commencé, que le jury se déclara suffisamment éclairé, et condamna pêle-mêle ces intrigants, ces brouillons et ces malheureux étrangers à la peine de mort. Un seul fut absous; ce fut le nommé Laboureau, qui, dans cette affaire, avait servi d'espion au comité de salut public. Le 4 germinal (24 mars), à quatre heures de l'après-midi, les condamnés furent conduits au lieu du supplice. La foule était aussi grande qu'à aucune des exécutions précédentes. On louait des places sur des charrettes, sur des tables disposées autour de l'échafaud. Ni Ronsin, ni Clootz ne *bronchèrent*, pour nous servir de leur terrible expression. Hébert, accablé de honte, découragé par le mépris, ne prenait aucun soin de surmonter sa lâcheté; il tombait à chaque instant en défaillance, et la populace, aussi vile que lui, suivait la fatale charrette, en répétant le cri des petits colporteurs : *Il est bougrement en colère le Père Duchesne.*

Ainsi furent sacrifiés ces misérables à l'indispensable nécessité d'établir un gouvernement ferme et vigoureux : et ici, le besoin d'ordre et d'obéissance n'était pas un de ces sophismes à l'aide desquels les gouvernements immolent leurs victimes. Toute l'Europe menaçait la France, tous les brouillons voulaient s'emparer de l'autorité, et compromettaient le salut commun par leurs luttes. Il était indispensable que quelques hommes plus énergiques s'emparassent de cette autorité disputée, l'occupassent à l'exclusion de tous, et pussent ainsi s'en servir pour résister à l'Europe. Si on éprouve un regret, c'est de voir employer le mensonge contre ces misérables, c'est de voir parmi eux un homme d'un ferme courage, Ronsin; un fou inoffensif, Clootz; un étranger, intrigant peut-être, mais point conspirateur et plein de mérite, le malheureux Proli.

A peine les hébertistes avaient-ils subi leur supplice, que les *indulgents* montrèrent une grande joie, et dirent qu'ils n'avaient donc pas tort de dénoncer Hébert, Ronsin, Vincent, puisque le comité de salut public et le tribunal révolutionnaire venaient de les envoyer à la mort. — « De quoi donc nous accuse-t-on? disaient-ils. Nous n'avons eu d'autre tort que de reprocher à ces factieux de vouloir bouleverser la république, détruire la convention nationale, supplanter le comité de salut public, joindre le danger des guerres religieuses à celui des guerres civiles, et amener une confusion générale. C'est là justement ce que leur ont reproché Saint-Just et Fouquier-Tinville en les envoyant à l'échafaud. En quoi pouvons-nous être des conspirateurs, des ennemis de la république? »

Rien n'était plus juste que ces réflexions, et le comité pensait exactement comme Danton, Camille Desmoulins, Philipeaux, Fabre, sur le danger de cette turbulence anarchique. La preuve, c'est que Robespierre, depuis le 31 mai, n'avait cessé de défendre Danton et Camille, et d'accuser les anarchistes. Mais, nous l'avons dit, en frappant ces derniers, le comité s'exposait à passer pour modéré, et il fallait qu'il déployât d'autre part la plus grande rigueur, pour ne pas compromettre sa réputation révolutionnaire. Il fallait, tout en pensant comme Danton et Camille, qu'il censurât leurs opinions, qu'il les immolât dans ses discours, et parût ne pas les favoriser plus que les hébertistes eux-mêmes. Dans le rapport contre les deux factions, Saint-Just avait autant accusé l'une que l'autre, et avait gardé un silence menaçant à l'égard des *indulgents*. Aux Jacobins, Collot avait dit que ce n'était pas fini, et qu'on préparait un rapport contre d'autres individus que ceux qui étaient arrêtés. A ces menaces s'était jointe l'arrestation d'Hérault-Séchelles, ami de Danton, et l'un des hommes les plus estimés de ce temps-là. De tels faits n'annonçaient pas l'intention de faiblir, et néanmoins on disait encore de toutes parts que le comité allait revenir sur ses pas, qu'il allait adoucir le système révolutionnaire, et sévir contre les égorgeurs de toute espèce. Ceux qui désiraient ce retour à une politique plus clémente, les détenus, leurs familles, tous les citoyens paisibles en un mot, poursuivis sous le nom d'indifférents, se livrèrent à des espérances indiscrètes, et dirent hautement qu'enfin le régime des lois de sang allait finir. Ce fut bientôt l'opinion générale; elle se répandit dans les départements, et surtout dans celui du Rhône, où depuis quelques mois s'exerçaient de si affreuses vengeances, et où Ronsin avait causé un si grand effroi. On respira un moment à Lyon, on osa regarder en face les oppresseurs, et on sembla leur prédire que leurs cruautés allaient avoir un terme. A ces bruits, à ces espérances de la classe moyenne et paisible, les patriotes s'indignèrent. Les jacobins de Lyon écrivirent à ceux de Paris que l'aristocratie relevait la tête, que bientôt ils n'y pourraient plus tenir, et que si on ne leur donnait des forces et des encouragements, ils seraient réduits à se donner la mort comme le patriote Gaillard, qui s'était poignardé lors de la première arrestation de Ronsin.

« J'ai vu, dit Robespierre aux Jacobins, des
« lettres de quelques-uns d'entre les patriotes
« lyonnais; ils expriment tous le même dé-

« sespoir, et si l'on n'apporte le remède le plus
« prompt à leurs maux, ils ne trouveront de
« soulagement que dans la recette de Caton et
« de Gaillard. La faction perfide, qui, affectant
« un patriotisme extravagant, voulait immoler
« les patriotes, a été exterminée; mais peu im-
« porte à l'étranger, il lui en reste une autre. Si
« Hébert eût triomphé, la convention était ren-
« versée, la république tombait dans le chaos,
« et la tyrannie était satisfaite; mais avec les
« modérés, la convention perd son énergie,
« les crimes de l'aristocratie restent impunis,
« et les tyrans triomphent. L'étranger a donc
« autant d'espérance avec l'une qu'avec l'autre
« de ces factions, et il doit les soudoyer toutes,
« sans s'attacher à aucune. Que lui importe
« qu'Hébert expire sur l'échafaud, s'il lui reste
« des traîtres d'une autre espèce, pour venir à
« bout de ses projets? Vous n'avez donc rien
« fait s'il vous reste une faction à détruire, et
« la convention est résolue à les immoler toutes
« jusqu'à la dernière. »

Ainsi le comité avait senti la nécessité de
se laver du reproche de modération par un
nouveau sacrifice. Robespierre avait défendu
Danton, quand une faction audacieuse venait
ainsi frapper à ses côtés un des patriotes les
plus renommés. Alors la politique, un danger

commun, tout l'engageait à défendre son vieux collègue; mais aujourd'hui cette faction hardie n'était plus. En défendant plus long-temps ce collègue dépopularisé, il se compromettait lui-même. D'ailleurs, la conduite de Danton devait réveiller bien des réflexions dans son ame jalouse. Que faisait Danton loin du comité? Entouré de Philipeaux, de Camille Desmoulins, il semblait l'instigateur et le chef de cette nouvelle opposition qui poursuivait le gouvernement de censures et de railleries amères. Depuis quelque temps, assis vis-à-vis de cette tribune où venaient figurer les membres du comité, Danton avait quelque chose de menaçant et de méprisant à la fois. Son attitude, ses propos répétés de bouche en bouche, ses liaisons, tout prouvait qu'après s'être isolé du gouvernement, il s'en était fait le censeur, et qu'il se tenait en dehors, comme pour lui faire obstacle avec sa vaste renommée. Ce n'est pas tout : quoique dépopularisé, Danton avait néanmoins une réputation d'audace et de génie politique extraordinaire. Danton immolé, il ne restait plus un grand nom hors du comité; et, dans le comité, il n'y avait plus que des réputations secondaires, Saint-Just, Couthon, Collot-d'Herbois. En consentant à ce sacrifice, Robespierre du même coup détruisait un rival, rendait au gouvernement sa réputation d'énergie, et augmentait surtout son renom de vertu en frappant un homme accusé d'avoir recherché l'argent et les plaisirs. Il était en outre engagé à ce sacrifice par tous ses collègues, encore plus jaloux de Danton qu'il ne l'était lui-même. Couthon et Collot-d'Herbois n'ignoraient pas qu'ils étaient méprisés par ce célèbre tribun. Billaud, froid, bas et sanguinaire, trouvait chez lui quelque chose de grand et d'écrasant. Saint-Just, dogmatique, austère et orgueilleux, était antipathique avec un révolutionnaire agissant, généreux et facile, et il voyait que, Danton mort, il devenait le second personnage de la république. Tous enfin savaient que Danton, dans son projet de faire renouveler le comité, croyait ne devoir conserver que Robespierre. Ils entourèrent donc celui-ci, et n'eurent pas de grands efforts à faire pour lui arracher une détermination si agréable à son orgueil. On ne sait quelles explications amenèrent cette résolution, quel jour elle fut prise; mais tout-à-coup ils devinrent tous menaçants et mystérieux. Il ne fut plus question de leurs projets. A la convention, aux Jacobins, ils gardèrent un silence absolu. Mais des bruits sinistres se répandirent sourdement. On dit que Danton, Camille, Philipeaux, Lacroix, allaient être immolés à l'autorité de leurs collègues. Des amis communs de Danton et de Robespierre, effrayés de ces bruits, et voyant qu'après un tel acte, il n'y avait plus une seule tête qui dût être en sécurité, que Robespierre lui-même ne devait pas être tranquille, voulurent rapprocher Robespierre et Danton, et les engagèrent à s'expliquer. Robespierre, se renfermant dans un silence obstiné, refusa de répondre à ces ouvertures, et garda une réserve farouche. Comme on lui parlait de l'ancienne amitié qu'il avait témoignée à Danton, il répondit hypocritement qu'il ne pouvait rien, ni pour ni contre son collègue, que la justice était là pour défendre l'innocence; que pour lui, sa vie entière avait été un sacrifice continuel de ses affections à la patrie; et que si son ami était coupable, il le sacrifierait à regret, mais il le sacrifierait comme tous les autres à la république.

On vit bien que c'en était fait, que cet hypocrite rival ne voulait prendre aucun engagement envers Danton, et qu'il se réservait la liberté de le livrer à ses collègues. En effet, le bruit des prochaines arrestations acquit plus de consistance. Les amis de Danton l'entouraient, le pressaient de sortir de son espèce de sommeil, de secouer sa paresse, et de montrer enfin ce front révolutionnaire qui ne s'était jamais montré en vain dans l'orage. — Je le sais, disait Danton, ils veulent m'arrêter!.... Mais non, ajoutait-il, ils n'oseront pas.... — D'ailleurs, que pouvait-il faire? Fuir était impossible. Quel pays voudrait donner asile à ce révolutionnaire formidable? Devait-il autoriser par sa fuite toutes les calomnies de ses ennemis? Et puis, il aimait son pays. — Emporte-t-on, s'écriait-il, sa patrie *à la semelle de ses souliers?* — D'autre part, demeurant en France, il lui restait peu de moyens à employer. Les cordeliers appartenaient aux *ultra-révolutionnaires*, les jacobins à Robespierre. La convention était tremblante. Sur quelle force s'appuyer?... Voilà ce que n'ont pas assez considéré ceux qui, ayant vu cet homme si puissant foudroyer le trône au 10 août, soulever le peuple contre les étrangers, n'ont pu concevoir qu'il soit tombé sans résistance. Le génie révolutionnaire ne consiste point à refaire une popularité perdue, à créer des forces qui n'existent pas, mais à diriger hardiment les affections d'un peuple quand on les possède. La générosité de Danton, son éloignement des affaires, lui avaient presque aliéné la faveur populaire, ou du moins ne lui en avaient pas laissé assez pour renverser l'autorité régnante. Dans cette conviction de son impuissance, il attendait et répétait : *Ils n'oseront pas*. Il était permis, en effet, de croire que devant un si grand nom, de si grands services, ses adversaires hésiteraient. Puis il retombait dans sa paresse et dans cette insouciance des êtres forts qui attendent le danger, sans se trop agiter pour s'y soustraire.

Le comité gardait toujours le plus grand silence, et des bruits sinistres continuaient de se répandre. Six jours s'étaient écoulés depuis la mort d'Hébert; c'était le 9 germinal. Tout-à-coup les hommes paisibles, qui avaient conçu des espérances indiscrètes en voyant succomber le parti des forcenés, disent que bientôt on sera délivré des deux saints, Marat et Chalier, et que l'on a trouvé dans leur vie de quoi les transformer, aussi vite qu'Hébert, de grands patriotes en scélérats. Ce bruit, qui tenait à l'idée d'un mouvement rétrograde, se propage avec une singulière rapidité, et on entend répéter de tous côtés que les bustes de Marat et de Chalier vont être brisés. Le maladroit Legendre dénonce ces propos à la convention et aux Jacobins, comme pour protester, au nom de ses amis les modérés, contre un projet pareil. — « Soyez tranquilles, s'écrie Collot
« aux Jacobins, de tels propos seront démen-
« tis. Nous avons fait tomber la foudre sur les

« hommes infames qui trompaient le peuple,
« nous leur avons arraché le masque, mais ils
« ne sont pas les seuls!... Nous arracherons tous
« les masques possibles. Que les *indulgents* ne
« s'imaginent pas que c'est pour eux que nous
« avons combattu, que c'est pour eux que nous
« avons tenu ici des séances glorieuses. Bientôt
« nous saurons les détromper... »

Le lendemain, en effet, 10 germinal (31 mars), le comité de salut public appelle dans son sein le comité de sûreté générale, et, pour donner plus d'autorité à ses mesures, le comité de législation lui-même. Dès que tous les membres sont réunis, Saint-Just prend la parole, et, dans un de ces rapports violents et perfides qu'il savait si bien rédiger, il dénonce Danton, Desmoulins, Philipeaux, Lacroix, et propose leur arrestation. Les membres des deux autres comités, consternés mais tremblants, n'osent pas résister, et croient éloigner le danger de leur personne en donnant leur adhésion. Le plus grand silence est commandé, et, dans la nuit du 10 au 11 germinal, Danton, Lacroix, Philipeaux, Camille Desmoulins, sont arrêtés à l'improviste, et conduits au Luxembourg.

Dès le matin, le bruit en était répandu dans Paris, et y avait causé une espèce de stupeur.

Les membres de la convention se réunissent, et gardent un silence mêlé d'effroi. Le comité, qui toujours se faisait attendre, et avait déjà toute l'insolence du pouvoir, n'était point encore arrivé. Legendre, qui n'était pas assez important pour avoir été arrêté avec ses amis, s'empresse de prendre la parole : « Citoyens, dit-il, « quatre membres de cette assemblée sont ar- « rêtés de cette nuit; je sais que Danton en « est un, j'ignore le nom des autres; mais, « quels qu'ils soient, je demande qu'ils puis- « sent être entendus à la barre. Citoyens, je « le déclare, je crois Danton aussi pur que « moi-même, et je ne crois pas que personne « ait rien à me reprocher; je n'attaquerai au- « cun membre des comités de salut public et « de sûreté générale, mais j'ai le droit de crain- « dre que des haines particulières et des pas- « sions individuelles n'arrachent à la liberté « des hommes qui lui ont rendu les plus grands « et plus utiles services. L'homme qui, en « septembre 92, sauva la France par son éner- « gie, mérite d'être entendu, et doit avoir la « faculté de s'expliquer lorsqu'on l'accuse d'a- « voir trahi la patrie. »

Procurer à Danton la faculté de parler à la convention était le meilleur moyen de le sauver, et de démasquer ses adversaires. Beaucoup de membres, en effet, opinaient pour qu'il fût entendu ; mais, dans ce moment, Robespierre, devançant le comité, arrive au milieu de la discussion, monte à la tribune, et, avec un ton colère et menaçant, parle en ces termes : « Au « trouble depuis long-temps inconnu qui règne « dans cette assemblée, à l'agitation qu'a pro- « duite le préopinant, on voit bien qu'il est « question ici d'un grand intérêt, qu'il s'agit de « savoir si quelques hommes l'emporteront au- « jourd'hui sur la patrie. Mais comment pouvez- « vous oublier vos principes, jusqu'à vouloir « accorder aujourd'hui à certains individus ce « que vous avez naguère refusé à Chabot, De- « launay et Fabre-d'Églantine ? Pourquoi cette « différence en faveur de quelques hommes ? « Que m'importent à moi les éloges qu'on se « donne à soi et à ses amis ?... Une trop grande « expérience nous a appris à nous défier de « ces éloges. Il ne s'agit plus de savoir si un « homme a commis tel ou tel acte patriotique, « mais quelle a été toute sa carrière.

« Legendre paraît ignorer le nom de ceux qui « sont arrêtés. Toute la convention les connaît. « Son ami Lacroix est du nombre des détenus ; « pourquoi Legendre feint-il de l'ignorer ? Parce « qu'il sait bien qu'on ne peut, sans impu- « deur, défendre Lacroix. Il a parlé de Danton,

« parce qu'il croit qu'à ce nom sans doute est
« attaché un privilége... Non, nous ne voulons
« pas de priviléges; nous ne voulons point
« d'idoles!... »

A ces derniers mots, des applaudissements
éclatent, et les lâches, tremblant en ce moment
devant une idole, applaudissent néanmoins au
renversement de celle qui n'est plus à craindre.
Robespierre continue : « En quoi Danton est-il
« supérieur à Lafayette, à Dumouriez, à Bris-
« sot, à Fabre, à Chabot, à Hébert ? Que ne dit-
« on de lui qu'on ne puisse dire d'eux ? Cepen-
« dant les avez-vous ménagés ? On vous parle
« du despotisme des comités, comme si la
« confiance que le peuple vous a donnée, et
« que vous avez transmise à ces comités, n'é-
« tait pas un sûr garant de leur patriotisme.
« On affecte des craintes; mais, je le dis, qui-
« conque tremble en ce moment est coupable,
« car jamais l'innocence ne redoute la surveil-
« lance publique. »

Ici, nouveaux applaudissements de ces mêmes
lâches qui tremblent, et veulent prouver qu'ils
n'ont pas peur. « Et moi aussi, ajoute Robes-
« pierre, on a voulu m'inspirer des terreurs.
« On a voulu me faire croire qu'en approchant
« de Danton, le danger pouvait arriver jusqu'à
« moi. On m'a écrit. Les amis de Danton m'ont

« fait parvenir des lettres, m'ont obsédé de
« leurs discours; ils ont cru que le souvenir
« d'une vieille liaison, qu'une foi ancienne
« dans de fausses vertus, me détermineraient
« à ralentir mon zèle et ma passion pour la
« liberté. Eh bien! je déclare que si les dangers
« de Danton devaient devenir les miens, cette
« considération ne m'arrêterait pas un instant.
« C'est ici qu'il nous faut à tous quelque cou-
« rage et quelque grandeur d'ame. Les ames
« vulgaires ou les hommes coupables craignent
« toujours de voir tomber leurs semblables,
« parce que, n'ayant plus devant eux une bar-
« rière de coupables, ils restent exposés au
« jour de la vérité; mais s'il existe des ames
« vulgaires, il en est d'héroïques dans cette
« assemblée, et elles sauront braver toutes les
« fausses terreurs. D'ailleurs le nombre des
« coupables n'est pas grand; le crime n'a
« trouvé que peu de partisans parmi nous, et
« en frappant quelques têtes la patrie sera dé-
« livrée. »

Robespierre avait acquis de l'assurance, de
l'habileté pour dire ce qu'il voulait, et jamais
il n'avait su être aussi habile et aussi perfide.
Parler du sacrifice qu'il faisait en abandonnant
Danton, s'en faire un mérite, entrer en partage
du danger s'il y en avait, et rassurer les lâches

en parlant du petit nombre des coupables, était le comble de l'hypocrisie et de l'adresse. Aussi, tous ses collègues décident à l'unanimité que les quatre députés arrêtés dans la nuit ne seront pas entendus par la convention. Dans ce moment, Saint-Just arrive, et lit son rapport. C'est lui qu'on déchaînait contre les victimes, parce qu'à la subtilité nécessaire pour faire mentir les faits et leur donner une signification qu'ils n'avaient pas, il joignait une violence et une vigueur de style rares. Jamais il n'avait été ni plus horriblement éloquent, ni plus faux; car, quelque grande que fût sa haine, elle ne pouvait lui persuader tout ce qu'il avançait. Après avoir longuement calomnié Philipeaux, Camille Desmoulins, Hérault-Séchelles, et accusé Lacroix, il arrive enfin à Danton, et imagine les faits les plus faux, ou dénature d'une manière atroce les faits connus. Selon lui, Danton, avide, paresseux, menteur, et même lâche, s'est vendu à Mirabeau, puis aux Lameth, et a rédigé avec Brissot la pétition qui amena la fusillade du Champ-de-Mars, non pas pour abolir la royauté, mais pour faire fusiller les meilleurs citoyens : puis il est allé impunément se délasser, et dévorer à Arcis-sur-Aube le fruit de ses perfidies. Il s'est caché au 10 août, et n'a reparu que pour se faire ministre; alors il s'est lié au parti d'Orléans, et a fait nommer Orléans et Fabre à la députation. Ligué avec Dumouriez, n'ayant pour les girondins qu'une haine affectée, et sachant toujours s'entendre avec eux, il était entièrement opposé au 31 mai, et avait voulu faire arrêter Henriot. Lorsque Dumouriez, d'Orléans, les girondins, ont été punis, il a traité avec le parti qui voulait rétablir Louis XVII. Prenant de l'argent de toute main, de d'Orléans, des Bourbons, de l'étranger, dînant avec les banquiers et les aristocrates, mêlé dans toutes les intrigues, prodigue d'espérances envers tous les partis, vrai Catilina enfin, cupide, débauché, paresseux, corrupteur des mœurs publiques, il est allé s'ensevelir une dernière fois à Arcis-sur-Aube, pour jouir de ses rapines. Il en est enfin revenu, et s'est entendu récemment avec tous les ennemis de l'état, avec Hébert et consorts, par le lien commun de l'étranger, pour attaquer le comité et les hommes que la convention avait investis de sa confiance.

À la suite de ce rapport inique, la convention décréta d'accusation Danton, Camille Desmoulins, Philipeaux, Hérault-Séchelles et Lacroix.

Ces infortunés avaient été conduits au Luxembourg. Lacroix disait à Danton : Nous arrêter! nous!... Je ne m'en serais jamais douté! — Tu ne t'en serais jamais douté? reprit Danton; je le savais, moi, on m'en avait averti. — Tu le savais, s'écria Lacroix, et tu n'as pas agi! voilà l'effet de ta paresse accoutumée; elle nous a perdus. — Je ne croyais pas, répondit Danton, qu'ils osassent jamais exécuter leur projet.

Tous les prisonniers étaient accourus en foule au guichet, pour voir ce célèbre Danton, et cet intéressant Camille, qui avait fait reluire un peu d'espérance dans les cachots. Danton était, selon son usage, calme, fier et assez jovial; Camille, étonné et triste; Philipeaux, ému et élevé par le danger. Hérault-Séchelles, qui les avait devancés au Luxembourg de quelques jours, accourut au-devant de ses amis, et les embrassa gaîment. — « Quand les hommes, dit Danton, font des sottises, il faut savoir en rire. » — Puis apercevant Thomas Payne, il lui dit : « Ce que tu as fait pour le bonheur et la liberté de ton pays, j'ai en vain essayé de le faire pour le mien; j'ai été moins heureux, mais non pas plus coupable.... On m'envoie à l'échafaud, eh bien! mes amis, il faut y aller gaîment.... »

Le lendemain 12, l'acte d'accusation fut envoyé au Luxembourg, et les accusés furent transférés à la Conciergerie, pour aller de là au tribunal révolutionnaire. Camille devint furieux en lisant cet acte plein de mensonges odieux. Bientôt il se calma et dit avec affliction : « Je vais à l'échafaud pour avoir versé quelques larmes sur le sort de tant de malheureux. Mon seul regret, en mourant, est de n'avoir pu les servir. » — Tous les détenus, quel que fût leur rang et leur opinion, lui portaient l'intérêt le plus vif, et faisaient pour lui des vœux ardents. Philipeaux dit quelques mots de sa femme, et resta calme et serein. Hérault-Séchelles conserva cette grace d'esprit et de manières qui le distinguait même entre les hommes de son rang; il embrassa son fidèle domestique, qui l'avait suivi au Luxembourg, et qui ne pouvait le suivre à la Conciergerie; il le consola et lui rendit le courage. On transféra, en même temps, Fabre, Chabot, Bazire, Delaunay, qu'on voulait juger conjointement avec Danton, pour souiller son procès par une apparence de complicité avec des faussaires. Fabre était malade et presque mourant. Chabot, qui du fond de sa prison n'avait cessé d'écrire à Robespierre, de l'implorer, de lui prodiguer les plus basses flatteries sans parvenir à le toucher, voyait sa mort assurée, et la honte non moins certaine pour lui que l'échafaud : il voulut alors s'empoisonner. Il avala du sublimé corrosif; mais la douleur lui ayant arraché des cris, il avoua sa tentative, accepta des soins, et fut transporté aussi malade que Fabre à la Conciergerie. Un sentiment un peu plus noble parut l'animer au milieu de ses tourments, ce fut un vif regret d'avoir compromis son ami Bazire, qui n'avait pris aucune part au crime. — « Bazire, s'écriait-il, mon pauvre Bazire, qu'as-tu fait? »

A la Conciergerie, les accusés inspirèrent la même curiosité qu'au Luxembourg. Ils occupaient le cachot des girondins. Danton parla avec la même énergie. « C'est à pareil jour, dit-il, que j'ai fait instituer le tribunal révolutionnaire. J'en demande pardon à Dieu et aux hommes. Mon but était de prévenir un nouveau septembre et non de déchaîner un fléau sur l'humanité. » — Puis revenant à son mépris pour ses collègues qui l'assassinaient : « Ces frères Caïn, dit-il, n'entendent rien au gouvernement. Je laisse tout dans un désordre épouvantable... » — Il employa alors, pour caractériser l'impuissance du paralytique Couthon et du lâche Robespierre, des expressions obscènes, mais originales, qui annonçaient encore une singulière gaîté d'esprit. Un seul instant il montra un léger regret d'avoir pris part à la révolution : — « Il vaudrait mieux, dit-il, être un pauvre pêcheur que de gouverner les hommes. » Ce fut le seul mot de ce genre qu'il prononça.

Lacroix parut étonné en voyant dans les cachots le nombre et le malheureux état des prisonniers. « Quoi! lui dit-on, des charrettes chargées de victimes ne vous avaient pas appris ce qui se passait dans Paris! » L'étonnement de Lacroix était sincère, et c'est une leçon pour les hommes qui, poursuivant un but politique, ne se figurent pas assez les souffrances individuelles des victimes, et semblent ne pas y croire parce qu'ils ne les voient pas.

Le lendemain 13 germinal, les accusés furent conduits au tribunal au nombre de quinze. On avait réuni ensemble les cinq chefs modérés, Danton, Hérault-Séchelles, Camille, Philipeaux, Lacroix; les quatre accusés de faux, Chabot, Bazire, Delaunay, Fabre-d'Églantine; les deux beaux-frères de Chabot, Junius et Emmanuel Frey; le fournisseur d'Espagnac, le malheureux Westermann, accusé d'avoir partagé la corruption et les complots de Danton; enfin deux étrangers, amis des accusés, l'Espagnol Gusman, et le Danois Diederichs. Le but du comité, en faisant cet amalgame, était de confondre les modérés avec les corrompus et avec les étrangers, pour prouver toujours que la modération provenait à la fois du défaut de vertu républicaine et de la séduction de l'or de l'étranger. La foule accourue pour voir les accusés était immense. Un reste de l'intérêt qu'avait inspiré Danton s'était réveillé en sa présence. Fouquier-Tinville, les juges et les jurés, tous révolutionnaires subalternes tirés du néant par sa main puissante, étaient embarrassés en sa présence : son assurance, sa fierté leur imposaient, et il semblait plutôt l'accusateur que l'accusé. Le président Hermann et Fouquier-Tinville, au lieu de tirer les jurés au sort, comme le voulait la loi, firent un choix, et prirent ce qu'ils appelaient *les solides*. On interrogea ensuite les accusés. Quand on adressa à Danton les questions d'usage sur son âge et son domicile, il répondit fièrement qu'il avait trente-quatre ans, et que bientôt son nom serait au Panthéon, et lui dans le néant. Camille répondit qu'il avait trente-trois ans, l'âge du *sans-culotte Jésus-Christ lorsqu'il mourut*. Bazire en avait vingt-neuf. Hérault-Séchelles, Philipeaux en avaient trente-quatre. Ainsi les talents, le courage, le patriotisme, la jeunesse, tout se trouvait encore réuni dans ce nouvel holocauste, comme dans celui des girondins.

Danton, Camille, Hérault-Séchelles et les autres, se plaignirent de voir leur cause coufondue avec celle de plusieurs faussaires. Cependant on passa outre. On examina d'abord l'accusation dirigée contre Chabot, Bazire, Delaunay et Fabre-d'Églantine. Chabot persista dans son système, et soutint qu'il n'avait pris part à la conspiration des agioteurs que pour la dévoiler. Il ne persuada personne, car il était étrange qu'en y entrant, il n'eût pas secrètement prévenu quelque membre des comités; qu'il l'eût dévoilée si tard, et qu'il eût gardé les fonds dans ses mains. Delaunay fut convaincu; Fabre, malgré son adroite défense, consistant à dire qu'en surchargeant de ratures la copie du décret, il avait cru ne raturer qu'un projet, fut convaincu par Cambon, dont la déposition franche et désintéressée était accablante. Il prouva, en effet, à Fabre que les projets de décrets n'étaient jamais signés, que la copie qu'il avait raturée l'était par tous les membres de la commission des cinq, et que par conséquent il n'avait pu croire ne raturer qu'un simple projet. Bazire, dont la complicité consistait dans la non-révélation, fut à peine écouté dans sa défense, et fut assimilé aux autres par le tribunal. On passa ensuite à d'Espagnac, que l'on accusait d'avoir corrompu Julien de Toulouse, pour faire appuyer ses marchés, et d'avoir pris part à l'intrigue de la compagnie des Indes. Ici, des lettres prouvaient les faits, et tout l'esprit de d'Espagnac ne put rien contre cette preuve. On interrogea ensuite Hérault-Séchelles. Bazire était déclaré coupable comme ami de Chabot; Hérault le fut pour avoir été ami de Bazire, pour avoir eu quelque connaissance par lui de l'intrigue des agioteurs, pour avoir favorisé une émigrée, pour avoir été ami des modérés, et pour avoir fait supposer, par sa douceur, sa grace, sa fortune et ses regrets mal déguisés, qu'il était modéré lui-même. Après Hérault vint le tour de Danton. Un silence profond régna dans l'assemblée quand il se leva pour prendre la parole. — « Danton, lui dit le président, la convention vous accuse d'avoir conspiré avec Mirabeau, avec Dumouriez, avec d'Orléans, avec les girondins, avec l'étranger, et avec la faction qui veut rétablir Louis XVII. » — « Ma voix, répondit Danton avec son organe puissant, ma voix qui tant de fois s'est fait entendre pour la cause du peuple, n'aura pas de peine à repousser la calomnie. Que les lâches qui m'accusent paraissent, et je les couvrirai d'ignominie.... Que les comités se rendent ici, je ne répondrai que devant eux; il me les faut pour accusateurs et pour témoins... Qu'ils paraissent... Au reste, peu m'importe, vous et votre jugement.... Je vous l'ai dit : le néant sera bientôt mon asile. La vie m'est à charge, qu'on me l'arrache.... Il me tarde d'en être délivré. » — En achevant ces paroles, Danton était indigné, son cœur était soulevé d'avoir à répondre à de pareils hommes. Sa demande de faire comparaître les comités, et sa volonté prononcée de ne répondre que devant eux, avaient intimidé le tribunal, et causé une grande agitation. Une telle confrontation, en effet, eût été cruelle pour eux ; ils auraient été couverts de confusion, et la condamnation fût peut-être devenue impossible. — « Danton, dit le président, l'audace est le propre du crime ; le calme est celui de l'innocence. » — A ce mot, Danton s'écrie : « L'audace individuelle est réprimable sans doute ; mais cette audace nationale dont j'ai tant de fois donné l'exemple, que j'ai tant de fois mise au service de la liberté, est la plus méritoire de toutes les vertus. Cette audace est la mienne ; c'est celle dont je fais ici usage pour la république contre les lâches qui m'accusent. Lorsque je me vois si bassement calomnié, puis-je me contenir ? Ce n'est pas d'un révolutionnaire comme moi qu'il faut attendre une défense froide.... les hommes de ma trempe sont inappréciables dans les révolutions.... c'est sur leur front qu'est empreint le génie de la liberté. »

— En disant ces mots, Danton agitait sa tête et bravait le tribunal. Ses traits si redoutés produisaient une impression profonde. Le peuple, que la force touche, laissait échapper un murmure approbateur. — « Moi, continuait Danton, moi accusé d'avoir conspiré avec Mirabeau, avec Dumouriez, avec d'Orléans, d'avoir rampé aux pieds de vils despotes! c'est moi que l'on somme de répondre à la *justice inévitable, inflexible*[*]!.... Et toi, lâche Saint-Just, tu répondras à la postérité de ton accusation contre le meilleur soutien de la liberté... En parcourant cette liste d'horreurs, ajouta Danton en montrant l'acte d'accusation, je sens tout mon être frémir. » — Le président lui recommande de nouveau d'être calme, et lui cite l'exemple de Marat, qui répondit avec respect au tribunal. — Danton reprend et dit que, puisqu'on le veut, il va raconter sa vie. Alors il rappelle la peine qu'il eut à parvenir aux fonctions municipales, les efforts que firent les constituants pour l'en empêcher, la résistance qu'il opposa aux projets de Mirabeau, et surtout ce qu'il fit dans cette journée fameuse où, entourant la voiture royale d'un peuple immense, il empêcha le voyage à Saint-Cloud.

[*] Expressions de l'acte d'accusation.

Puis il rapporte sa conduite lorsqu'il amena le peuple au Champ-de-Mars, pour signer une pétition contre la royauté, et le motif de cette pétition fameuse; l'audace avec laquelle il proposa le premier le renversement du trône en 92; le courage avec lequel il proclama l'insurrection le 9 août au soir; la fermeté qu'il déploya pendant les douze heures de l'insurrection. Suffoqué ici d'indignation, en songeant au reproche qu'on lui fait de s'être caché au moment du 10 août : « Où sont, s'écrie-t-il, les hommes qui eurent besoin de presser Danton pour l'engager à se montrer dans cette journée? Où sont les êtres privilégiés dont il a emprunté l'énergie? Qu'on les fasse paraître mes accusateurs!... j'ai toute la plénitude de ma tête lorsque je les demande.... je dévoilerai les trois plats coquins qui ont entouré et perdu Robespierre... qu'ils se produisent ici, et je les plongerai dans le néant, dont ils n'auraient jamais dû sortir... » — Le président veut interrompre de nouveau Danton, et agite sa sonnette. Danton en couvre le bruit avec sa voix terrible. — « Est-ce que vous ne m'entendez pas? lui dit le président. — La voix d'un homme, reprend Danton, qui défend son honneur et sa vie, doit vaincre le bruit de ta sonnette » — Cependant il était fatigué d'indignation; sa voix était altérée; alors le président l'engage avec égard à prendre quelque repos, pour recommencer sa défense avec plus de calme et de tranquillité.

Danton se tait. On passe à Camille, dont on lit le *Vieux Cordelier*, et qui se révolte en vain contre l'interprétation donnée à ses écrits. On s'occupe ensuite de Lacroix dont on rappelle amèrement la conduite en Belgique, et qui, à l'exemple de Danton, demande la comparution de plusieurs membres de la convention, et insiste formellement pour l'obtenir.

Cette première séance causa une sensation générale. La foule qui entourait le palais de Justice, et s'étendait jusque sur les ponts, parut singulièrement émue. Les juges étaient épouvantés; Vadier, Vouland, Amar, les membres les plus méchants du comité de sûreté générale, avaient assisté aux débats, cachés dans l'imprimerie attenant à la salle du tribunal, et communiquant avec cette salle par une petite lucarne. De là ils avaient vu avec effroi l'audace de Danton et les dispositions du public. Ils commençaient à douter que la condamnation fût possible. Hermann et Fouquier s'étaient rendus, immédiatement après l'audience, au comité de salut public, et lui avaient fait part de la demande des accusés qui voulaient faire paraître plusieurs membres de la convention. Le comité commençait à hésiter; Robespierre s'était retiré chez lui; Billaud et Saint-Just étaient seuls présents. Ils défendent à Fouquier de répondre, lui enjoignent de prolonger les débats, d'arriver à la fin des trois jours sans s'être expliqué, et de faire déclarer alors par les jurés qu'ils sont suffisamment instruits.

Pendant que ces choses se passaient au tribunal, au comité et dans Paris, l'émotion n'était pas moindre dans les prisons, où l'on portait un vif intérêt aux accusés, et où l'on ne voyait plus d'espérance pour personne, si de tels révolutionnaires étaient immolés. Il y avait au Luxembourg le malheureux Dillon, ami de Desmoulins et défendu par lui; il avait appris par Chaumette, qui, exposé au même danger, faisait cause commune avec les modérés, ce qui s'était passé au tribunal. Chaumette le tenait de sa femme. Dillon, dont la tête était vive, et qui, en vieux militaire, cherchait quelquefois dans le vin des distractions à ses peines, parla inconsidérément à un nommé Laflotte, enfermé dans la même prison; il lui dit qu'il était temps que les bons républicains levassent la tête contre de vils oppresseurs, que le peuple avait paru se réveiller, que Danton demandait à répondre devant les comités, que sa condamnation était loin d'être assurée, que la femme de Camille Desmoulins, en répandant des assignats, pourrait soulever le peuple, et que si lui parvenait à s'échapper, il réunirait assez d'hommes résolus pour sauver les républicains près d'être sacrifiés par le tribunal. Ce n'étaient là que de vains propos prononcés dans l'ivresse et la douleur. Cependant il paraît qu'il fut question aussi de faire passer mille écus et une lettre à la femme de Camille. Le lâche Laflotte, croyant obtenir la vie et la liberté en dénonçant un complot, courut faire au concierge du Luxembourg une déclaration, dans laquelle il supposa une conspiration près d'éclater au dedans et au dehors des prisons, pour enlever les accusés, et assassiner les membres des deux comités. On verra bientôt quel usage on fit de cette fatale déposition.

Le lendemain l'affluence était la même au tribunal. Danton et ses collègues, aussi fermes et aussi opiniâtres, demandent encore la comparution de plusieurs membres de la convention et des deux comités. Fouquier, pressé de répondre, dit qu'il ne s'oppose pas à ce qu'on appelle les témoins nécessaires. Mais il ne suffit pas, ajoutent les accusés, qu'il n'y mette aucun obstacle, il faut de plus qu'il les appelle lui-même. A cela Fouquier réplique qu'il appellera tous ceux qu'on désignera, excepté les membres de la convention, parce que c'est à l'assemblée qu'il appartient de décider si ses membres peuvent être cités. Les accusés se récrient de nouveau qu'on leur refuse les moyens de se défendre. Le tumulte est à son comble. Le président interroge encore quelques accusés, Westermann, les deux Frey, Gusman, et se hâte de lever la séance.

Fouquier écrivit sur-le-champ une lettre au comité pour lui faire part de ce qui s'était passé, et pour obtenir un moyen de répondre aux demandes des accusés. La situation était difficile, et tout le monde commençait à hésiter. Robespierre affectait de ne pas donner son avis. Saint-Just seul, plus opiniâtre et plus hardi, pensait qu'on ne devait pas reculer, qu'il fallait fermer la bouche aux accusés, et les envoyer à la mort. Dans ce moment, il venait de recevoir la déposition du prisonnier Laflotte, adressée à la police par le guichetier du Luxembourg. Saint-Just y voit le germe d'une conspiration tramée par les accusés, et le prétexte d'un décret qui terminera la lutte du tribunal avec eux. Le lendemain matin, en effet, il se présente à la convention, lui dit qu'un grand danger menace la patrie, mais que c'est le dernier, et qu'en le bravant avec courage elle l'aura bientôt surmonté. « Les accusés, dit-il, présents au tribunal révolutionnaire, sont en pleine révolte; ils menacent le tribunal; ils poussent l'insolence jusqu'à jeter au nez des juges des boules de mie de pain; ils excitent le peuple, et peuvent même l'égarer. Ce n'est d'ailleurs pas tout; ils ont préparé une conspiration dans les prisons; la femme de Camille a reçu de l'argent pour provoquer une insurrection; le général Dillon doit sortir du Luxembourg, se mettre à la tête de quelques conspirateurs, égorger les deux comités, et élargir les coupables. » A ce récit hypocrite et faux, les complaisants se récrient que c'est horrible, et la convention vote à l'unanimité le décret proposé par Saint-Just. En vertu de ce décret, le tribunal doit continuer, sans désemparer, le procès de Danton et de ses complices; et il est autorisé à mettre hors des débats les accusés qui manqueraient de respect à la justice, ou qui voudraient provoquer du trouble. Une copie du décret est expédiée sur-le-champ. Vouland et Vadier viennent l'apporter au tribunal, où la troisième séance était commencée, et où l'audace redoublée des accusés jetait Fouquier dans le plus grand embarras.

Le troisième jour, en effet, les accusés avaient résolu de renouveler leurs sommations. Tous à la fois se lèvent, et pressent Fouquier de faire comparaître les témoins qu'ils ont demandés. Ils exigent plus encore; ils veulent que la convention nomme une commission pour recevoir les dénonciations qu'ils ont à faire contre le projet de dictature qui se manifeste chez les comités. Fouquier, embarrassé, ne sait plus quelle réponse leur faire. Dans le moment, un huissier vient l'appeler. Il passe dans la salle voisine, et trouve Amar et Vouland, qui, tout essoufflés encore, lui disent : « Nous tenons les scélérats, voilà de quoi vous tirer d'embarras : » et ils lui remettent le décret que Saint-Just venait de faire rendre. Fouquier s'en saisit avec joie, rentre à l'audience, demande la parole, et lit le décret affreux. Danton, indigné, se lève alors : Je prends, dit-il, l'auditoire à témoin que nous n'avons pas insulté le tribunal. — C'est vrai! disent plusieurs voix dans la salle. Le public entier est étonné, indigné même du déni de justice commis envers les accusés. L'émotion est générale; le tribunal est intimidé. —Un jour, ajoute Danton, la vérité sera connue.... Je vois de grands malheurs fondre sur la France.... Voilà la dictature; elle se montre à découvert et sans voile.... —Camille, en entendant parler du Luxembourg, de Dillon, de sa femme, s'écrie avec désespoir : Les scélérats! non contents de m'égorger, moi, ils veulent égorger ma femme! — Danton aperçoit dans le fond de la salle et dans le corridor, Amar et Vouland, qui se cachaient pour juger de l'effet du décret. Il les montre du poing : Voyez, s'écrie-t-il, ces lâches assassins; ils nous poursuivent, ils ne nous quitteront pas jusqu'à la mort! — Vadier et Vouland, effrayés, disparaissent. Le tribunal, pour toute réponse, leve la séance.

Le lendemain était le quatrième jour, et le jury avait la faculté de clôturer les débats, en se déclarant suffisamment instruit. En conséquence, sans donner aux accusés le temps de se défendre, le jury demande la clôture des débats. Camille entre en fureur, déclare aux jurés qu'ils sont des assassins, et prend le peuple à témoin de cette iniquité. On l'entraîne alors avec ses compagnons d'infortune hors de la salle. Il résiste, et on l'emporte de force. Pendant ce temps, Vadier, Vouland parlent vivement aux jurés, qui, du reste, n'avaient pas besoin d'être excités. Le président Hermann et Fouquier les suivent dans leur salle. Hermann a l'audace de leur dire qu'on a intercepté une lettre écrite à l'étranger, qui prouve la complicité de Danton avec la coalition. Trois ou quatre jurés seulement osent appuyer les accusés, mais la majorité l'emporte. Le président du jury, le nommé Trinchard, rentre plein d'une joie féroce, et prononce de l'air d'un furieux la condamnation inique.

On ne voulut pas s'exposer à une nouvelle explosion des condamnés, en les faisant remonter de la prison à la salle du tribunal pour entendre leur sentence; un greffier descendit la leur lire. Ils le renvoyèrent sans vouloir le laisser achever, et en s'écriant qu'on pouvait les conduire à la mort. Une fois la condamnation prononcée, Danton, qui avait été soulevé d'indignation, redevint calme et fut rendu à tout son mépris pour ses adversaires. Camille, bientôt apaisé, versa quelques larmes sur son épouse; et, grace à son heureuse imprévoyance, n'imagina pas qu'elle fût menacée de la mort, ce qui aurait rendu ses derniers moments insupportables. Hérault fut gai comme à l'ordinaire. Tous les accusés furent fermes, et Westermann se montra digne de sa bravoure si célèbre.

Ils furent exécutés le 16 germinal (5 avril). La troupe infame, payée pour outrager les victimes, suivait les charrettes. Camille, à cette vue, éprouvant un mouvement d'indignation, voulut parler à la multitude, et il vomit contre le lâche et hypocrite Robespierre les plus véhémentes imprécations. Les misérables envoyés pour l'outrager lui répondirent par des injures. Dans son action violente, il avait déchiré sa chemise et avait les épaules nues. Danton, promenant sur cette troupe un regard calme et plein de mépris, dit à Camille : Reste donc tranquille, et laisse là cette vile canaille.—Arrivé au pied de l'échafaud, Danton allait embrasser Hérault-Séchelles, qui lui tendait les bras : l'exécuteur s'y opposant, il lui adressa, avec un sourire, ces expressions terribles : « Tu peux donc être plus cruel que la mort ! Va, tu n'empêcheras pas que dans un moment nos têtes s'embrassent dans le fond du panier. »

Telle fut la fin de ce Danton qui avait jeté un si grand éclat dans la révolution, et qui lui avait été si utile. Audacieux, ardent, avide d'émotions et de plaisirs, il s'était précipité dans la carrière des troubles, et il dut briller surtout les jours de terreur. Prompt et positif, n'étant étonné ni par la difficulté ni par la nouveauté d'une situation extraordinaire, il savait juger les moyens nécessaires, et n'avait peur ni scrupule d'aucun. Il pensa qu'il devenait urgent de terminer les luttes de la monarchie et de la révolution, et il fit le 10 août. En présence des Prussiens, il pensa qu'il fallait

contenir la France et l'engager dans le système de la révolution, il ordonna, dit-on, les journées horribles de septembre, et tout en les ordonnant, il sauva une foule de victimes. Au commencement de la grande année 1793, la convention était étonnée à la vue de l'Europe armée; il prononça, en les comprenant dans toute leur profondeur, ces paroles remarquables : « Une nation en révolution est plus près de conquérir ses voisins que d'en être conquise. » Il jugea que vingt-cinq millions d'hommes qu'on oserait mouvoir n'auraient rien à craindre de quelques centaines de mille hommes armés par les trônes. Il proposa de soulever le peuple, de faire payer les riches; il imagina enfin toutes les mesures révolutionnaires qui ont laissé un si terrible souvenir, mais qui ont sauvé la France. Cet homme, si puissant dans l'action, retombait pendant l'intervalle des dangers dans l'indolence et les plaisirs qu'il avait toujours aimés. Il recherchait même les jouissances les plus innocentes, celles que procurent les champs, une épouse adorée et des amis. Alors il oubliait les vaincus, ne pouvait plus les haïr, savait même leur rendre justice, les plaindre et les défendre. Mais pendant ces intervalles de repos, nécessaires à son ame ardente, ses rivaux gagnaient peu à peu, par leur persévérance, la renommée et l'influence qu'il avait acquises en un seul jour de péril. Les fanatiques lui reprochaient son amollissement et sa bonté, et oubliaient qu'en fait de cruautés politiques il les avait égalés tous dans les journées de septembre. Tandis qu'il se confiait en sa renommée, tandis qu'il différait par paresse, et qu'il roulait dans sa tête de nobles projets, pour ramener les lois douces, pour borner le règne de la violence aux jours de danger, pour séparer les exterminateurs irrévocablement engagés dans le sang, des hommes qui n'avaient cédé qu'aux circonstances, pour organiser enfin la France et la réconcilier avec l'Europe, il fut surpris par ses collègues auxquels il avait abandonné le gouvernement. Ceux-ci, en frappant un coup sur les ultra-révolutionnaires, devaient, pour ne point paraître rétrograder, frapper un coup sur les modérés. La politique demandait des victimes; l'envie les choisit, et immola l'homme le plus célèbre et le plus redouté du temps. Danton succomba avec sa renommée et ses services, devant le gouvernement formidable qu'il avait contribué à organiser; mais du moins, par son audace, il rendit un moment sa chute douteuse.

Danton avait un esprit inculte, mais grand,

profond, et surtout simple et solide. Il ne savait s'en servir que pour ses besoins, et jamais pour briller; aussi parlait-il peu, et dédaignait d'écrire. Suivant un contemporain, il n'avait aucune prétention, pas même celle de deviner ce qu'il ignorait, prétention si commune aux hommes de sa trempe. Il écoutait Fabre-d'Églantine, et faisait parler sans cesse son jeune et intéressant ami, Camille Desmoulins, dont l'esprit faisait ses délices, et qu'il eut la douleur d'entraîner dans sa chute. Il mourut avec sa force ordinaire, et la communiqua à son jeune ami. Comme Mirabeau, il expira fier de lui-même, et croyant ses fautes et sa vie assez couvertes par ses grands services et ses derniers projets.

Les chefs des deux partis venaient d'être immolés. On leur adjoignit bientôt les restes de ces partis, et on mêla et jugea ensemble les hommes les plus opposés, pour accréditer davantage l'opinion qu'ils étaient complices d'un même complot. Chaumette et Gobel comparurent à côté d'Arthur Dillon et de Simon. Les Grammont père et fils, les Lapallu et autres membres de l'armée révolutionnaire, figurèrent à côté du général Beysser; enfin la femme d'Hébert, ancienne religieuse, comparut à côté de la jeune épouse de Camille Desmoulins, âgée à peine de vingt-trois ans, éclatante de beauté, de grace et de jeunesse. Chaumette, qu'on a vu si soumis et si docile, fut accusé d'avoir conspiré à la commune contre le gouvernement, d'avoir affamé le peuple, et cherché à le soulever par ses réquisitoires extravagants. Gobel fut regardé comme complice de Clootz et de Chaumette. Arthur Dillon avait voulu, dit-on, ouvrir les prisons de Paris, puis égorger la convention et le tribunal pour sauver ses amis. Les membres de l'armée révolutionnaire furent condamnés comme agents de Ronsin. Le général Beysser, qui avait si puissamment contribué à sauver Nantes, à côté de Canclaux, et qui était suspect de fédéralisme, fut considéré comme complice des ultra-révolutionnaires. On sait quel rapprochement il pouvait exister entre l'état-major de Nantes et celui de Saumur. La femme Hébert fut condamnée comme complice de son mari. Assise sur le même banc que la femme de Camille, elle lui disait : « Vous êtes heureuse, vous; aucune charge ne s'élève contre vous. Vous serez sauvée. » En effet, tout ce qu'on pouvait reprocher à cette jeune femme, c'était d'avoir aimé son époux avec passion, d'avoir sans cesse erré avec ses enfants autour de la prison pour voir leur père et le leur montrer.

Néanmoins, toutes deux furent condamnées, et les épouses d'Hébert et de Camille périrent comme coupables d'une même conjuration. L'infortunée Desmoulins mourut avec un courage digne de son mari et de sa vertu. Depuis Charlotte Corday et madame Roland, aucune victime n'avait inspiré un intérêt plus tendre et des regrets plus douloureux.

CHAPITRE IV.

Résultats des dernières exécutions contre les partis ennemis du gouvernement. — Décret contre les ex-nobles. — Les ministères sont abolis et remplacés par des commissions. — Efforts du comité de salut public pour concentrer tous les pouvoirs dans sa main. — Abolition des sociétés populaires, excepté celle des jacobins. — Distribution du pouvoir et de l'administration entre les membres du comité. — La convention, d'après le rapport de Robespierre, déclare au nom du peuple français, la reconnaissance de l'Être suprême et de l'immortalité de l'ame.

Le gouvernement venait d'immoler deux partis à la fois. Le premier, celui des ultra-révolutionnaires, était véritablement redoutable, ou pouvait le devenir; le second, celui des nouveaux modérés, ne l'était pas. Sa destruction n'était donc pas nécessaire, mais pouvait être utile, pour écarter toute apparence de modération. Le comité le frappa sans conviction, par hypocrisie et par envie. Ce dernier coup était difficile à porter; on vit tout le comité hésiter, et Robespierre rentrer dans sa demeure, comme aux jours de danger. Mais Saint-Just, soutenu par son courage et sa haine jalouse, resta ferme au poste, ranima Hermann et Fouquier, effraya la convention, lui arracha le décret de mort, et fit consommer le sacrifice. Le dernier effort que doit faire une autorité pour devenir absolue est toujours le plus difficile; il lui faut toute sa force pour vaincre la dernière résistance; mais cette résistance vaincue, tout cède, tout se prosterne, elle n'a plus qu'à régner sans obstacle. C'est alors qu'elle se déploie, qu'elle déborde, et se perd. Tandis que toutes les bouches sont fermées, que la soumission est sur tous les visages, la haine se renferme dans les cœurs, et l'acte d'accusation des vainqueurs se prépare au milieu de leur triomphe.

Le comité de salut public, après avoir heureusement immolé les deux classes d'hommes si différentes qui avaient voulu contrarier ou seulement critiquer son pouvoir, était devenu irrésistible. L'hiver avait fini. La campagne de 1794 (germinal an II) allait s'ouvrir avec le

printemps. Des armées formidables devaient se déployer sur toutes les frontières, et faire sentir au dehors la terrible puissance si cruellement sentie au dedans. Quiconque avait paru résister, ou porter quelque intérêt à ceux qui venaient de mourir, devait se hâter de faire sa soumission. Legendre, qui avait fait un effort le jour où Danton, Lacroix et Camille Desmoulins furent arrêtés, et qui avait tâché de remuer la convention en leur faveur, Legendre crut devoir se hâter de réparer son imprudence, et de se laver de son amitié pour les dernières victimes. On lui avait écrit plusieurs lettres anonymes dans lesquelles on l'engageait à frapper les tyrans, qui, disait-on, venaient de lever le masque. Legendre se rendit aux Jacobins le 21 germinal (10 avril), dénonça les lettres anonymes qu'il recevait, et se plaignit d'être pris pour un Séide qu'on pouvait armer du poignard. « Eh bien! dit-il, puisqu'on m'y
« force, je le déclare au peuple, qui m'a toujours entendu parler avec bonne foi, je regarde maintenant comme démontré que la conspiration dont les chefs ont cessé d'être existait réellement, et que j'étais le jouet des traîtres. J'en ai trouvé la preuve dans différentes pièces déposées au comité de salut public, surtout dans la conduite criminelle

« des accusés devant la justice nationale, et
« dans les machinations de leurs complices qui
« veulent armer un homme probe du poignard
« homicide. J'étais, avant la découverte du com-
« plot, l'intime ami de Danton; j'aurais ré-
« pondu de ses principes et de sa conduite sur
« ma tête; mais aujourd'hui je suis convaincu
« de son crime; je suis persuadé qu'il voulait
« plonger le peuple dans une erreur profonde.
« Peut-être y serais-je tombé moi-même, si je
« n'avais été éclairé à temps. Je déclare aux
« écrivailleurs anonymes qui voudraient me
« porter à poignarder Robespierre, et me
« rendre l'instrument de leurs machinations,
« que je suis né dans le sein du peuple, que
« je me fais une gloire d'y rester, et que je
« mourrai plutôt que d'abandonner ses droits.
« Ils ne m'écriront pas une lettre que je ne la
« porte au comité de salut public. »

La soumission de Legendre devint bientôt générale. De toutes les parties de la France, arrivèrent une foule d'adresses où l'on félicitait la convention et le comité de salut public de leur énergie. Le nombre de ces adresses est incalculable. Dans tous les styles, avec les formes les plus burlesques, chacun s'empressait d'adhérer aux actes du gouvernement, et d'en reconnaître la justice. Rhodez envoya l'a-

dresse suivante: « Dignes représentants d'un peu-
« ple libre, c'est donc en vain que les enfants
« des Titans ont levé leur tête altière, la foudre
« les a tous renversés!... Quoi, citoyens! pour
« de viles richesses vendre sa liberté!... La cons-
« titution que vous nous avez donnée a ébranlé
« tous les trônes, épouvanté tous les rois. La
« liberté avançant à pas de géant, le despo-
« tisme écrasé, la superstition anéantie, la répu-
« blique reprenant son unité, les conspirateurs
« dévoilés et punis, des mandataires infidèles,
« des fonctionnaires publics lâches et perfides
« tombant sous la hache de la loi, les fers des
« esclaves du Nouveau-Monde brisés : voilà vos
« trophées!... S'il existe encore des intrigants,
« qu'ils tremblent! que la mort des conjurés
« atteste votre triomphe!... Pour vous, repré-
« sentants, vivez heureux des sages lois que vous
« avez faites pour le bonheur de tous les peu-
« ples, et recevez le tribut de notre amour*! »

Ce n'était point par horreur pour les moyens
sanguinaires que le comité avait frappé les
ultra-révolutionnaires, mais pour affermir
l'autorité, et pour écraser les résistances qui
arrêtaient son action. Aussi le vit-on depuis

* Séance du 26 germinal; numéro 208 du *Moniteur* de
l'an II (avril 1794).

tendre constamment à un double but : se rendre toujours plus formidable, et concentrer de plus en plus le pouvoir dans ses mains. Collot, qui était devenu l'orateur du gouvernement aux Jacobins, exprima de la manière la plus énergique la politique du comité. Dans un discours violent, où il traçait à toutes les autorités la route nouvelle qu'elles devaient suivre, et le zèle qu'elles devaient déployer dans leurs fonctions, il dit : « Les tyrans ont perdu leurs « forces; leurs armées tremblent en présence « des nôtres; déjà quelques despotes cherchent « à se retirer de la coalition. Dans cet état, il « ne leur reste qu'un espoir, ce sont les cons- « pirations intérieures. Il ne faut donc pas cesser « d'avoir l'œil ouvert sur les traîtres. Comme nos « frères, vainqueurs sur les frontières, ayons « tous nos armes en joue, et faisons feu tous « à la fois. Pendant que les ennemis extérieurs « tomberont sous les coups de nos soldats, que « les ennemis intérieurs tombent sous les coups « du peuple. Notre cause, défendue par la « justice et l'énergie, sera triomphante. La na- « ture fait tout cette année pour les répu- « blicains; elle leur promet une abondance « double. Les feuilles qui poussent annoncent « la chute des tyrans. Je vous le répète, ci- « toyens, veillons au dedans, tandis que nos

« guerriers combattent au dehors; que les
« fonctionnaires chargés de la surveillance pu-
« blique redoublent de soins et de zèle, qu'ils
« se pénétrent bien de cette idée, qu'il n'y a
« peut-être pas une rue, pas un carrefour où
« il ne se trouve un traître qui médite un der-
« nier complot. Que ce traître trouve la mort,
« et la mort la plus prompte! Si les adminis-
« trateurs, si les fonctionnaires publics veulent
« trouver une place dans l'histoire, voici le
« moment favorable pour y songer. Le tribu-
« nal révolutionnaire s'y est assuré déja une
« place marquée. Que toutes les administrations
« sachent imiter son zèle et son inexorable
« énergie; que les comités révolutionnaires
« surtout redoublent de vigilance et d'activité,
« et qu'ils sachent se soustraire aux sollicitations
« dont on les assiège, et qui les portent à une
« indulgence funeste à la liberté. »

Saint-Just fit à la convention un rapport formidable sur la police générale de la république*. Il y répéta l'histoire fabuleuse de toutes
les conspirations, il les montra comme le soulèvement de tous les vices contre le régime
austère de la république; il dit que le gouvernement, loin de se ralentir, devait frapper

* 26 germinal an II (15 avril).

sans cesse, jusqu'à ce qu'il eût immolé tous les êtres dont la corruption était un obstacle à l'établissement de la vertu. Il fit l'éloge accoutumé de la sévérité, et chercha, comme on le faisait alors, par des figures de toute espèce, à prouver que l'origine des grandes institutions devait être terrible. « Que serait devenue, dit-« il, une république indulgente?... Nous avons « opposé le glaive au glaive, et la république « est fondée. Elle est sortie du sein des orages : « cette origine lui est commune avec le monde « sorti du chaos, et avec l'homme qui pleure en « naissant. » En conséquence de ces maximes, Saint-Just proposa une mesure générale contre les ex-nobles. C'était la première de ce genre qu'on eût rendue. Danton, l'année précédente, avait, dans un moment de fougue, fait mettre tous les aristocrates hors la loi. Ce décret étant inexécutable par son étendue, on en rendit un autre, qui condamnait tous les suspects à la détention provisoire. Mais aucune loi directe contre les ex-nobles n'avait encore été portée. Saint-Just les montra comme des ennemis irréconciliables de la révolution : « Quoi que vous « fassiez, dit-il, vous ne pourrez jamais con-« tenter les ennemis du peuple, à moins que « vous ne rétablissiez la tyrannie. Il faut donc « qu'ils aillent chercher ailleurs l'esclavage et

« les rois. Ils ne peuvent faire de paix avec
« vous; vous ne parlez point la même langue,
« vous ne vous entendrez jamais. Chassez-les
« donc! L'univers n'est point inhospitalier, et
« le salut public est parmi nous la suprême loi. »
Saint-Just proposa un décret qui bannissait tous
les ex-nobles, tous les étrangers, de Paris, des
places fortes, des ports maritimes, et qui mettait hors la loi ceux qui n'auraient pas obéi au
décret dans l'intervalle de dix jours. D'autres
dispositions de ce projet faisaient un devoir à
toutes les autorités de redoubler d'activité et
de zèle. La convention applaudit à la proposition, comme elle faisait toujours, et la vota
par acclamation. Collot-d'Herbois, le rapporteur du décret aux jacobins, ajouta ses figures
à celles de Saint-Just. « Il faut, dit-il, faire éprou-
« ver au corps politique la sueur immonde de
« l'aristocratie; plus il aura transpiré, mieux
« il se portera. »

On vient de voir ce que fit le comité pour
manifester l'énergie de sa politique; voici ce
qu'il ajouta pour la concentration toujours plus
grande du pouvoir. D'abord il prononça le licenciement de l'armée révolutionnaire. Cette
armée, imaginée par Danton, avait d'abord été
utile pour faire exécuter les volontés de la
convention, lorsqu'il existait encore des restes

de fédéralisme; mais étant devenue le centre de ralliement de tous les perturbateurs et de tous les aventuriers, ayant servi de point d'appui aux derniers démagogues, il était nécessaire de la disperser. Le gouvernement, d'ailleurs, étant aveuglément obéi, n'avait plus besoin de ces satellites pour faire exécuter ses ordres. En conséquence elle fut licenciée par décret. Le comité proposa ensuite l'abolition des différents ministères. Des ministres étaient des puissances qui avaient encore trop d'importance, à côté des membres du comité de salut public. Ou ils laissaient tout faire au comité, et alors ils étaient inutiles; ou bien ils voulaient agir, et alors ils étaient des concurrents importuns. L'exemple de Bouchotte, qui, dirigé par Vincent, avait suscité tant d'embarras au comité, était un exemple assez instructif. En conséquence les ministères furent abolis. A leur place, on institua les douze commissions suivantes :

1. Commission des administrations civiles, police et tribunaux;

2. Commission de l'instruction publique;

3. Commission de l'agriculture et des arts;

4. Commission du commerce et des approvisionnements;

5. Commission des travaux publics;

6. Commission des secours publics;

7. Commission des transports, postes et messageries;

8. Commission des finances;

9. Commission de l'organisation et du mouvement des armées de terre;

10. Commission de la marine et des colonies;

11. Commission des armes, poudres et exploitations des mines;

12. Commission des relations extérieures.

Ces commissions, dépendantes du comité de salut public, n'étaient autre chose que les douze bureaux entre lesquels on avait partagé le matériel de l'administration. Hermann, qui présidait le tribunal révolutionnaire pendant le procès de Danton, fut récompensé de son zèle par la qualité de chef de l'une de ces commissions. On lui donna la plus importante, celle *des administrations civiles, police et tribunaux*.

D'autres mesures furent prises pour augmenter encore la centralisation du pouvoir. D'après l'institution des comités révolutionnaires, il devait y en avoir un par chaque commune ou section de commune. Les communes rurales étant très-nombreuses et peu populeuses, le nombre des comités était trop grand, et leurs fonctions presque nulles. Leur composition d'ailleurs présentait un grand inconvénient. Les paysans étant fort révolutionnaires pour la plupart, mais illettrés, les fonctions municipales étaient en général échues aux propriétaires retirés dans leurs terres, et fort peu disposés à exercer leur pouvoir dans le sens du gouvernement; de cette manière, la surveillance des campagnes, et surtout des châteaux, se faisait fort mal. Pour remédier à ce fâcheux état des choses, on supprima les comités révolutionnaires des communes, et on ne maintint que ceux de district. Par ce moyen, la police en se concentrant devint plus active, et passa dans les mains des bourgeois des districts, presque tous fort jacobins, et fort jaloux de l'ancienne noblesse.

Les Jacobins étaient la société principale, et la seule avouée par le gouvernement. Elle en avait constamment suivi les principes et les intérêts, et s'était comme lui prononcée également contre les hébertistes et les dantonistes. Le comité de salut public aurait voulu qu'elle absorbât presque toutes les autres dans son sein, et qu'elle concentrât en elle-même toute la puissance de l'opinion, comme il avait concentré en lui toute la puissance du gouvernement. Ce vœu flattait singulièrement l'ambition des jacobins, et ils firent les plus grands efforts pour l'accomplir. Depuis que les assemblées de sections avaient été réduites à deux par semaine, afin que le peuple pût y assister et y faire triompher les motions révolutionnaires, les sections s'étaient formées en sociétés populaires. Le nombre de ces sociétés était très-grand à Paris; il y en avait jusqu'à deux et trois par section. Nous avons rapporté déjà les plaintes dont elles étaient devenues l'objet. On disait que les aristocrates, c'est-à-dire les commis, les clercs de procureurs, mécontents de la réquisition, les anciens serviteurs de la noblesse, tous ceux enfin qui avaient quelque motif de résister au système révolutionnaire, se réunissaient dans ces sociétés, et y montraient l'opposition qu'ils n'osaient manifester aux Jacobins ou dans les sections. Le grand nombre de ces sociétés secondaires en empêchait la surveillance, et on émettait là quelquefois des opinions qui n'auraient pas osé se produire ailleurs. Déjà on avait proposé de les abolir. Les jacobins n'avaient pas le droit de s'en occuper; et le gouvernement ne l'aurait pas pu sans paraître gêner la liberté de s'assembler et de délibérer en commun, liberté si préconisée à cette époque, et réputée devoir être sans limites. Sur la proposition de Collot, les jacobins décidèrent qu'ils ne recevraient plus de députations de la part des sociétés formées à Paris depuis le 10 août, et que la correspondance ne leur serait plus continuée. Quant à celles qui avaient été formées à Paris avant le 10 août, et qui jouissaient de la correspondance, il fut décidé qu'on ferait un rapport sur chacune d'elles, pour examiner si elles devaient conserver cet avantage. Cette mesure concernait particulièrement les cordeliers, déjà frappés dans leurs chefs, Ronsin, Vincent, Hébert, et regardés depuis comme suspects. Ainsi, toutes les sociétés sectionnaires étaient flétries par cette déclaration, et les cordeliers allaient subir un rapport.

L'effet qu'on espérait de cette mesure ne fut pas long-temps à se faire attendre. Toutes les sociétés sectionnaires, intimidées ou averties, vinrent l'une après l'autre à la convention et aux Jacobins, déclarer leur dissolution volontaire. Toutes félicitaient également la convention et les jacobins, et déclaraient que, réunies dans l'intérêt public, elles se séparaient volontairement, puisqu'on avait jugé que leurs réunions nuisaient à la cause qu'elles voulaient servir. Dès cet instant, il ne resta plus à Paris que la société-mère des jacobins, et, dans les provinces, que les sociétés affiliées. À la vérité, celle des cordeliers subsistait encore à côté de sa rivale. Créée jadis par Danton, ingrate envers son fondateur, et toute dévouée depuis à Hébert, Ronsin et Vincent, elle avait inquiété un moment le gouvernement, et rivalisé avec les jacobins. Il s'y réunissait encore les débris des bureaux de Vincent et de l'armée révolutionnaire. On ne pouvait pas la dissoudre; on fit le rapport qui la concernait. Il fut reconnu que depuis quelque temps elle ne correspondait que très-rarement et très-négligemment avec les jacobins, et que par conséquent il était pour ainsi dire inutile de lui conserver la correspondance. On proposa, à cette occasion, d'examiner s'il fallait à Paris plus d'une société populaire. On osa même dire qu'il faudrait établir un seul centre d'opinion, et le placer aux Jacobins. La société passa à l'ordre du jour sur toutes ces propositions, et ne décida même pas si la correspondance serait accordée aux cordeliers. Mais ce club jadis célèbre avait terminé son existence : entièrement abandonné, il ne comptait plus pour rien, et les jacobins restèrent, avec le cortège de leurs sociétés affiliées, seuls maîtres et régulateurs de l'opinion.

Après avoir centralisé, si on peut le dire, l'opinion, on songea à en régulariser l'expression, à la rendre moins bruyante et moins incommode pour le gouvernement. La censure continuelle et la dénonciation des fonctionnaires publics, magistrats, députés, généraux, administrateurs, avait fait jusqu'alors la principale occupation des jacobins. Cette fureur de poursuivre et d'attaquer sans cesse les agents de l'autorité avait eu ses inconvénients, mais aussi ses avantages tant qu'on avait pu douter de leur zèle et de leurs opinions. Mais aujourd'hui que le comité s'était vigoureusement emparé du pouvoir, qu'il surveillait ses agents avec un grand soin, et les choisissait dans le sens le plus révolutionnaire, il ne pouvait plus long-temps permettre aux jacobins de se livrer à leurs soupçons accoutumés, et d'inquiéter des fonctionnaires pour la plupart bien surveillés et bien choisis. C'eût été même un danger pour l'état. C'est à l'occasion des généraux Charbonnier et Dagobert, calomniés tous les deux, tandis que l'un remportait des avantages sur les Autrichiens, et que l'autre expirait dans la Cerdagne, chargé d'ans et de blessures, que Collot-d'Herbois se plaignit aux jacobins de cette manière indiscrète de poursuivre les généraux et les fonctionnaires de toute espèce. Suivant l'usage de tout rejeter sur les morts, il imputa cette fureur de dénonciation aux restes de la faction Hébert, et engagea les jacobins à ne plus tolérer ces dénonciations publiques, qui faisaient perdre, disait-il, un temps précieux à la société, et qui déconsidéraient les agents choisis par le gouvernement. En conséquence, il proposa et fit instituer dans le sein de la société un comité chargé de recevoir les dénonciations, et de les transmettre secrètement au comité de salut public. De cette manière, les dénonciations devenaient moins incommodes et moins bruyantes, et au désordre démagogique commençait à succéder la régularité des formes administratives.

Ainsi donc, se prononcer d'une manière toujours plus énergique contre les ennemis de la révolution, centraliser l'administration, la police et l'opinion, furent les premiers soins du comité, et les premiers fruits de la victoire remportée sur les partis. Sans doute, l'ambition commençait maintenant à avoir part à ses déterminations, beaucoup plus que dans le premier moment de son existence, mais pas autant que le ferait supposer la grande masse de pouvoir qu'il s'était acquise. Institué au commencement de la campagne de 1793, et au milieu de périls urgents, il avait reçu son existence de la nécessité seule. Une fois établi, il avait pris successivement une plus grande part de pouvoir, suivant que l'exigeait le service de l'état, et il était ainsi arrivé à la dictature même. Sa position au milieu de cette dissolution universelle de toutes les autorités était telle, qu'il ne pouvait pas réorganiser sans gagner du pouvoir, et faire bien sans y mettre de l'ambition. Ses dernières mesures lui étaient profitables sans doute, mais elles étaient en elles-mêmes prudentes et utiles. La plupart même lui avaient été suggérées, car, dans une société qui se réorganise, tout vient s'offrir et se soumettre à l'autorité créatrice. Mais il touchait au moment où l'ambition allait régner seule, et où l'intérêt de sa propre puissance allait remplacer celui de l'état. Tel est l'homme; il ne peut pas rester désintéressé long-temps, et il s'ajoute bientôt lui-même au but qu'il poursuit.

Il restait au comité de salut public un dernier soin à prendre, celui qui préoccupe toujours les instituteurs d'une société nouvelle; c'est la religion. Déjà il s'était occupé des idées morales en mettant *la probité*, *la justice*, et *toutes les vertus*, *à l'ordre du jour*, il lui restait à s'occuper des idées religieuses.

Remarquons ici chez ces sectaires le singulier progrès de leurs systèmes. Quand il fallut détruire les girondins, ils virent en eux des modérés, des républicains faibles, ils parlèrent d'énergie patriotique et de *salut public*, et les immolèrent à ces idées. Quand il se forma deux nouveaux partis, l'un brutal, extravagant, voulant tout renverser, tout profaner; l'autre indulgent, facile, ami des mœurs douces et des plaisirs, ils passèrent des idées d'énergie patriotique à celles d'ordre et de vertu; ils ne virent plus qu'une fatale modération énervant les forces de la révolution; ils virent tous les vices soulevés à la fois contre la sévérité du régime républicain; d'une part l'anarchie rejetant toute idée d'ordre, et de l'autre, la mollesse et la corruption rejetant toute idée de mœurs, le délire de l'esprit rejetant toute idée de Dieu; alors ils crurent voir la république attaquée, comme la vertu, par toutes les mauvaises passions à la fois. Le mot de vertu fut partout; ils mirent la justice, la probité, à l'ordre du jour. Il leur restait à proclamer Dieu, l'immortalité de l'ame, toutes les croyances morales; il leur restait à faire une profession de foi solennelle, à déclarer en un mot la religion de l'état. Ils résolurent donc de rendre un décret à ce sujet. De cette manière, ils opposaient aux anarchistes l'ordre, aux athées Dieu, aux corrompus les mœurs. Leur système de la vertu était complet. Ils mettaient surtout un grand prix à laver la république des reproches d'impiété dont elle était poursuivie dans toute l'Europe ; ils voulaient dire ce qu'on dit toujours aux prêtres qui vous accusent d'être impies parce qu'on ne croit pas à leurs dogmes : NOUS CROYONS EN DIEU.

Ils avaient encore d'autres motifs de prendre une grande mesure à l'égard du culte. On avait aboli les cérémonies de la Raison ; il fallait des fêtes pour les jours de décade ; et il importait, en songeant aux besoins moraux et religieux du peuple, de songer aussi à ses besoins d'imagination, et de lui donner des sujets de réunions publiques. D'ailleurs, le moment était des plus favorables : la république, victorieuse à la fin de la campagne précédente, commençait à l'être encore au début de celle-ci. Au lieu du dénûment de moyens dans lequel elle se trouvait l'année dernière, elle était, par les soins de son gouvernement, pourvue des plus puissantes ressources militaires. De la crainte d'être conquise, elle passait à l'espoir de conquérir ; au lieu d'insurrections effrayantes, la soumission régnait partout. Enfin si, à cause des assignats et du *maximum*, il y avait encore de la gêne dans la distribution intérieure des produits, la nature semblait s'être plu à combler la France de tous les biens, en lui accordant les plus belles récoltes. De toutes les provinces on annonçait que la moisson serait double, et mûre un mois avant l'époque accoutumée. C'était donc le moment de prosterner cette république sauvée, victorieuse et comblée de tous les dons, aux pieds de l'Éternel. L'occasion était grande et touchante pour ceux de ces hommes qui croyaient; elle était opportune pour ceux qui n'obéissaient qu'à des idées politiques.

Remarquons une chose bien singulière. Des sectaires pour lesquels il n'existait plus aucune convention humaine qui fût respectable, qui, grâce à leur mépris extraordinaire pour tous les autres peuples, et à l'estime dont ils étaient remplis pour eux-mêmes, ne redoutaient aucune opinion, et ne craignaient pas de blesser celle du monde; qui, en fait de gouvernement, avaient tout réduit à l'absolu nécessaire, qui n'avaient admis d'autre autorité que celle de quelques citoyens temporairement élus, qui avaient rejeté toute hiérarchie de classes, qui n'avaient pas craint d'abolir le plus ancien et le mieux enraciné de tous les cultes, de tels sectaires s'arrêtaient devant deux idées, la morale et Dieu. Après avoir rejeté toutes celles dont ils croyaient pouvoir dégager l'homme, ils restaient dominés par l'empire de ces deux dernières, et immolaient un parti à chacune. Si tous ne croyaient pas, tous cependant sentaient le besoin de l'ordre entre les hommes, et, pour appuyer cet ordre humain, ils comprenaient la nécessité de reconnaître dans l'univers un ordre général et intelligent. C'est la première fois, dans l'histoire du monde, que la dissolution de toutes les autorités laissait la société en proie au gouvernement des esprits purement systématiques (car les Anglais croyaient à des traditions chrétiennes), et ces esprits, qui avaient dépassé toutes les idées reçues, adoptaient, conservaient les idées de la morale et de Dieu. Cet exemple est unique dans les annales du monde; il est singulier, il est grand et beau; l'histoire doit s'arrêter pour en faire la remarque.

Robespierre fut rapporteur dans cette occasion solennelle, et lui seul devait l'être d'après la distribution des rôles qui s'était faite entre les membres du comité. Prieur, Robert-Lindet, Carnot, s'occupaient silencieusement de l'administration et de la guerre. Barrère faisait la plupart des rapports, particulièrement ceux qui étaient relatifs aux opérations des armées, et en général tous ceux qu'il fallait improviser. Le déclamateur Collot-d'Herbois était dépêché dans les clubs et les réunions populaires, pour y porter les paroles du comité. Couthon, quoique paralytique, allait aussi partout, parlait à la convention, aux Jacobins, au peuple, et avait l'art d'intéresser par ses infirmités, et par le ton paternel qu'il prenait en disant les choses les plus violentes. Billaud, moins mobile, s'occupait de la correspondance, et traitait quelquefois les questions de politique générale. Saint-Just, jeune, audacieux et actif, allait et venait des champs de bataille au comité; quand il avait imprimé la terreur et l'énergie aux armées, il revenait faire des rapports meurtriers contre les partis qu'il fallait envoyer à la mort. Robespierre enfin, leur chef à tous, consulté sur toutes les matières, ne prenait la parole que dans les grandes occasions. Il traitait les hautes questions morales et politiques; on lui réservait ces beaux sujets, comme plus dignes de son talent et de sa vertu. Le rôle de rapporteur lui appartenait de droit dans la question qu'on allait traiter. Aucun ne s'était prononcé plus fortement contre l'athéisme, aucun n'était aussi vénéré, aucun n'avait une aussi grande réputation de pureté et de vertu, aucun enfin, par son ascendant et son dogmatisme, n'était plus propre à cette espèce de pontificat.

Jamais occasion n'avait été plus belle pour imiter ce Rousseau, dont il professait les opinions, et du style duquel il faisait une étude continuelle. Le talent de Robespierre s'était singulièrement développé dans les longues luttes de la révolution. Cet être froid et pesant commençait à bien improviser; et quand il écrivait, c'était avec pureté, éclat et force. On retrouvait dans son style quelque chose de l'humeur âpre et sombre de Rousseau, mais il n'avait pu se donner ni les grandes pensées, ni l'ame généreuse et passionnée de l'auteur d'*Émile*.

Il parut à la tribune le 18 floréal (7 mai 1794), avec un discours soigneusement travaillé. Une attention profonde lui fut accordée. « Citoyens, « dit-il en débutant, c'est dans la prospérité « que les peuples, ainsi que les particuliers, « doivent pour ainsi dire se recueillir, pour « écouter dans le silence des passions la voix « de la sagesse. » Alors il développe longuement le système adopté. La république, suivant lui, c'est la vertu; et tous les adversaires qu'elle avait rencontrés ne sont que les vices de tous genres soulevés contre elle, et soudoyés par les rois. Les anarchistes, les corrompus, les athées n'ont été que les agents de Pitt. « Les « tyrans, ajoute-t-il, satisfaits de l'audace de « leurs émissaires, s'étaient empressés d'étaler « aux yeux de leurs sujets les extravagances « qu'ils avaient achetées; et, feignant de croire

« que c'était là le peuple français, ils semblaient
« leur dire : Que gagnerez-vous à secouer no-
« tre joug? *Vous le voyez, les républicains ne
« valent pas mieux que nous!* » Brissot, Danton,
Hébert, figurent alternativement dans le discours de Robespierre; et, pendant qu'il se livre contre ces prétendus ennemis de la vertu,
aux déclamations de la haine, déclamations
déjà fort usées, il excite peu d'enthousiasme.
Mais bientôt il abandonne cette partie du sujet,
et s'élève à des idées vraiment grandes et morales, exprimées avec talent. Il obtient alors
des acclamations universelles. Il observe avec
raison que ce n'est pas comme auteurs de systèmes que les représentants de la nation doivent poursuivre l'athéisme et proclamer le
déisme, mais comme des législateurs, cherchant quels sont les principes les plus conve-
nables à l'homme réuni en société. « Que vous
« importent à vous, législateurs, s'écrie-t-il, que
« vous importent les hypothèses diverses par les-
« quelles certains philosophes expliquent les
« phénomènes de la nature? Vous pouvez aban-
« donner tous ces objets à leurs disputes éter-
« nelles; ce n'est ni comme métaphysiciens,
« ni comme théologiens que vous devez les en-
« visager : aux yeux du législateur, tout ce qui
« est utile au monde et bon dans la pratique,

« est la vérité. L'idée de l'Être suprême et de
« l'immortalité de l'ame est un rappel conti-
« nuel à la justice; elle est donc sociable et
« républicaine....» «Qui donc t'a donné, s'écrie
« encore Robespierre, la mission d'annoncer
« au peuple que la Divinité n'existe pas? O toi
« qui te passionnes pour cette aride doctrine,
« et qui ne te passionnas jamais pour la pa-
« trie! quel avantage trouves-tu à persuader à
« l'homme qu'une force aveugle préside à ses
« destinées et frappe au hasard le crime et la
« vertu? que son ame n'est qu'un souffle léger
« qui s'éteint aux portes du tombeau? L'idée
« de son néant lui inspirera-t-elle des senti-
« ments plus purs et plus élevés que celle de
« son immortalité? Lui inspirera-t-elle plus de
« respect pour ses semblables et pour lui-même,
« plus de dévouement pour la patrie, plus
« d'audace à braver la tyrannie, plus de mé-
« pris pour la mort ou pour la volupté? Vous,
« qui regrettez un ami vertueux, vous aimez
« à penser que la plus belle partie de lui-
« même a échappé au trépas! Vous, qui pleu-
« rez sur le cercueil d'un fils ou d'une épouse,
« êtes-vous consolé par celui qui vous dit qu'il
« ne reste plus d'eux qu'une vile poussière?
« Malheureux qui expirez sous les coups d'un
« assassin, votre dernier soupir est un appel

« à la justice éternelle! L'innocence sur l'é-
« chafaud fait pâlir le tyran sur son char de
« triomphe. Aurait-elle cet ascendant si le tom-
« beau égalait l'oppresseur et l'opprimé?... »

Robespierre, s'attachant toujours à saisir le
côté politique de la question, ajoute ces observations remarquables : « Prenons ici, dit-il,
« les leçons de l'histoire. Remarquez, je vous
« prie, comment les hommes qui ont influé sur
« la destinée des états furent déterminés vers
« l'un ou l'autre des deux systèmes opposés,
« par leur caractère personnel, et par la na-
« ture même de leurs vues politiques. Voyez-
« vous avec quel art profond César, plaidant
« dans le sénat romain en faveur des compli-
« ces de Catilina, s'égare dans une digression
« contre le dogme de l'immortalité de l'ame,
« tant ces idées lui paraissent propres à étein-
« dre dans le cœur des juges l'énergie de la
« vertu, tant la cause du crime lui paraît liée
« à celle de l'athéisme! Cicéron, au contraire,
« invoquait contre les traîtres et le glaive des
« lois et la foudre des dieux. Socrate mourant
« entretient ses amis de l'immortalité de l'ame.
« Léonidas, aux Thermopyles, soupant avec
« ses compagnons d'armes au moment d'exé-
« cuter le dessein le plus héroïque que la vertu
« humaine ait jamais conçu, les invite pour le

« lendemain à un autre banquet pour une vie
« nouvelle..... Caton ne balança point entre
« Épicure et Zénon. Brutus et les illustres con-
« jurés qui partagèrent ses périls et sa gloire
« appartenaient aussi à cette secte sublime des
« stoïciens, qui eut des idées si hautes de la di-
« gnité de l'homme, qui poussa si loin l'en-
« thousiasme de la vertu, et qui n'outra que
« l'héroïsme. Le stoïcisme enfanta des émules
« de Brutus et de Caton jusque dans les siècles
« affreux qui suivirent la perte de la liberté
« romaine; le stoïcisme sauva l'honneur de la
« nature humaine, dégradée par les vices des
« successeurs de César, et surtout par la pa-
« tience des peuples. »

Au sujet de l'athéisme, Robespierre s'explique d'une manière singulière sur les encyclo-
pédistes. « Cette secte, dit-il, en matière de po-
« litique, resta toujours au-dessous des droits
« du peuple; en matière de morale elle alla
« beaucoup au-delà de la destruction des pré-
« jugés religieux : ses coryphées déclamaient
« quelquefois contre le despotisme, et ils étaient
« pensionnés par les despotes; ils faisaient tan-
« tôt des livres contre la cour, et tantôt des
« dédicaces aux rois, des discours pour les
« courtisans, et des madrigaux pour les cour-
« tisanes; ils étaient fiers dans leurs écrits et

« rampants dans les antichambres. Cette secte
« propagea avec beaucoup de zèle l'opinion du
« matérialisme, qui prévalut parmi les grands
« et parmi les beaux esprits; on lui doit en par-
« tie cette espèce de philosophie pratique qui,
« réduisant l'égoïsme en système, regarde la
« société humaine comme une guerre de ruse,
« le succès comme la règle du juste et de l'in-
« juste, la probité comme une affaire de goût
« ou de bienséance, le monde comme le patri-
« moine des fripons adroits....

« Parmi ceux qui au temps dont je parle se
« signalèrent dans la carrière des lettres et de
« la philosophie, un homme, par l'élévation de
« son ame et la grandeur de son caractère, se
« montra digne du ministère de précepteur du
« genre humain : il attaqua la tyrannie avec
« franchise; il parla avec enthousiasme de la
« Divinité; son éloquence mâle et probe pei-
« gnit en traits de feu les charmes de la vertu;
« elle défendit ces dogmes consolateurs que la
« raison donne pour appui au cœur humain.
« La pureté de sa doctrine, puisée dans la na-
« ture et dans la haine profonde du vice, au-
« tant que son mépris invincible pour les so-
« phistes intrigants qui usurpaient le nom de
« philosophes, lui attira la haine et la persécu-
« tion de ses rivaux et de ses faux amis. Ah!

« s'il avait été témoin de cette révolution dont
« il fut le précurseur, qui peut douter que son
« ame généreuse eût embrassé avec transport
« la cause de la justice et de l'égalité! »

Robespierre s'attache ensuite à écarter cette idée que le gouvernement, en proclamant le dogme de l'Être suprême, travaille pour les prêtres. Il s'exprime ainsi qu'il suit : « Qu'y
« a-t-il de commun entre les prêtres et Dieu?
« Les prêtres sont à la morale ce que les char-
« latans sont à la médecine. Combien le Dieu
« de la nature est différent du Dieu des prê-
« tres! Je ne reconnais rien de si ressemblant
« à l'athéisme que les religions qu'ils ont fai-
« tes. A force de défigurer l'Être suprême, ils
« l'ont anéanti autant qu'il était en eux : ils en
« ont fait tantôt un globe de feu, tantôt un
« bœuf, tantôt un arbre, tantôt un homme,
« tantôt un roi. Les prêtres ont créé un Dieu
« à leur image; ils l'ont fait jaloux, capricieux,
« avide, cruel, implacable; ils l'ont traité comme
« jadis les maires du palais traitèrent les des-
« cendants de Clovis pour régner en son nom
« et se mettre à sa place; ils l'ont relégué dans
« le ciel comme dans un palais, et ne l'ont ap-
« pelé sur la terre que pour demander, à leur
« profit, des dîmes, des richesses, des hon-
« neurs, des plaisirs et de la puissance. Le ve-

« ritable temple de l'Être suprême c'est l'uni-
« vers; son culte, la vertu; ses fêtes, la joie
« d'un grand peuple rassemblé sous ses yeux
« pour resserrer les nœuds de la fraternité uni-
« verselle, et pour lui présenter l'hommage des
« cœurs sensibles et purs. »

Robespierre dit ensuite qu'il faut des fêtes à un peuple. « L'homme, dit-il, est le plus « grand objet qui soit dans la nature; et le « plus magnifique de tous les spectacles, « c'est celui d'un grand peuple assemblé. » En conséquence il propose des plans de réunion pour tous les jours de décadis. Son rapport s'achève au milieu des plus vifs applaudissements. Il présente enfin le décret suivant, qui est adopté par acclamation :

« Art. 1er. Le peuple français reconnaît l'existence de l'Être suprême et l'immortalité de l'ame.

« Art. 2. Il reconnaît que le culte le plus digne de l'Être suprême est la pratique des devoirs de l'homme. »

D'autres articles portent qu'il sera institué des fêtes pour rappeler l'homme à la pensée de la Divinité et à la dignité de son être. Elles emprunteront leurs noms des événements de la révolution, ou des vertus les plus utiles à l'homme. Outre les fêtes du 14 juillet, du

10 août, du 21 janvier et du 31 mai, la république célébrera tous les jours de décadis les fêtes suivantes : — à l'Être suprême, — au genre humain, — au peuple français, — aux bienfaiteurs de l'humanité, — aux martyrs de la liberté, — à la liberté et à l'égalité, — à la république, — à la liberté du monde, — à l'amour de la patrie, — à la haine des tyrans et des traîtres, — à la vérité, — à la justice, — à la pudeur, — à la gloire, — à l'amitié, — à la frugalité, — au courage, — à la bonne foi, — à l'héroïsme, — au désintéressement, — au stoïcisme, — à l'amour, — à la foi conjugale, — à l'amour paternel, — à la tendresse paternelle, — à la piété filiale, — à l'enfance, — à la jeunesse, — à l'âge viril, — à la vieillesse, — au malheur, — à l'agriculture, — à l'industrie, — à nos aïeux, — à la postérité, — au bonheur.

Une fête solennelle est ordonnée pour le 20 prairial, et le plan en est confié à David. Il faut ajouter que, dans ce décret, la liberté des cultes est proclamée de nouveau.

A peine ce rapport est-il achevé, qu'il est livré à l'impression. Dans la même journée, la commune, les jacobins en demandent la lecture, le couvrent d'applaudissements, et délibèrent d'aller en corps témoigner à la conven-

tion leurs remerciments, pour le *sublime* décret qu'elle vient de rendre. On avait observé que les jacobins n'avaient pas pris la parole après l'immolation des deux partis, et n'étaient pas allés féliciter le comité et la convention. Un membre leur en fait la remarque, et dit que l'occasion se présente de prouver l'union des jacobins avec un gouvernement qui déploie une si belle conduite. Une adresse est en effet rédigée, et présentée à la convention par une députation des jacobins. Cette adresse finit en ces termes : « Les jacobins viennent aujourd'hui
« vous remercier du décret solennel que vous
« avez rendu; ils viendront s'unir à vous dans
« la célébration de ce grand jour où la fête à
« l'Être suprême réunira de toutes les parties
« de la France les citoyens vertueux, pour chan-
« ter l'hymne de la vertu. » Le président fait à la députation une réponse pompeuse. « Il est
« digne, lui dit-il, d'une société qui remplit le
« monde de sa renommée, qui jouit d'une si
« grande influence sur l'opinion publique, qui
« s'associa dans tous les temps à tout ce qu'il y
« eut de plus courageux parmi les défenseurs
« des droits de l'homme, de venir dans le tem-
« ple des lois rendre hommage à l'Être su-
« prême. »

Le président poursuit et après un discours

assez long sur le même sujet, cède la parole à Couthon. Celui-ci prononce un discours véhément contre les athées, les corrompus, et fait un pompeux éloge de la société; il propose, en ce jour solennel de joie et de reconnaissance, de rendre aux jacobins une justice qui leur est due depuis long-temps, c'est que, dès l'ouverture de la révolution, ils n'ont pas cessé de bien mériter de la patrie. Cette proposition est adoptée au milieu des plus bruyants applaudissements. On se sépare dans des transports de joie, et dans une espèce d'ivresse.

Si la convention avait reçu de nombreuses adresses après la mort des hébertistes et des dantonistes, elle en reçut bien davantage encore, après le décret qui proclamait la croyance à l'Être suprême. La contagion des idées et des mots est chez les Français d'une rapidité extraordinaire. Chez un peuple prompt et communicatif, l'idée qui occupe quelques esprits est bientôt l'idée qui les occupe tous : le mot qui est dans quelques bouches est bientôt dans toutes. Les adresses arrivèrent encore de toutes parts, félicitant la convention de ses décrets sublimes, la remerciant d'avoir établi la vertu, proclamé l'Être suprême, et rendu l'espérance à l'homme. Toutes les sections vinrent l'une après l'autre exprimer les mêmes sentiments. La section Marat se présentant à la barre et s'adressant à la Montagne, lui dit : « Montagne « bienfaisante! Sinaï protecteur! reçois aussi « nos expressions de reconnaissance et de féli- « citation pour tous les décrets sublimes que tu « lances chaque jour pour le bonheur du genre « humain. De ton sein bouillonnant est sortie la « foudre salutaire qui, en écrasant l'athéisme, « donne à tous les vrais républicains l'idée bien « consolante de vivre libres, sous les yeux de « l'Être suprême, et dans l'attente de l'immor- « talité de l'ame. *Vive la convention! vive la* « *république! vive la Montagne!* » Toutes les adresses engageaient de nouveau la convention à conserver le pouvoir. Il en est une qui l'enga-geait même à siéger, jusqu'à ce que le règne de la vertu fût établi dans la république, sur des bases impérissables.

Dès ce jour, les mots de *vertu* et d'*Être su-prême* furent dans toutes les bouches. Sur le frontispice des temples, où l'on avait écrit : *A la Raison*, on écrivit : *A l'Être suprême*. Les restes de Rousseau furent transportés au Pan-théon. Sa veuve fut présentée à la convention et gratifiée d'une pension.

Ainsi, le comité de salut public, triomphant de tous les partis, saisi de tous les pouvoirs, placé à la tête d'une nation enthousiaste et victorieuse, proclamant le règne de la vertu et le dogme de l'Être suprême, était au sommet de sa puissance et au dernier terme de ses systèmes.

CHAPITRE V.

État de l'Europe au commencement de l'année 1794 (an II). — Préparatifs universels de guerre. Politique de Pitt. Plans des coalisés et des Français. — État de nos armées de terre et de mer; activité et énergie du gouvernement pour trouver et utiliser les ressources. — Ouverture de la campagne; occupation des Pyrénées et des Alpes. — Opérations dans les Pays-Bas. Combats sur la Sambre et sur la Lys. Victoire de Turcoing. — Fin de la guerre de la Vendée. Commencement de la guerre des chouans. — Événements dans les colonies. Désastres de Saint-Domingue. Perte de la Martinique. — Bataille navale.

L'hiver avait été employé en Europe et en France à faire les préparatifs d'une nouvelle campagne. L'Angleterre était toujours l'ame de la coalition, et poussait les puissances du continent à venir détruire, sur les bords de la

Seine, une révolution qui l'effrayait et une rivale qui lui était odieuse. L'implacable fils de Chatam avait fait cette année des efforts immenses pour écraser la France. Toutefois, ce n'était pas sans obstacle qu'il avait obtenu du parlement des moyens proportionnés à ses vastes projets. Lord Stanhope, dans la chambre haute, Fox, Shéridan, dans la chambre basse, étaient toujours opposés au système de la guerre. Ils refusaient tous les sacrifices demandés par les ministres; ils ne voulaient accorder que ce qui était nécessaire à l'armement des côtes, et surtout ils ne pouvaient pas souffrir que l'on qualifiât cette guerre de *juste et nécessaire;* elle était, disaient-ils, inique, ruineuse, et punie de justes revers. Les motifs tirés de l'ouverture de l'Escaut, des dangers de la Hollande, de la nécessité de défendre la constitution britannique, étaient faux. La Hollande n'avait pas été mise en péril par l'ouverture de l'Escaut, et la constitution britannique n'était point menacée. Le but des ministres était, selon eux, de détruire un peuple qui avait voulu devenir libre, et d'augmenter sans cesse leur influence et leur autorité personnelle, sous prétexte de résister aux machinations des jacobins français. Cette lutte avait été soutenue par des moyens iniques. On avait fomenté la guerre civile et le massacre; mais un peuple brave et généreux avait déjoué les tentatives de ses adversaires par un courage et des efforts sans exemple. Stanhope, Fox, Shéridan, concluaient qu'une lutte pareille déshonorait et ruinait l'Angleterre. Ils se trompaient sous un rapport. L'opposition anglaise peut souvent reprocher à son ministère de faire des guerres injustes, mais jamais désavantageuses. Si la guerre faite à la France n'avait aucun motif de justice, elle avait des motifs de politique excellents, comme on va le voir, et l'opposition, trompée par des sentiments généreux, oubliait les avantages qui allaient en résulter pour l'Angleterre.

Pitt feignait d'être effrayé des menaces de descente faites à la tribune de la convention; il prétendait que des paysans de Kent avaient dit : Voici les Français qui vont nous apporter les droits de l'homme. Il s'autorisait de ces propos (payés, dit-on, par lui-même) pour prétendre que la constitution était menacée; il avait dénoncé les sociétés constitutionnelles de l'Angleterre, devenues un peu plus actives par l'exemple des clubs de France, et il soutenait qu'elles voulaient établir une convention sous prétexte d'une réforme parlementaire. En conséquence il demanda la suspension de l'*habeas corpus*, la saisie des papiers de ces sociétés, et la mise en accusation de quelques-uns de leurs membres. Il demanda en outre la faculté d'enrôler des volontaires, et de les entretenir au moyen des *bénévolences* ou souscriptions, d'augmenter l'armée de terre et la marine, de solder un corps de quarante mille étrangers, Français émigrés ou autres. L'opposition fit une vive résistance; elle soutint que rien ne motivait la suspension de la plus précieuse des libertés anglaises; que les sociétés accusées délibéraient en public, que leurs vœux hautement exprimés ne pouvaient être des conspirations, que ces vœux étaient ceux de toute l'Angleterre, puisqu'ils se bornaient à la réforme parlementaire; que l'augmentation démesurée de l'armée de terre était un danger pour le peuple anglais; que si les volontaires pouvaient être armés par souscription, il deviendrait loisible au ministre de lever des armées sans l'autorisation du parlement; que la solde d'un aussi grand nombre d'étrangers était ruineuse, et qu'elle n'avait d'autre but que de payer les Français traîtres à leur patrie. Malgré les remontrances de l'opposition, qui n'avait jamais été ni plus éloquente, ni moins nombreuse, car elle ne comptait pas plus de trente ou quarante voix, Pitt obtint tout ce qu'il voulut, et fit sanctionner tous les bills qu'il avait présentés.

Aussitôt que ses demandes furent accordées, il fit doubler les milices; il porta l'armée de terre à soixante mille hommes, celle de mer à quatre-vingt mille; il organisa de nouveaux corps d'émigrés, et fit mettre en accusation plusieurs membres des sociétés constitutionnelles. Le jury anglais, garantie plus solide que le parlement, acquitta les prévenus; mais peu importait à Pitt, qui avait maintenant dans les mains tous les moyens de réprimer le moindre mouvement politique, et de déployer une puissance colossale en Europe.

C'était le moment de profiter de cette guerre universelle pour accabler la France, pour ruiner à jamais sa marine, et lui enlever ses colonies; résultat beaucoup plus sûr et plus désirable aux yeux de Pitt que la répression de quelques doctrines politiques et religieuses. Il avait réussi l'année précédente à armer contre la France les deux puissances maritimes qui auraient toujours dû lui rester alliées, l'Espagne et la Hollande; il s'attachait à les maintenir dans leur erreur politique, et à en tirer le plus grand parti contre la marine française. L'Angleterre pouvait faire sortir de ses ports au moins cent vaisseaux de ligne, l'Espagne quarante, la Hollande vingt, sans compter encore une multitude de frégates. Comment la France, avec les cinquante ou soixante vaisseaux qui lui restaient depuis l'incendie de Toulon, pouvait-elle résister à de telles forces? Aussi, quoiqu'on n'eût pas livré encore un seul combat naval, le pavillon anglais dominait sur la Méditerranée, sur l'Océan atlantique et la mer des Indes. Dans la Méditerranée, les escadres anglaises menaçaient les puissances italiennes qui voulaient rester neutres, bloquaient la Corse pour nous l'enlever, et attendaient le moment de débarquer des troupes et des munitions dans la Vendée. En Amérique, elles entouraient nos Antilles, et cherchaient à profiter des affreuses discordes qui régnaient entre les blancs, les mulâtres et les noirs, pour s'en emparer. Dans la mer des Indes, elles achevaient l'établissement de la puissance britannique, et la ruine de Pondichéry. Avec une campagne encore, notre commerce était détruit, quel que fût le sort de nos armes sur le continent. Ainsi rien n'était plus politique que la guerre faite par Pitt à la France, et l'opposition avait tort de la critiquer sous le rapport de l'utilité. Elle n'aurait eu raison que dans un cas, et ce cas ne s'est pas réalisé encore; si la dette anglaise, continuellement accrue, et devenue aujourd'hui énorme, est réellement au-dessus de la richesse du pays et doit s'abîmer un jour, l'Angleterre aura excédé ses moyens, et aura eu tort de lutter pour un empire qui lui aura coûté ses forces. Mais c'est là un mystère de l'avenir.

Pitt ne se refusait aucune violence pour augmenter ses moyens et aggraver les maux de la France. Les Américains, heureux sous Washington, parcouraient librement les mers, et commençaient à faire ce vaste commerce de transport qui les a enrichis pendant les longues guerres du continent. Les escadres anglaises arrêtaient les navires américains, et enlevaient les matelots de leurs équipages. Plus de cinq cents vaisseaux avaient déjà subi cette violence, et c'était l'objet de vives et jusqu'alors inutiles réclamations de la part du gouvernement américain. Ce n'est pas tout encore : à la faveur de la neutralité, les Américains, les Danois, les Suédois, fréquentaient nos ports, y apportaient des secours en grains que la disette rendait extrêmement précieux, beaucoup d'objets nécessaires à la marine, et emportaient en retour les vins et les autres produits que le sol de la France fournit au monde. Grace à cet intermédiaire des neutres, le commerce n'était pas entièrement interrompu, et on avait pourvu aux besoins les plus indispensables de la consommation. L'Angleterre, considérant la France comme une place assiégée qu'il fallait affamer et réduire au désespoir, voulait porter atteinte à ces droits des neutres, et venait d'adresser aux cours du Nord des notes pleines de sophismes, pour obtenir une dérogation au droit des gens.

Pendant que l'Angleterre employait ces moyens de toute espèce, elle avait toujours quarante mille hommes dans les Pays-Bas, sous les ordres du duc d'York; lord Moira, qui n'avait pu arriver à temps vers Granville, mouillait à Jersey avec son escadre et dix mille hommes de débarquement; enfin la trésorerie anglaise tenait des fonds à la disposition de toutes les puissances belligérantes.

Sur le continent, le zèle n'était pas aussi grand. Les puissances qui n'avaient pas à la guerre le même intérêt que l'Angleterre, et qui ne la faisaient que pour de prétendus principes, n'y mettaient ni la même ardeur, ni la même activité. L'Angleterre s'efforçait de les ranimer toutes. Elle tenait toujours la Hollande sous son joug au moyen du prince d'Orange, et l'obligeait à fournir son contingent dans l'armée coalisée du Nord. Ainsi cette malheureuse nation avait ses vaisseaux et ses régiments au service de sa plus redoutable ennemie, et contre sa plus sûre alliée. La Prusse, malgré le mysticisme de son roi, était fort désabusée des illusions dont on l'avait nourrie depuis deux ans. La retraite de Champagne en 1792, et celle des Vosges en 1793, n'avaient rien eu d'encourageant pour elle. Frédéric-Guillaume, qui venait d'épuiser son trésor, d'affaiblir son armée pour une guerre qui ne pouvait avoir aucun résultat favorable à son royaume, et qui pouvait servir tout au plus la maison d'Autriche, aurait voulu y renoncer. Un objet d'ailleurs beaucoup plus intéressant pour lui l'appelait au Nord : c'était la Pologne qui se mettait en mouvement, et dont les membres épars tendaient à se rejoindre. L'Angleterre, le surprenant au milieu de ces incertitudes, l'engagea à continuer la guerre par le moyen tout puissant de son or. Elle conclut à La Haye, en son nom et en celui de la Hollande, un traité par lequel la Prusse s'obligeait à fournir soixante-deux mille quatre cents hommes à la coalition. Cette armée devait avoir pour chef un Prussien, et ses conquêtes futures devaient appartenir en commun aux deux puissances maritimes, l'Angleterre et la Hollande. En retour, ces deux puissances promettaient de fournir cinquante mille livres sterling par mois à la Prusse pour l'entretien de ses troupes, et de lui payer de plus le pain et le fourrage; outre cette somme, elles accordaient encore trois cent mille livres sterling, pour les premières dépenses d'entrée en campagne, et cent mille pour le retour dans les états prussiens. A ce prix, la Prusse continua la guerre impolitique qu'elle avait commencée.

La maison d'Autriche n'avait plus rien à empêcher en France, puisque la reine, épouse de Louis XVI, avait expiré sur l'échafaud. Elle devait, moins qu'aucun autre pays, redouter la contagion de la révolution, puisque trente ans de discussions politiques n'ont pas encore éveillé les esprits chez elle. Elle ne nous faisait donc la guerre que par vengeance, engagement pris, et désir de gagner quelques places dans les Pays-Bas; peut-être aussi par le fol et vague espoir d'avoir une partie de nos provinces. Elle y mettait plus d'ardeur que la Prusse, mais pas beaucoup plus d'activité réelle, car elle ne fit que compléter et réorganiser ses régiments, sans en augmenter le nombre. Une grande partie de ses troupes était en Pologne, car elle avait, comme la Prusse, un puissant motif de regarder en arrière et de songer à la Vistule autant qu'au Rhin. Les Gallicies ne l'occupaient pas moins que la Belgique et l'Alsace.

La Suède et le Danemark gardaient une

sage neutralité, et répondaient aux sophismes de l'Angleterre, que le droit public était immuable, qu'il n'y avait aucune raison d'y manquer envers la France, et d'étendre à tout un pays les lois du blocus, lois applicables seulement à une place assiégée; que les vaisseaux danois et suédois étaient bien reçus en France, qu'ils n'y trouvaient pas des Barbares, comme on le disait, mais un gouvernement qui faisait droit aux demandes des étrangers commerçants, et qui avait pour eux tous les égards dus aux nations avec lesquelles il était en paix; qu'il n'y avait donc aucune raison d'interrompre des relations avantageuses. En conséquence, bien que Catherine, toute disposée en faveur des projets des Anglais, semblât se prononcer contre les droits des nations neutres, la Suède et le Danemark persistèrent dans leurs résolutions, gardèrent une neutralité prudente et ferme, et firent un traité par lequel les deux pays s'engageaient à maintenir les droits des neutres, et à faire observer la clause du traité de 1780, laquelle fermait la mer Baltique aux vaisseaux armés des puissances qui n'avaient aucun port dans cette mer. La France pouvait donc espérer de recevoir encore les grains du Nord, et les bois et chanvres nécessaires à sa marine.

La Russie, affectant toujours beaucoup d'indignation contre la révolution française, et donnant de grandes espérances aux émigrés, ne songeait qu'à la Pologne, et n'abondait si fort dans la politique des Anglais que pour obtenir leur adhésion à la sienne. C'est là ce qui explique le silence de l'Angleterre sur un événement aussi grand que la disparition d'un royaume de la scène politique. Dans ce moment de spoliation générale, où l'Angleterre recueillait une si grande part d'avantages dans le midi de l'Europe et sur toutes les mers, il lui convenait peu de parler le langage de la justice aux copartageants de la Pologne. Ainsi la coalition, qui accusait la France d'être tombée dans la barbarie, commettait au Nord le brigandage le plus audacieux que se soit jamais permis la politique, en méditait un pareil sur la France, et contribuait à détruire pour jamais la liberté des mers.

Les princes allemands suivaient l'impulsion de la maison d'Autriche. La Suisse, protégée par ses montagnes, et dispensée par ses institutions de se croiser pour la cause des monarchies, persistait à ne prendre aucun parti, et couvrait de sa neutralité nos provinces de l'Est, les moins défendues de toutes. Elle faisait sur le continent ce que les Américains, les Suédois et les Danois, faisaient sur mer; elle rendait au commerce français les mêmes services, et en recueillait la même récompense. Elle nous donnait des chevaux dont nos armées avaient besoin, des bestiaux qui nous manquaient depuis que la guerre avait ravagé les Vosges et la Vendée; elle exportait les produits de nos manufactures, et devenait ainsi l'intermédiaire du commerce le plus avantageux. Le Piémont continuait la guerre, sans doute avec regret, mais il ne pouvait consentir à mettre bas les armes, après avoir perdu deux provinces, la Savoie et Nice, à ce jeu sanglant et maladroit. Les puissances italiennes voulaient être neutres, mais elles étaient fort inquiétées dans ce projet. La république de Gênes avait vu les Anglais commettre dans son port un acte indigne, un véritable attentat au droit des gens. Ils s'étaient emparés d'une frégate française qui mouillait à l'abri de la neutralité génoise, et en avaient massacré l'équipage. La Toscane avait été obligée de renvoyer le résident français. Naples, qui avait reconnu la république lorsque les escadres françaises menaçaient ses rivages, faisait de grandes démonstrations contre elle depuis que le pavillon anglais s'était déployé dans la Méditerranée, et promettait dix-huit mille hommes de secours au Piémont. Rome, heureusement impuissante, nous maudissait, et laissait égorger dans ses murs l'agent français Basseville. Venise enfin, quoique peu flattée du langage démagogique de la France, ne voulait nullement s'engager dans une guerre, et, à la faveur de sa position éloignée, espérait garder la neutralité. La Corse était prête à nous échapper depuis que Paoli s'était déclaré pour les Anglais; il ne nous restait plus, dans cette île, que Bastia et Calvi.

L'Espagne, la moins coupable de tous nos ennemis, continuait une guerre impolitique, et persistait à commettre la même faute que la Hollande. Les prétendus devoirs des trônes, les victoires de Ricardos et l'influence anglaise la décidèrent à essayer encore d'une campagne, quoiqu'elle fût fort épuisée, qu'elle manquât de soldats, et surtout d'argent. Le célèbre Alcudia fit disgracier d'Aranda pour avoir conseillé la paix.

La politique avait donc peu changé depuis l'année précédente. Intérêts, erreurs, fautes et crimes, étaient, en 1794, les mêmes qu'en 1793. L'Angleterre seule avait augmenté ses forces. Les coalisés possédaient toujours dans les Pays-Bas cent cinquante mille hommes, Autrichiens, Allemands, Hollandais et Anglais. Vingt-cinq ou trente mille Autrichiens étaient à Luxembourg; soixante-cinq mille Prussiens et Saxons aux environs de Mayence. Cinquante mille Autrichiens, mêlés de quelques émigrés, bordaient le Rhin, de Manheim à Bâle. L'armée piémontaise était toujours de quarante mille hommes et de sept ou huit mille Autrichiens auxiliaires. L'Espagne avait fait quelques recrues pour recomposer ses bataillons, et avait demandé des secours pécuniaires au clergé; mais son armée n'était pas plus considérable que l'année précédente, et se bornait toujours à une soixantaine de mille hommes, répartis entre les Pyrénées occidentales et orientales.

C'est au Nord que l'on se proposait de nous porter les coups les plus décisifs, en s'appuyant sur Condé, Valenciennes et Le Quesnoy. Le célèbre Mack avait rédigé à Londres un plan duquel on espérait de grands résultats. Cette fois, le tacticien allemand, se montrant un peu plus hardi, avait fait entrer dans son projet une marche sur Paris. Malheureusement, il était trop tard pour déployer de la hardiesse, car les Français ne pouvaient plus être surpris, et leurs forces étaient immenses. Le plan consistait à prendre encore une place, celle de Landrecies, de se grouper en force sur ce point, d'amener les Prussiens des Vosges vers la Sambre, et de marcher en avant en laissant deux corps sur les ailes, l'un en Flandre, l'autre sur la Sambre. En même temps, lord Moira devait débarquer des troupes dans la Vendée, et aggraver nos dangers par une double marche sur Paris.

Prendre Landrecies quand on avait Valenciennes, Condé et Le Quesnoy, était un soin puéril; couvrir ses communications vers la Sambre était fort sage; mais placer un corps pour garder la Flandre était fort inutile, quand il s'agissait de former une masse puissante d'invasion; amener les Prussiens sur la Sambre était fort douteux, comme nous le verrons; enfin, la diversion dans la Vendée était depuis un an devenue impossible, car la grande Vendée avait péri. On va voir, par la comparaison du projet avec l'événement, la vanité de ces plans écrits à Londres *.

La coalition n'avait pas, disons-nous, déployé de grandes ressources. Il n'y avait dans ce moment que trois puissances vraiment actives en Europe, l'Angleterre, la Russie et la France.

* Ceux qui voudront lire la meilleure discussion politique et militaire sur ce sujet, n'ont qu'à chercher le mémoire critique écrit par le général Jomini sur cette campagne, et joint à sa grande Histoire des guerres de la révolution.

La raison en est simple : l'Angleterre voulait envahir les mers, la Russie s'assurer la Pologne, et la France sauver son existence et sa liberté. Il n'y avait d'énergiques que ces trois grands intérêts; il n'y avait de noble que celui de la France; et elle déploya pour cet intérêt les plus grands efforts dont l'histoire fasse mention.

La réquisition permanente, décrétée au mois d'août de l'année précédente, avait déjà procuré des renforts aux armées, et contribué aux succès qui terminèrent la campagne; mais cette grande mesure ne devait produire tous ses effets que dans la campagne suivante. Grace à ce mouvement extraordinaire, douze cent mille hommes avaient quitté leurs foyers, et couvraient les frontières, ou remplissaient les dépôts de l'intérieur. On avait commencé l'embrigadement de ces nouvelles troupes. On réunissait un bataillon de ligne avec deux bataillons de la nouvelle levée, et on formait ainsi d'excellents régiments. On avait déjà organisé sur ce plan sept cent mille hommes, envoyés aussitôt sur les frontières et dans les places. Il y en avait, les garnisons comprises, deux cent cinquante mille au Nord, quarante dans les Ardennes, deux cents sur le Rhin et la Moselle, cent aux Alpes, cent vingt aux Pyrénées, et quatre-vingts depuis Cherbourg jusqu'à La Rochelle. Les moyens pour les équiper n'avaient été ni moins prompts, ni moins extraordinaires que pour les réunir. Les manufactures d'armes établies à Paris et dans les provinces eurent bientôt atteint le degré d'activité qu'on voulait leur donner, et produit des quantités étonnantes de canons, de fusils et de sabres. Le comité de salut public, profitant habilement du caractère français, avait su mettre à la mode la fabrication du salpêtre. Déjà, l'année précédente, il avait ordonné la visite des caves pour en extraire la terre salpêtrée. Bientôt il fit mieux : il rédigea une instruction, modèle de simplicité et de clarté, pour apprendre à tous les citoyens à lessiver eux-mêmes la terre des caves. Il paya en outre quelques ouvriers chimistes pour leur enseigner la manipulation. Bientôt ce goût s'introduisit; on se transmit les instructions qu'on avait reçues, et chaque maison fournit quelques livres de ce sel précieux. Des quartiers de Paris se réunissaient pour apporter en pompe à la convention et aux Jacobins le salpêtre qu'ils avaient fabriqué. On imagina une fête dans laquelle chacun venait déposer ses offrandes sur l'autel de la patrie. On donnait à ce sel des formes emblématiques; on lui prodiguait toutes sortes d'épithètes : on l'appelait *sel vengeur*, *sel libérateur*. Le peuple s'en amusait, mais il en produisait des quantités considérables, et le gouvernement avait atteint son but. Un peu de désordre se mêlait naturellement à tout cela. Les caves étaient creusées, et la terre, après avoir été lessivée, gisait dans les rues qu'elle embarrassait et dégradait. Un arrêté du comité de salut public mit un terme à cet abus, et les terres lessivées furent replacées dans les caves. Les salins manquaient ; le comité ordonna que toutes les herbes qui n'étaient employées ni à la nourriture des animaux, ni aux usages domestiques ou ruraux, seraient de suite brûlées, pour servir à l'exploitation du salpêtre ou être converties en salins.

Le gouvernement eut l'art d'introduire encore une autre mode non moins avantageuse. Il était plus facile de lever des hommes et de fabriquer des armes que de trouver des chevaux : l'artillerie et la cavalerie en manquaient. La guerre les avait rendus rares ; le besoin et le renchérissement général de toutes choses en augmentaient beaucoup le prix. Il fallut recourir au grand moyen des réquisitions, c'est-à-dire, prendre de force ce qu'un besoin indispensable exigeait. On leva dans chaque canton un cheval sur vingt-cinq, en le payant neuf cents francs. Cependant, quelque puissante que soit la force, la bonne volonté est plus efficace encore. Le comité imagina de se faire offrir un cavalier tout équipé par les jacobins. L'exemple fut alors suivi partout. Communes, clubs, sections, s'empressaient d'offrir à la république ce qu'on appela des *cavaliers jacobins*, tous parfaitement montés et équipés.

On avait des soldats, il fallait des officiers. Le comité agit ici avec sa promptitude ordinaire. « La révolution, dit Barrère, doit tout hâter « pour ses besoins. La révolution est à l'esprit « humain ce que le soleil de l'Afrique est à la « végétation. » On rétablit l'école de Mars ; des jeunes gens, choisis dans toutes les provinces, se rendirent à pied et militairement, à Paris. Campés sous des tentes, au milieu de la plaine des Sablons, ils devaient s'y instruire rapidement dans toutes les parties de l'art de la guerre, et se répandre ensuite dans les armées.

Des efforts non moins grands étaient faits pour recomposer notre marine. Elle était, en 1789, de cinquante vaisseaux et d'autant de frégates. Les désordres de la révolution et les malheurs de Toulon l'avaient réduite à une cinquantaine de bâtiments, dont trente au plus pouvaient être mis en mer. Ce qui manquait surtout, c'étaient les équipages et les officiers. La marine exigeait des hommes expérimentés ; et tous les hommes expérimentés étaient incompatibles avec la révolution. La réforme opérée dans les états-majors de l'armée de terre, était donc plus inévitable encore dans les états-majors de l'armée de mer, et devait y causer une bien plus grande désorganisation. Les deux ministres Monge et d'Albarade avaient succombé à ces difficultés, et avaient été renvoyés. Le comité résolut encore ici l'emploi des moyens extraordinaires. Jean-Bon-Saint-André et Prieur (de la Marne) furent envoyés à Brest avec les pouvoirs accoutumés des commissaires de la convention. L'escadre de Brest, après avoir péniblement croisé, pendant quatre mois, le long des côtes de l'Ouest, pour empêcher les communications des Vendéens avec les Anglais, s'était révoltée, par suite de ses longues souffrances. A peine fut-elle rentrée, que l'amiral Morard de Gales fut arrêté par les représentants, et rendu responsable des désordres de l'escadre. Les équipages furent entièrement décomposés, et réorganisés à la manière prompte et violente des jacobins. Des paysans, qui n'avaient jamais navigué, furent placés à bord des vaisseaux de la république, pour manœuvrer contre les vieux matelots anglais; on éleva de simples officiers aux plus hauts grades, et le capitaine de vaisseau Villaret-Joyeuse fut promu au commandement de l'escadre. En un mois de temps, une flotte de trente vaisseaux se trouva prête à appareiller ; elle sortit pleine d'enthousiasme, et aux acclamations du peuple de Brest, non pas, il est vrai, pour aller braver les formidables escadres de l'Angleterre, de la Hollande et de l'Espagne, mais pour protéger un convoi de deux cents voiles, apportant d'Amérique une quantité considérable de grains, et pour se battre à outrance si le salut du convoi l'exigeait. Pendant ce temps, Toulon était le théâtre de créations non moins rapides. On réparait les vaisseaux échappés à l'incendie, on en construisait de nouveaux. Les frais étaient pris sur les propriétés des Toulonnais qui avaient contribué à livrer leur port aux ennemis. A défaut des grandes flottes qui étaient en réparation, une multitude de corsaires couvraient la mer, et faisaient des prises considérables. Une nation hardie et courageuse, à qui les moyens de faire la guerre d'ensemble manquent, peut toujours recourir à la guerre de détail, et y déployer son intelligence et sa valeur; elle fait sur terre la guerre des partisans, et sur mer celle des corsaires. Au rapport de lord Stanhope, nous avions, de 1793 à 1794, pris quatre cent dix bâtiments, tandis que les Anglais ne nous en avaient pris que trois cent seize. Le gouvernement ne renonçait donc pas à rétablir nos forces, même sur mer.

De si prodigieux travaux devaient porter leurs fruits, et nous allions recueillir en 1794 le prix des efforts de 1793.

La campagne s'ouvrit d'abord sur les Pyrénées et les Alpes. Peu active aux Pyrénées occidentales, elle devait l'être davantage sur les Pyrénées orientales, où les Espagnols avaient conquis la ligne du Tech, et occupaient encore le fameux camp du Boulou. Ricardos était mort, et cet habile général avait été remplacé par un de ses lieutenants, le comte de La Union, excellent soldat, mais chef médiocre. N'ayant pas reçu encore les nouveaux renforts qu'il attendait, La Union songeait tout au plus à garder le Boulou. Les Français étaient commandés par le brave Dugommier, le vainqueur de Toulon. Une partie du matériel et des troupes qui lui servirent à prendre cette place, avaient été transportées devant Perpignan, tandis que les nouvelles recrues s'organisaient sur les derrières. Dugommier pouvait mettre trente-cinq mille hommes en ligne, et profiter du mauvais état où se trouvaient actuellement les Espagnols. Dagobert, toujours ardent malgré son âge, proposait un plan d'invasion par la Cerdagne, qui, portant les Français au-delà des Pyrénées, et sur les derrières de l'armée espagnole, aurait obligé celle-ci à rétrograder. On préféra d'essayer d'abord l'attaque du camp du Boulou, et Dagobert, qui était avec sa division dans la Cerdagne, dut attendre le résultat de cette attaque. Le camp du Boulou, placé sur les bords du Tech, et adossé aux Pyrénées, avait pour issue la chaussée de Bellegarde, qui forme la grande route de France en Espagne. Dugommier, au lieu d'aborder de front les positions ennemies, qui étaient très-bien fortifiées, songea à pénétrer par quelque moyen entre le Boulou et la chaussée de Bellegarde, de manière à faire tomber le camp espagnol. Tout lui réussit à merveille. La Union avait porté le gros de ses forces à Céret, et avait laissé les hauteurs de Saint-Christophe, qui dominent le Boulou, mal gardées. Dugommier passa le Tech, jeta une partie de ses forces vers Saint-Christophe, attaqua avec le reste le front des positions espagnoles, et, après un combat assez vif, resta maître des hauteurs. Dès ce moment, le camp n'était plus tenable; il fallait se retirer par la chaussée de Bellegarde; mais Dugommier s'en empara, et ne laissa plus aux Espagnols qu'une route étroite et difficile à travers le col de Portcil. Leur retraite se changea bientôt en déroute. Chargés avec a-propos et vivacité, ils s'enfuirent en désordre, et nous laissèrent quinze cents prisonniers, cent quarante pièces de canon, huit cents mulets chargés de leurs bagages, et des effets de campement pour vingt mille hommes. Cette victoire, remportée au milieu de floréal (commencement de mai), nous rendit le Tech, et nous porta au-delà des Pyrénées. Dugommier bloqua aussitôt Collioure, Port-Vendre et Saint-Elme, pour les reprendre aux Espagnols. Pendant cette importante victoire, le brave Dagobert, atteint d'une fièvre, achevait sa longue et glorieuse carrière. Ce noble vieillard, âgé de 76 ans, emporta les regrets et l'admiration de l'armée.

Rien n'était plus brillant que notre début aux Pyrénées orientales; du côté des Pyrénées occidentales, nous enlevâmes la vallée de Bastan, et ces triomphes sur les Espagnols que nous n'avions pas encore vaincus jusqu'alors, excitèrent une joie universelle.

Du côté des Alpes, il nous restait toujours à établir notre ligne de défense sur la grande chaîne. Vers la Savoie, nous avions, l'année précédente, rejeté les Piémontais dans les vallées du Piémont, mais il nous restait à prendre les postes du petit Saint-Bernard et du Mont-Cenis. Du côté de Nice, l'armée d'Italie campait toujours en présence de Saorgio, sans pouvoir forcer ce formidable camp des Fourches. Le général Dugommier avait été remplacé par le vieux Dumerbion, brave, mais presque toujours malade de la goutte. Heureusement, il se laissait entièrement diriger par le jeune Bonaparte, qui, comme on l'a vu, avait décidé la prise de Toulon, en conseillant l'attaque du *Petit-Gibraltar*. Ce service avait valu à Bonaparte le grade de général de brigade, et une grande considération dans l'armée. Après avoir observé les positions ennemies, et reconnu l'impossibilité d'enlever le camp des Fourches, il fut frappé d'une idée aussi heureuse que celle qui rendit Toulon à la république. Saorgio est placé dans la vallée de la Roya. Parallèlement à cette vallée se trouve celle d'Oneille, dans laquelle coule la Taggia. Bonaparte imagina de jeter une division de quinze mille hommes dans la vallée d'Oneille, de faire remonter cette division jusqu'aux sources du Tanaro, de la porter ensuite jusqu'au mont Tanarello, qui borde la Roya supérieure, et d'intercepter ainsi la chaussée de Saorgio, entre le camp des Fourches et le col de Tende. Par ce moyen, le camp des Fourches, isolé des grandes Alpes, tombait nécessairement. Il n'y avait qu'une objection à faire à ce plan, c'est qu'il obligeait l'armée à emprunter le territoire de Gênes. Mais la république ne devait pas s'en faire un scrupule, car l'année précédente deux mille Piémontais avaient traversé le territoire génois, et étaient venus s'embarquer à Oneille pour Toulon; d'ailleurs, l'attentat commis par les Anglais sur la frégate *la Modeste*, dans le port même de Gênes, était la plus éclatante violation du pays neutre. Il y avait en outre un grand avantage à étendre la droite de l'armée d'Italie jusqu'à Oneille; on pouvait par là couvrir une partie de la rivière de Gênes, chasser les corsaires du petit port d'Oneille où ils se réfugiaient habituellement, et assurer ainsi le commerce de Gênes avec le midi de la France. Ce commerce, qui se faisait par le cabotage, était fort troublé par les corsaires et les escadres anglaises, et il importait de le protéger, parce qu'il contribuait à alimenter le midi en grains. On ne devait donc pas hésiter à adopter le plan de Bonaparte. Les représentants demandèrent au comité de salut public l'autorisation nécessaire, et l'exécution de ce plan fut aussitôt ordonnée.

Le 17 germinal (6 avril), une division de quatorze mille hommes, partagés en cinq brigades, passa la Roya. Le général Masséna se porta sur le mont Tanardo, et Bonaparte avec trois brigades se dirigea sur Oneille, en chassa une division autrichienne, et y fit son entrée. Il trouva dans Oneille douze pièces de canon, et purgea le port de tous les corsaires qui infestaient ces parages. Tandis que Masséna remontait du Tanardo jusqu'à Tanarello, Bonaparte continua son mouvement, et marcha d'Oneille jusqu'à Ormea dans la vallée du Tanaro. Il y entra le 15 avril (28 germinal), et y trouva quelques fusils, vingt pièces de canon, et des magasins pleins de draps pour l'habillement des troupes. Dès que les brigades françaises furent réunies dans la vallée du Tanaro, elles se portèrent vers la haute Roya, pour exécuter le mouvement prescrit sur la gauche des Piémontais. Le général Dumerbion attaqua de front les positions des Piémontais, pendant que Masséna arrivait sur leurs flancs et sur leurs derrières. Après plusieurs actions assez vives, les Piémontais abandonnèrent Saorgio, et se replièrent sur le col de Tende, et enfin abandonnèrent le col de Tende même pour se réfugier à Limone, au-delà de la grande chaîne. Tandis que ces choses se passaient dans la vallée de la Roya, les vallées de la Tinea et de la Vesubia étaient balayées par la gauche de l'armée d'Italie; et bientôt après, l'armée des grandes Alpes, piquée d'émulation, prit de vive force le Saint-Bernard et le Mont-Cenis. Ainsi, dès le milieu de floréal (commencement de mai) nous étions victorieux sur toute la chaîne des Alpes, et nous l'occupions depuis les premiers mamelons de l'Apennin jusqu'au Mont-Blanc. Notre droite appuyée à Ormea s'étendait presque jusqu'aux portes de Gênes, couvrait une grande partie de la rivière du Ponant, et mettait ainsi le commerce à l'abri des pirateries. Nous avions pris trois ou quatre mille prisonniers, cinquante ou soixante pièces de canon, beaucoup d'effets d'équipement, et deux places fortes. Notre début était donc aussi heureux aux Alpes qu'aux Pyrénées, puisque sur les deux points il nous donnait une frontière, et une partie des ressources de l'ennemi.

La campagne s'était ouverte un peu plus tard sur le grand théâtre de la guerre, c'est-à-dire au Nord. Là, cinq cent mille hommes allaient se heurter depuis les Vosges jusqu'à la mer. Les Français avaient toujours leurs principales forces vers Lille, Guise et Maubeuge. Pichegru était devenu leur général. Chef de l'armée du Rhin, l'année précédente, il était parvenu à se donner l'honneur du déblocus de Landau, qui appartenait au jeune Hoche; il avait capté la confiance de Saint-Just, tandis que Hoche était jeté en prison, et avait obtenu le commandement de l'armée du Nord. Jourdan, estimé comme général sage, ne fut pas jugé assez énergique pour conserver le grand commandement du Nord, et il remplaça Hoche à l'armée de la Moselle. Michaud remplaçait Pichegru à celle du Rhin. Carnot présidait toujours aux opérations militaires, et les dirigeait de ses bureaux. Saint-Just et Lebas avaient été envoyés à Guise pour ranimer l'énergie de l'armée.

La nature des lieux commandait un plan d'opérations fort simple, et qui pouvait avoir des résultats très-prompts et très-vastes : c'était de porter la plus grande masse des forces françaises sur la Meuse, vers Namur, et de menacer ainsi les communications des Autrichiens. C'est là qu'était la clef du théâtre de la guerre, et qu'elle sera toujours, tant que la guerre se fera dans les Pays-Bas contre des Autrichiens venus du Rhin. Toute diversion en Flandre était une imprudence; car si l'aile jetée en Flandre se trouvait assez forte pour tenir tête aux coalisés, elle ne contribuait qu'à les repousser de front, sans compromettre leur retraite; et si elle n'était pas assez considérable pour obtenir des résultats décisifs, les coalisés n'avaient qu'à la laisser s'avancer dans la West-Flandre, et pouvaient ensuite l'enfermer et l'acculer à la mer. Pichegru, avec des connaissances, de l'esprit et assez de résolution, mais un génie militaire assez médiocre, jugea mal la position, et Carnot, préoccupé de son plan de l'année précédente, persista à attaquer directement le centre de l'ennemi, et à le faire inquiéter sur ses deux ailes. En conséquence, la masse principale dut agir de Guise sur le centre des coalisés, tandis que deux fortes divisions, opérant l'une sur la Lys, l'autre sur la Sambre, devaient faire une double diversion. Tel fut le plan opposé au plan offensif de Mack.

Cobourg commandait toujours en chef les coalisés. L'empereur d'Allemagne s'était rendu en personne dans les Pays-Bas pour exciter son armée, et surtout pour terminer par sa présence les divisions qui s'élevaient à chaque instant entre les généraux alliés. Cobourg réunit une masse d'environ cent mille hommes, dans les plaines du Cateau, pour bloquer Landrecies. C'était là le premier acte par lequel les coalisés voulaient débuter, en attendant qu'ils pussent obtenir des Prussiens la marche de la Moselle sur la Sambre.

Les mouvements commencèrent vers les derniers jours de germinal (mars). La masse ennemie, après avoir repoussé les divisions françaises disséminées devant elle, s'établit autour de Landrecies; le duc d'York fut placé en observation vers Cambray; Cobourg vers Guise. Par le mouvement que venaient de faire les coalisés, les divisions françaises du centre, ramenées en arrière, se trouvaient séparées des divisions de Maubeuge, qui formaient l'aile droite. Le 2 floréal (21 avril), un effort fut tenté pour se rattacher à ces divisions de Maubeuge. Un combat meurtrier fut livré sur la Helpe. Nos colonnes, toujours trop divisées, furent repoussées sur tous les points, et ramenées dans les positions d'où elles étaient parties.

On résolut alors une nouvelle attaque, mais générale, au centre et sur les deux ailes. La division Desjardins, qui était vers Maubeuge, devait faire un mouvement pour se réunir à la division Charbonnier, qui venait des Ardennes. Au centre, sept colonnes devaient agir à la fois et concentriquement, sur toute la masse ennemie groupée autour de Landrecies. Enfin, à la gauche, Souham et Moreau, partant de Lille avec deux divisions, formant en tout cinquante mille hommes, avaient ordre de s'avancer en Flandre, et d'enlever sous les yeux de Clerfayt, Menin et Courtray.

La gauche de l'armée française opéra sans obstacles, car le prince de Kaunitz, avec la division qu'il avait sur la Sambre, ne pouvait empêcher la jonction de Charbonnier et de Desjardins. Les colonnes du centre s'ébranlèrent le 7 floréal (26 avril), et marchèrent de sept points différents sur l'armée autrichienne. Ce système d'attaques simultanées et décousues, qui nous avait si mal réussi l'année précédente, ne nous réussit pas mieux cette fois. Ces colonnes, trop séparées les unes des autres, ne purent se soutenir, et n'obtinrent sur aucun point un avantage décisif. L'une d'elles, celle du général Chappuis, fut même entièrement défaite. Ce général, parti de Cambray, se trouva opposé au duc d'York, qui, avons-nous dit, couvrait Landrecies de ce côté. Il éparpilla ses troupes sur divers points, et se trouva devant les positions retranchées de Trois-Villes avec des forces insuffisantes. Accablé par le feu des Anglais, chargé en flanc par la cavalerie, il fut mis en déroute, et sa division dispersée rentra pêle-mêle dans Cambray. Ces échecs provenaient moins de nos troupes que de la mauvaise conduite des opérations. Nos jeunes soldats, étonnés quelquefois d'un feu nouveau pour eux, étaient cependant faciles à conduire et à ramener à l'attaque, et ils déployaient souvent une ardeur et un enthousiasme extraordinaires.

Pendant qu'on faisait cette infructueuse tentative sur le centre, la diversion opérée en Flandre contre Clerfayt, réussissait pleinement. Souham et Moreau étaient partis de Lille et s'étaient portés à Menin et Courtray, le 7 floréal (26 avril). On sait que ces deux places sont situées à la suite l'une de l'autre sur la Lys. Moreau investit la première, Souham s'empara de la seconde. Clerfayt, trompé sur la marche des Français, les cherchait où ils n'étaient pas. Bientôt, cependant, il apprit l'investissement de Menin et la prise de Courtray, et voulut essayer de nous faire rétrograder en menaçant nos communications avec Lille. Le 9 floréal (28 avril), en effet, il se porta à Moucroën avec dix-huit mille hommes, et vint s'exposer imprudemment aux coups de cinquante mille Français, qui auraient pu l'écraser en se repliant. Moreau et Souham, ramenant aussitôt une partie de leurs troupes vers leurs communications menacées, marchèrent sur Moucroën et résolurent de livrer bataille à Clerfayt. Il était retranché sur une position à laquelle on ne pouvait parvenir que par cinq défilés étroits, défendus par une formidable artillerie. Le 10 floréal (29 avril), l'attaque fut ordonnée. Nos jeunes soldats, dont la plupart voyaient le feu pour la première fois, n'y résistèrent pas d'abord; mais les généraux et les officiers bravèrent tous les dangers pour les rallier; ils y réussirent, et les positions furent enlevées. Clerfayt perdit douze cents prisonniers, dont quatre-vingt-quatre officiers, trente-trois pièces de canon, quatre drapeaux et cinq cents fusils. C'était notre première victoire au Nord, et elle releva singulièrement le courage de l'armée. Menin fut pris immédiatement après. Une division d'émigrés, qui s'y trouvait renfermée, se sauva bravement, en se faisant jour le fer à la main.

Le succès de la gauche et les revers du centre décidèrent Pichegru et Carnot à abandonner tout-à-fait le centre pour agir exclusivement sur les ailes. Pichegru envoya le général Bonnaud avec vingt mille hommes à Sanghien, près Lille, afin d'assurer les communications de Moreau et de Souham. Il ne laissa à Guise que vingt mille hommes sous les ordres du général Ferrand, et détacha le reste vers Maubeuge, pour le réunir aux divisions Desjardins et Charbonnier. Ces forces réunies portèrent à cinquante-six mille hommes l'aile droite destinée à agir sur la Sambre. Carnot, jugeant encore mieux que Pichegru la situation des choses, donna un ordre qui décida le destin de la campagne. Commençant à sentir que le point sur lequel il fallait frapper les coalisés était la Sambre et la Meuse, que battus sur cette ligne, ils étaient séparés de leur base, il ordonna à Jourdan d'amener à lui quinze mille hommes de l'armée du Rhin, de laisser sur le versant occidental des Vosges les troupes indispensables pour couvrir cette frontière, de quitter ensuite la Moselle, avec quarante-cinq mille hommes, et de se porter sur la Sambre à marches forcées. L'armée de Jourdan, réunie à celle de Maubeuge, devait former une masse de quatre-vingt-dix ou cent mille hommes, et entraîner la défaite des coalisés sur le point décisif. Cet ordre, le plus beau de la campagne, celui auquel il faut en attribuer tous les résultats, partit le 11 floréal (30 avril) des bureaux du comité de salut public.

Pendant ce temps, Cobourg avait pris Landrecies. N'attachant pas une assez grande importance à la défaite de Clerfayt, il se contenta de détacher le duc d'York vers Lamain, entre Tournay et Lille.

Clerfayt s'était porté dans la West-Flandre, entre la gauche avancée des Français et la mer; de cette manière, il était encore plus éloigné qu'auparavant de la grande armée, et du secours que lui apportait le duc d'York. Les Français échelonnés à Lille, Menin et Courtray, formaient une colonne avancée en Flandre; Clerfayt, transporté à Thielt, se trouvait entre la mer et cette colonne; le duc d'York, posté à Lamain, devant Tournay, était entre cette colonne et la grande masse coalisée. Clerfayt voulut faire une tentative sur Courtray, et vint l'attaquer le 21 floréal (10 mai). Souham se trouvait dans ce moment en arrière de Courtray; il fit promptement ses dispositions, revint dans la place au secours de Vandamme, et, tandis qu'il préparait une sortie, il détacha Macdonald et Malbranck sur Menin, pour y passer la Lys, et venir tourner Clerfayt. Le combat se livra le 22 (11 mai). Clerfayt avait fait sur la chaussée de Bruges et dans les faubourgs les meilleures dispositions; mais nos jeunes réquisitionnaires bravèrent hardiment le feu des maisons et des batteries, et après un choc violent, obligèrent Clerfayt à se retirer. Quatre mille hommes des deux partis couvrirent le champ de bataille; et si, au lieu de tourner l'ennemi du côté de Menin, on l'avait tourné du côté opposé, on aurait pu lui couper sa retraite sur la Flandre.

C'était la seconde fois que Clerfayt était battu par notre aile gauche victorieuse. Notre aile droite, sur la Sambre, n'était pas aussi heureuse. Commandée par plusieurs généraux, qui délibéraient en conseil de guerre avec les représentants Saint-Just et Lebas, elle ne fut pas aussi bien dirigée que les deux divisions commandées par Souham et Moreau. Kléber et Marceau, qu'on y avait transportés de la Vendée, auraient pu la conduire à la victoire, mais leurs avis étaient peu écoutés. Le mouvement prescrit à cette aile droite, consistait à passer la Sambre pour se diriger sur Mons. Un premier passage fut tenté le 20 floréal (9 mai); mais les dispositions nécessaires n'ayant pas été faites sur l'autre rive, l'armée ne put s'y maintenir, et fut obligée de repasser la Sambre en désordre. Le 22, Saint-Just voulut tenter un nouveau passage, malgré le mauvais succès du premier. Il eût bien mieux valu attendre l'arrivée de Jourdan, qui, avec ses quarante-cinq mille hommes, devait rendre les succès de l'aile droite infaillibles. Mais Saint-Just ne voulait ni hésitation ni retard; et il fallut obéir à ce proconsul terrible. Le nouveau passage ne fut pas plus heureux. L'armée franchit une seconde fois la Sambre; mais, attaquée encore sur l'autre rive, avant de s'y être solidement établie, elle eût été perdue, sans la bravoure de Marceau et la fermeté de Kléber.

Ainsi, depuis un mois, on se battait de Maubeuge jusqu'à la mer, avec un acharnement incroyable, et sans succès décisifs. Heureux à la gauche, nous étions malheureux à la droite; mais nos troupes se formaient, et le mouvement habile et hardi prescrit à Jourdan préparait des résultats immenses.

Le plan de Mack était devenu inexécutable. Le général prussien Moellendorf refusait de se rendre sur la Sambre, et disait n'avoir pas d'ordre de sa cour. Les négociateurs anglais étaient allés faire expliquer le cabinet prussien sur le traité de La Haye, et, en attendant, Cobourg, menacé sur l'une de ses ailes, avait été obligé de dissoudre son centre à l'exemple de Pichegru. Il avait renforcé Kaunitz sur la Sambre, et porté le gros de son armée vers la Flandre, aux environs de Tournay. Une action décisive se préparait donc à la gauche, car le moment approchait où de grandes masses allaient s'aborder et se combattre.

On conçut alors dans l'état-major autrichien un plan qui fut appelé *de destruction*, et qui avait pour but de couper l'armée française de Lille, de l'envelopper et de l'anéantir. Une pareille opération était possible, car les coalisés pouvaient faire agir près de cent mille hommes contre soixante-dix, mais ils firent des dispositions singulières pour arriver à ce but. Les Français étaient toujours distribués comme il suit : Souham et Moreau à Menin et Courtray, avec cinquante mille hommes, et Bonnaud aux environs de Lille avec vingt. Les coalisés étaient toujours répartis sur les deux flancs de cette ligne avancée; la division de Clerfayt à gauche dans la West-Flandre, la masse des coalisés à droite du côté de Tournay. Les coalisés résolurent de faire un effort concentrique sur Turcoing, qui sépare Menin et Courtray de Lille. Clerfayt dut y marcher de la West-Flandre, en passant par Werwick et Lincelles. Les généraux de Busch, Otto et le duc d'York eurent ordre d'y marcher du côté opposé, c'est-à-dire de Tournay. De Busch devait se rendre à Moucroën, Otto à Turcoing même, et le duc d'York, s'avançant sur Roubaix et Mouvaux, devait donner la main à Clerfayt. Par cette dernière jonction, Souham et Moreau se trouvaient coupés de Lille. Le général Kinsky et l'archiduc Charles étaient chargés, avec deux fortes colonnes, de replier Bonnaud dans Lille. Ces dispositions, pour réussir, exigeaient un ensemble de mouvements impossible à obtenir. La plupart de ces corps, en effet, partaient de points extrêmement éloignés, et Clerfayt avait à marcher au travers de l'armée française.

Ces mouvements devaient s'exécuter le 28

floréal (17 mai). Pichegru s'était porté dans ce moment à l'aile droite de la Sambre, pour y réparer les échecs que cette aile venait d'essuyer. Souham et Moreau dirigeaient l'armée en l'absence de Pichegru. Le premier signe des projets des coalisés leur fut donné par la marche de Clerfayt sur Werwick; ils se portèrent aussitôt de ce côté; mais, en apprenant que la masse de l'ennemi arrivait du côté opposé, et menaçait leurs communications, ils prirent une résolution prompte et habile : ce fut de diriger un effort sur Turcoing pour s'emparer de cette position décisive entre Menin et Lille. Moreau resta avec la division Vandamme devant Clerfayt, afin de ralentir sa marche, et Souham marcha sur Turcoing avec quarante-cinq mille hommes. Les communications avec Lille n'étant pas encore interrompues, on put ordonner à Bonnaud de se porter de son côté sur Turcoing, et de faire un effort puissant pour conserver la communication de cette position avec Lille. Les dispositions des généraux français eurent un plein succès. Clerfayt n'avait pu s'avancer que lentement; retardé à Werwick, il n'arriva pas à Lincelles au jour convenu. Le général de Busch s'était d'abord emparé de Moucroën; mais il avait éprouvé ensuite un léger échec, et Otto s'étant morcelé pour le secourir, n'était pas resté assez en forces à Turcoing; enfin le duc d'York s'était avancé à Roubaix et à Mouvaux, sans voir venir Clerfayt, et sans pouvoir se lier à lui; Kinsky et l'archiduc Charles n'arrivèrent vers Lille que fort tard dans la journée du 28 (17 mai). Le lendemain matin 29 (18 mai), Souham marcha vivement sur Turcoing, culbuta tout ce qui se rencontra devant lui, et s'empara de cette position importante. De son côté, Bonnaud, marchant de Lille sur le duc d'York, qui devait s'interposer entre cette place et Turcoing, le trouva morcelé sur une ligne étendue. Les Anglais, quoique surpris, voulurent résister, mais nos jeunes réquisitionnaires, marchant avec ardeur, les obligèrent à céder, et à fuir en jetant leurs armes. La déroute fut telle, que le duc d'York, courant à toute bride, ne dut son salut qu'à la vitesse de son cheval. Dès ce moment la confusion devint générale chez les coalisés, et l'empereur d'Autriche, des hauteurs de Templeuve, vit toute son armée en fuite. Pendant ce temps, l'archiduc Charles, mal averti, mal placé, demeurait inactif au dessous de Lille, et Clerfayt, arrêté vers la Lys, était réduit à se retirer. Telle fut l'issue de *ce plan de destruction*. Il nous valut plusieurs milliers de prisonniers, beaucoup de matériel, et le prestige d'une grande victoire, remportée avec soixante-dix mille hommes sur près de cent mille.

Pichegru arriva lorsque la bataille était gagnée. Tous les corps coalisés se replièrent sur Tournay, et Clerfayt, regagnant la Flandre, reprit sa position de Thielt. Pichegru profita mal de cette importante victoire. Les coalisés s'étaient groupés près de Tournay, ayant leur droite appuyée à l'Escaut. Le général français voulut faire enlever quelques fourrages qui remontaient l'Escaut, et fit combattre toute l'armée pour ce but puéril. S'approchant du fleuve, il resserra les coalisés dans leur position demi-circulaire de Tournay. Bientôt tous ses corps se trouvèrent successivement engagés sur ce demi-cercle. Le combat le plus vif fut livré à Pont-à-Chin, le long de l'Escaut. Il y eut pendant douze heures un carnage affreux, et sans aucun résultat possible. Il périt des deux côtés sept à huit mille hommes. L'armée française se replia après avoir brûlé quelques bateaux, et en perdant une partie de l'ascendant que la bataille de Turcoing lui avait valu.

Cependant nous pouvions nous considérer comme victorieux en Flandre, et la nécessité où se trouvait Cobourg de porter des renforts ailleurs, allait y rendre notre supériorité plus décidée. Sur la Sambre, Saint-Just avait voulu opérer un troisième passage, et investir Charleroi; mais Kaunitz, renforcé, avait fait lever le siége au moment même où, par bonheur, Jourdan arrivait avec toute l'armée de la Moselle. Dès ce moment quatre-vingt-dix mille hommes allaient agir sur la ligne véritable d'opérations, et terminer les hésitations de la victoire. Au Rhin, il ne s'était rien passé d'important. Seulement, le général Moellendorf, profitant de la diminution de nos forces sur ce point, nous avait enlevé le poste de Kayserslautern, mais il était rentré dans l'inaction aussitôt après cet avantage. Ainsi, dès le mois de prairial (fin de mai), et sur toute la ligne du Nord, nous avions non-seulement résisté à la coalition, mais triomphé d'elle en plusieurs rencontres; nous avions remporté une grande victoire, et nous nous avancions sur deux ailes dans la Flandre et sur la Sambre. La perte de Landrecies n'était rien auprès de ces avantages, et de ceux que la situation présente nous assurait.

La guerre de la Vendée n'avait pas entièrement fini après la déroute de Savenay. Trois chefs s'étaient sauvés, Larochejacquelein, Stofflet et Marigny. Outre ces trois chefs, Charette, qui, au lieu de passer la Loire, avait pris l'île de Noirmoutiers, restait dans la Basse-

Vendée. Mais cette guerre se bornait maintenant à de simples escarmouches, et n'avait plus rien d'inquiétant pour la république. Le général Turreau avait reçu le commandement de l'Ouest. Il avait partagé l'armée disponible en colonnes mobiles qui parcouraient le pays, en se dirigeant concentriquement sur un même point; elles battaient les bandes fugitives, et, quand elles n'avaient pas à se battre, elles exécutaient le décret de la convention, c'est-à-dire, brûlaient les forêts et les villages, et enlevaient la population pour la transporter ailleurs. Plusieurs engagements avaient eu lieu, mais sans grands résultats. Haxo, après avoir repris sur Charette les îles de Noirmoutiers et de Bouin, avait espéré plusieurs fois se saisir de lui; mais ce partisan hardi lui échappait toujours et reparaissait bientôt sur le champ de bataille, avec une constance non moins admirable que son adresse. Cette malheureuse guerre n'était plus désormais qu'une guerre de dévastation. Le général Turreau fut contraint de prendre une mesure cruelle, c'était d'ordonner aux habitants des bourgs d'abandonner le pays, sous peine d'être traités en ennemis s'ils y restaient. Cette mesure les réduisait ou à quitter le sol sur lequel ils avaient tous leurs moyens d'existence, ou à se soumettre aux exécutions militaires. Tels sont les inévitables maux des guerres civiles.

La Bretagne était devenue le théâtre d'un nouveau genre de guerre, la guerre des Chouans. Déjà cette province avait montré quelques dispositions à imiter la Vendée; cependant le penchant à s'insurger n'étant pas aussi général, quelques individus seulement, profitant de la nature des lieux, s'étaient livrés à des brigandages isolés. Bientôt les débris de la colonne vendéenne qui avait passé en Bretagne accrurent le nombre de ces partisans. Leur principal établissement était dans la forêt du Perche, et ils parcouraient le pays en troupes de quarante ou cinquante, attaquant quelquefois la gendarmerie, faisant contribuer les petites communes, et commettant ces désordres au nom de la cause royale et catholique. Mais la véritable guerre était finie, et il ne restait plus qu'à déplorer les calamités particulières qui affligeaient ces malheureuses provinces.

Aux colonies et sur mer, la guerre n'était pas moins active que sur le continent. Le riche établissement de Saint-Domingue avait été le théâtre des plus grandes horreurs dont l'histoire fasse mention. Les blancs avaient embrassé avec enthousiasme la cause de la révolution, qui, selon eux, devait amener leur indépendance de la métropole; les mulâtres ne l'avaient pas embrassée avec moins de chaleur, mais ils en espéraient autre chose que l'indépendance politique de la colonie, et ils aspiraient aux droits de bourgeoisie qu'on leur avait toujours refusés. L'assemblée constituante avait reconnu les droits des mulâtres; mais les blancs, qui ne voulaient de la révolution que pour eux, s'étaient alors révoltés, et la guerre civile avait commencé entre l'ancienne race des hommes libres et les affranchis. Profitant de cette guerre, les nègres avaient paru à leur tour sur la scène, et s'y étaient annoncés par le feu et le sang. Ils avaient égorgé leurs maîtres et incendié leurs propriétés. Dès ce moment, la colonie se trouva livrée à la plus horrible confusion; chaque parti reprochait à l'autre le nouvel ennemi qui venait de se présenter, et l'accusait de lui avoir donné des armes. Les nègres, sans se ranger encore pour aucune cause, ravageaient le pays. Bientôt cependant, excités par les envoyés de la partie espagnole, ils prétendirent servir la cause royale. Pour ajouter encore à la confusion, les Anglais étaient intervenus. Une partie des blancs les avaient appelés dans un moment de danger, et leur avaient cédé le fort important de Saint-Nicolas. Le commissaire Santhonax, aidé surtout des mulâtres et d'une partie des blancs, résista à l'invasion des Anglais, et ne trouva enfin qu'un moyen de la repousser : ce fut de reconnaître la liberté des nègres, qui se déclareraient pour la république. La convention avait confirmé cette mesure et proclamé par un décret tous les nègres libres. Dès cet instant, une portion d'entre eux, qui servaient la cause royale, passèrent du côté des républicains; et les Anglais, retranchés dans le fort de Saint-Nicolas, n'eurent plus aucun espoir d'envahir cette riche possession, qui, longtemps ravagée, devait enfin n'appartenir qu'à elle-même. La Guadeloupe, après avoir été prise et reprise, nous était enfin restée; mais la Martinique était définitivement perdue.

Tels étaient les désordres des colonies. Sur l'Océan se passait un événement important; c'était l'arrivée de ce convoi d'Amérique si impatiemment attendu dans nos ports. L'escadre de Brest, au nombre de trente vaisseaux, était sortie, comme on l'a vu, avec l'ordre de croiser, et de ne combattre que dans le cas où le salut du convoi l'exigerait impérieusement. Nous avons déjà dit que Jean-Bon-Saint-André était à bord du vaisseau amiral; que Villaret-Joyeuse avait été fait, de simple capitaine, chef d'escadre; que des paysans n'ayant jamais vu la mer, avaient été placés dans les équipages ; et que ces matelots, ces officiers, ces amiraux d'un jour, étaient chargés de lutter contre la vieille marine anglaise. L'amiral Villaret-Joyeuse appareilla le 1er prairial (20 mai), et fit voile vers les îles Coves et Flores pour attendre le convoi. Il prit en route beaucoup de vaisseaux de commerce anglais, et les capitaines lui disaient : *Vous nous prenez en détail, mais l'amiral Howe va vous prendre en gros.* En effet, cet amiral croisait sur les côtes de la Bretagne et de la Normandie, avec trente-trois vaisseaux et douze frégates. Le 9 prairial (28 mai), l'escadre française aperçut une flotte. Les équipages impatients regardaient grossir à l'horizon ces points noirs; et, lorsqu'ils reconnurent les Anglais, ils poussèrent des cris d'enthousiasme, et demandèrent le combat avec cette chaleur de patriotisme qui a toujours distingué nos habitants des côtes. Quoique les instructions données au général ne lui permissent de se battre que pour sauver le convoi, cependant Jean-Bon-Saint-André, entraîné lui-même par l'enthousiasme universel, consentit au combat, et fit donner l'ordre de s'y préparer. Vers le soir, un vaisseau de l'arrière-garde, *le Révolutionnaire*, qui avait diminué de voiles, se trouva engagé contre les Anglais, fit une résistance opiniâtre, perdit son capitaine, et fut obligé de se faire remorquer à Rochefort. La nuit empêcha l'action de devenir générale.

Le lendemain 10 (29 mai), les deux escadres se trouvèrent en présence. L'amiral anglais manœuvra contre notre arrière-garde. Le mouvement que nous fîmes pour la protéger, amena l'engagement général. Les Français ne manœuvrant pas aussi bien, deux de leurs vaisseaux, *l'Indomptable* et *le Tyrannicide*, se trouvèrent en présence de forces supérieures, et se battirent avec un courage opiniâtre. Villaret-Joyeuse donna l'ordre de secourir les vaisseaux engagés; mais ses ordres n'étant ni bien compris, ni bien exécutés, il se porta seul en avant, au risque de n'être pas suivi. Cependant il le fut bientôt après : toute notre escadre s'avança sur l'escadre ennemie, et l'obligea de reculer. Malheureusement nous avions perdu l'avantage du vent; nous fîmes un feu terrible sur les Anglais, mais nous ne pûmes pas les poursuivre. Il nous resta cependant les deux vaisseaux et le champ de bataille.

Le 11 et le 12 (30 et 31 mai), une brume épaisse enveloppa les deux armées navales. Les Français tâchèrent d'entraîner les Anglais au nord et à l'ouest de la route que devait suivre le convoi. Le 13, la brume se dissipa; un soleil éclatant éclaira les deux flottes. Les Français n'avaient plus que vingt-six vaisseaux, tandis que leurs ennemis en avaient trente-six ; ils demandaient de nouveau le combat, et il convenait de céder à leur ardeur pour occuper les Anglais, et les éloigner de la route du convoi, qui devait passer sur le champ de bataille du 10.

Ce combat, l'un des plus mémorables dont l'Océan ait été le témoin, commença à neuf heures du matin. L'amiral Howe s'avança pour couper notre ligne. Une fausse manœuvre du vaisseau *la Montagne* lui permit d'y pénétrer, d'isoler notre aile gauche, et de l'accabler de toutes ses forces. Notre droite et notre avant-garde restèrent isolées. L'amiral voulait les rallier à lui pour se reporter sur l'escadre anglaise, mais il avait perdu l'avantage du vent, et resta cinq heures sans pouvoir se rapprocher du champ de bataille. Pendant ce temps, les vaisseaux engagés se battaient avec un héroïsme extraordinaire. Les Anglais, supérieurs dans la manœuvre, perdaient leurs avantages dans les luttes de vaisseau à vaisseau, trouvaient des feux terribles et des abordages formidables. C'est au milieu de cette action acharnée que le vaisseau *le Vengeur*, démâté, à moitié détruit, et près de couler, refusa d'amener son pavillon, au risque de s'abimer sous les eaux. Les Anglais cessèrent les premiers le feu, et se retirèrent étonnés d'une pareille résistance. Ils avaient six de nos vaisseaux. Le lendemain, Villaret-Joyeuse, ayant réuni son avant-garde et sa droite, voulait fondre sur eux et leur enlever leur proie. Les Anglais, fort endommagés, nous auraient peut-être cédé la victoire. Jean-Bon-Saint-André s'opposa à un nouveau combat malgré l'enthousiasme des équipages. Les Anglais purent donc regagner paisiblement leurs ports; ils y rentrèrent épouvantés de leur victoire, et pleins d'admiration pour la bravoure de nos jeunes marins. Mais le but essentiel de ce terrible combat était rempli. L'amiral Venstabel avait traversé, pendant cette journée du 13, le champ de bataille du 10, l'avait trouvé couvert de débris, et était entré heureusement dans les ports de France.

Ainsi, victorieux aux Pyrénées et aux Alpes, menaçants dans les Pays-Bas, héroïques sur mer, et assez forts pour disputer chèrement une victoire navale aux Anglais, nous commencions l'année 1794 de la manière la plus brillante et la plus glorieuse.

CHAPITRE VI.

Situation intérieure au commencement de l'année 1794. — Travaux administratifs du comité. — Lois des finances. Capitalisation des rentes viagères. — État des prisons. Persécutions politiques. Nombreuses exécutions. — Tentative d'assassinat sur Robespierre et Collot-d'Herbois. — Domination de Robespierre. — La secte de la *mère de Dieu*. — Des divisions se manifestent entre les comités. — Fête à l'Être suprême. — Loi du 22 prairial réorganisant le tribunal révolutionnaire. — Terreur extrême. Grandes exécutions à Paris. Missions de Lebon, Carrier et Maignet; cruautés atroces commises par eux. Noyades dans la Loire. — Rupture entre les chefs du comité de salut public; retraite de Robespierre.

Tandis qu'au dehors la république était victorieuse, son état intérieur n'avait pas cessé d'être violent. Ses maux étaient toujours les mêmes : c'étaient les assignats, le *maximum*, la rareté des subsistances, la loi des suspects, les tribunaux révolutionnaires.

Les embarras résultant de la nécessité de régler tous les mouvements du commerce n'avaient fait que s'accroître. On était obligé de modifier sans cesse la loi du *maximum*; il fallait en excepter tantôt les fils retors et leur accorder dix pour cent au-dessus du tarif; tantôt les épingles, les batistes, les linons, les mousselines, les gazes, les dentelles de fil et de soie, les soies et les soieries. Mais tandis qu'il fallait excepter du *maximum* une foule d'objets, il en était d'autres qu'il devenait urgent d'y soumettre. Ainsi, le prix des chevaux étant devenu excessif, on n'avait pu s'empêcher d'en déterminer la valeur suivant la taille et la qualité. De ces moyens résultait toujours le même inconvénient. Le commerce s'arrêtait et fermait ses marchés, ou bien s'en ouvrait de clandestins; et ici l'autorité devenait impuissante. Si par les assignats elle avait pu réaliser la valeur des biens nationaux, et si par le *maximum* elle avait pu mettre les assignats en rapport avec les marchandises, il n'y avait aucun moyen d'empêcher les marchandises de se supprimer ou de se cacher aux acheteurs. Aussi les plaintes ne cessaient de s'élever contre les marchands qui se retiraient, ou qui fermaient leurs magasins.

Cependant l'état des subsistances causait moins d'inquiétude cette année. Les convois arrivés du nord de l'Amérique, et une récolte abondante, avaient fourni une quantité suffisante de grains pour la consommation de la France. Le comité, administrant toutes choses avec la même vigueur, avait ordonné que le recensement de la récolte serait fait par la commission des subsistances, et qu'une partie des grains serait battue sur-le-champ pour suffire aux approvisionnements des marchés. On avait eu quelque crainte de voir les moissonneurs errants qui se déplacent pour se rendre dans les provinces à grain, exiger des salaires extraordinaires; le comité déclara que tous les citoyens et citoyennes connus pour s'employer aux travaux des récoltes étaient en réquisition forcée, et que leurs salaires seraient déterminés par les autorités locales. Bientôt des garçons bouchers et boulangers s'étant mutinés, le comité prit une mesure plus générale, et mit en réquisition les ouvriers de toute espèce, qui s'employaient à la manipulation, au transport et au débit des marchandises de première nécessité.

Les approvisionnements en viande étaient

beaucoup plus difficiles et plus inquiétants. On en manquait surtout à Paris; et, depuis le moment où les hébertistes avaient voulu se servir de cette disette pour exciter un mouvement, le mal n'avait fait que s'accroître. On fut obligé de mettre la ville de Paris à la ration de viande. La commission des subsistances fixa la consommation journalière à soixante-quinze bœufs, cent cinquante quintaux de veau et de mouton, et deux cents cochons. Elle se procurait les bestiaux nécessaires, et les envoyait à l'hospice de l'Humanité, qui était désigné comme l'abattoir commun, et comme le seul autorisé. Les bouchers nommés par chaque section venaient y chercher la viande qui leur était destinée, et en recevaient une quantité proportionnée à la population qu'ils avaient à servir. Tous les cinq jours, ils devaient distribuer à chaque famille une demi-livre de viande par tête. On employait encore ici la ressource des cartes, délivrées par les comités révolutionnaires, pour la distribution du pain, et portant le nombre d'individus dont se composait chaque famille. Pour éviter les tumultes et les longues veilles, défense était faite de se rendre avant six heures du matin à la porte des bouchers.

L'insuffisance de ces réglements se fit bientôt

sentir; déjà il s'était établi, comme nous l'avons dit ailleurs, des boucheries clandestines. Le nombre en devint tous les jours plus grand. Les bestiaux n'avaient pas le temps d'arriver aux marchés de Neubourg, Poissy et Sceaux; les bouchers des campagnes les devançaient, et venaient les acheter dans les herbages même. Profitant de la négligence des communes rurales dans l'exécution de la loi, ces bouchers vendaient au-dessus du *maximum*, et fournissaient tous les habitants des grandes communes, et particulièrement ceux de Paris, qui ne se contentaient pas de la demi-livre distribuée tous les cinq jours. De cette manière, les bouchers de campagne absorbaient le commerce de ceux des villes, qui n'avaient presque plus rien à faire depuis qu'ils étaient bornés à distribuer les rations. Plusieurs d'entre eux demandèrent même une loi qui les autorisât à résilier les baux de leurs boutiques. Il fallut alors porter de nouveaux réglements pour empêcher que les bestiaux fussent détournés des marchés; et on obligea les propriétaires d'herbages à des déclarations et à des formalités extrêmement gênantes. On fut forcé de descendre à des détails bien plus minutieux encore; le bois et le charbon n'arrivant plus, à cause du *maximum*, ce qui donnait lieu à des soupçons d'accaparement, on défendit d'avoir chez soi plus de quatre voies de bois, et plus de deux voies de charbon.

Le nouveau gouvernement suffisait avec une activité singulière à toutes les difficultés de la carrière où il se trouvait engagé. Tandis qu'il rendait ces réglements si multipliés, il s'occupait de réformer l'agriculture, de changer la législation du fermage, pour diviser l'exploitation des terres; d'introduire les nouveaux assolements, les prairies artificielles et l'éducation des bestiaux; il décrétait l'institution de jardins botaniques, dans tous les chefs-lieux de département, pour naturaliser les plantes exotiques, former des pépinières d'arbres de toute espèce, et ouvrir des cours d'agriculture à l'usage et à la portée des cultivateurs; il ordonnait le desséchement général des marais, d'après un plan vaste et bien conçu; il décidait que l'état ferait les avances de cette grande entreprise, et que les propriétaires dont les terres seraient desséchées et assainies paieraient un droit, ou céderaient leurs terres moyennant un prix déterminé; enfin, il engageait tous les architectes à présenter des plans pour rebâtir les villages en démolissant les châteaux; il ordonnait des embellissements pour rendre le jardin des Tuileries plus commode au public;

il demandait à tous les artistes un projet pour changer la salle d'Opéra en une arène couverte, où le peuple s'assemblerait en hiver.

Ainsi donc, il exécutait ou du moins essayait presque tout à la fois ; tant il est vrai que c'est lorsqu'on a le plus à faire, qu'on est le plus capable de beaucoup faire ! Le soin des finances n'était pas le moins difficile et le moins inquiétant de tous. On a vu quelles ressources furent imaginées, au mois d'août 1793, pour remettre les assignats en valeur, en les retirant en partie de la circulation. Le milliard retiré par l'emprunt forcé, et les victoires qui terminèrent la campagne de 1793, les relevèrent, et, comme nous l'avons dit ailleurs, ils remontèrent presque au pair, grace aux lois terribles qui rendaient la possession du numéraire si dangereuse. Cependant cette apparente prospérité dura peu ; les assignats retombèrent bientôt, et la quantité des émissions les déprécia rapidement. Il en rentrait bien une partie par les ventes des biens nationaux, mais cette rentrée était insuffisante. Les biens se vendaient au-dessus de l'estimation, ce qui n'avait rien d'étonnant, car l'estimation avait été faite en argent, et le paiement se faisait en assignats. De cette manière, le prix était réellement fort au-dessous de l'estimation, quoiqu'il parût être au-dessus. D'ailleurs, cette absorption des assignats ne pouvait être que lente, tandis que l'émission était nécessairement immense et rapide. Douze cent mille hommes à solder et à armer, un matériel à créer, une marine à construire, avec un papier déprécié, exigeaient des quantités énormes de ce papier. Cette ressource étant devenue la seule, et le capital des assignats, d'ailleurs, s'augmentant chaque jour par les confiscations, on se résigna à en user autant que le besoin le réclamerait. On abolit la distinction entre la caisse de l'ordinaire et de l'extraordinaire, l'une réservée au produit des impôts, l'autre à la création des assignats. On confondit les deux natures de ressources, et chaque fois que le besoin l'exigeait, on suppléait au revenu par des émissions nouvelles. Au commencement de 1794 (an II), la somme totale des émissions s'était accrue du double. Près de quatre milliards avaient été ajoutés à la somme qui existait déjà, et l'avaient portée à environ huit milliards. En retranchant les sommes rentrées et brûlées, et celles qui n'avaient pas encore été dépensées, il restait en circulation réelle cinq milliards cinq cent trente-six millions. On décréta, en messidor an II (juin 1794), la création d'un nouveau milliard d'assignats de toute valeur depuis 1,000 francs jusqu'à 15 sous. Le comité des finances eut encore recours à l'emprunt forcé sur les riches. On se servit des rôles de l'année précédente, et on imposa à ceux qui étaient portés sur ces rôles une contribution extraordinaire de guerre, du dixième de l'emprunt forcé, c'est-à-dire de cent millions. Cette somme ne leur fut pas imposée à titre d'emprunt remboursable, mais à titre d'impôt qui devait être payé par eux sans retour.

Pour compléter l'établissement du Grand-Livre, et le projet d'uniformiser la dette publique, il restait à *capitaliser* les rentes viagères, et à les convertir en une *inscription*. Ces rentes de toute espèce et de toute forme étaient l'objet de l'agiotage le plus compliqué; comme les anciens contrats sur l'état, elles avaient l'inconvénient de reposer sur un titre royal, et d'obtenir une préférence marquée sur les valeurs républicaines; car on se disait toujours que si la république consentait à payer les dettes de la monarchie, la monarchie ne consentirait pas à payer celles de la république. Cambon acheva donc son grand ouvrage de la régénération de la dette, en proposant et en faisant rendre la loi qui capitalisait les rentes viagères; les titres devaient être remis par les notaires, et brûlés ensuite, comme l'avaient été les contrats. Le capital fourni autrefois par le rentier était converti en une inscription, et portait un intérêt perpétuel de cinq pour cent, au lieu d'un revenu viager. Cependant, par égard pour les vieillards et les rentiers peu fortunés, qui avaient voulu doubler leurs ressources en les rendant viagères, on conserva les rentes modiques, en les proportionnant à l'âge des individus. De quarante à cinquante ans, on laissa exister toute rente de quinze cents à deux mille francs ; de cinquante à soixante, toute rente de trois mille à quatre mille ; et ainsi de suite jusqu'à l'âge de cent ans, et jusqu'à la somme de 10,500 francs. Si le rentier compris dans les cas ci-dessus avait une rente supérieure au taux désigné, le surplus était capitalisé. Certes, on ne pouvait garder plus de ménagements pour les fortunes médiocres et la vieillesse ; cependant aucune loi ne donna lieu à plus de réclamations et de plaintes, et la convention essuya, pour une mesure sage et ménagée avec humanité, plus de blâme que pour les mesures terribles qui signalaient chaque jour sa dictature. Les agioteurs étaient fort contrariés, parce que la loi exigeait, pour reconnaître les créances, les certificats de vie. Les porteurs de titres d'émigrés ne pouvaient pas se procurer aisément ces certificats ; aussi les agioteurs, qui étaient lésés par cette condition, firent de grandes déclamations au nom des vieillards et des infirmes; ils disaient qu'on ne respectait ni l'âge ni l'indigence; ils persuadaient aux rentiers qu'ils ne seraient pas payés, parce que l'opération et les formalités qu'elle exigeait entraîneraient des délais interminables; cependant il n'en fut rien. Cambon fit modifier quelques clauses du décret, et, veillant sans cesse à la trésorerie, y fit exécuter le travail avec la plus grande promptitude. Les rentiers qui n'agiotaient pas sur les titres d'autrui, et qui vivaient de leur propre revenu, furent payés promptement; et, comme dit Barrère, au lieu d'attendre leur tour de paiement, dans des cours découvertes, et exposés à l'intempérie des saisons, ils l'attendaient dans les salles chaudes et couvertes de la trésorerie.

A côté de ces réformes utiles, les cruautés continuaient d'avoir leur cours. La loi qui expulsait les ex-nobles de Paris, des places fortes et maritimes, donnait lieu à une foule de vexations. Distinguer les vrais nobles, aujourd'hui que la noblesse était une calamité, n'était pas plus facile qu'à l'époque où elle avait été une prétention. Les roturières mariées à des nobles, et devenues veuves, les acheteurs de charges qui avaient pris le titre d'écuyers, réclamaient pour être exemptés d'une distinction qu'ils avaient autrefois avidement recherchée. Cette loi ouvrait donc une nouvelle carrière à l'arbitraire et aux vexations les plus tyranniques.

Les représentants en mission exerçaient leur autorité avec la dernière rigueur, et quelques-uns se livraient à des cruautés extravagantes et monstrueuses. A Paris, les prisons se remplissaient tous les jours davantage. Le comité de sûreté générale avait institué une police qui répandait la terreur en tous lieux. Le chef était un nommé Héron, qui avait sous sa direction une nuée d'agents, tous dignes de lui. Ils étaient ce qu'on appelait les *porteurs d'ordre* des comités. Les uns faisaient l'espionnage; les autres, munis d'ordres secrets, souvent même d'ordres en blanc, allaient faire des arrestations soit dans Paris, soit dans les provinces. On leur allouait des sommes pour chacune de leurs expéditions; ils en exigeaient en outre des prisonniers; et ils ajoutaient ainsi la rapine à la cruauté. Tous les aventuriers licenciés avec l'armée révolutionnaire, ou renvoyés des bureaux de Bouchotte, avaient passé dans ces nouveaux emplois, et en étaient devenus bien plus redoutables. Ils s'introduisaient partout, dans les promenades, les cafés, les spectacles; à chaque instant on se croyait poursuivi ou écouté par l'un de ces inquisiteurs. Grace à leurs soins, le nombre des suspects avait été porté à sept ou huit mille dans Paris seulement. Les prisons n'offraient plus le même spectacle qu'autrefois ; on n'y voyait plus les riches contribuant pour les pauvres, et des hommes de toute opinion, de tout rang, menant à frais communs une vie assez douce, et se consolant, par les plaisirs des arts, des rigueurs de la captivité. Ce régime avait paru trop supportable pour ce qu'on appelait des aristocrates ; on avait prétendu que le luxe et l'abondance régnaient chez les suspects, tandis qu'au dehors le peuple était réduit à la ration ; que les riches détenus se plaisaient à gaspiller des subsistances qui auraient pu servir à alimenter les citoyens indigents, et il avait été décidé que le régime des prisons serait changé. En conséquence il avait été établi des réfectoires et des tables communes ; on donnait aux prisonniers, à des heures fixées et dans de grandes salles, une nourriture détestable et malsaine, qu'on leur faisait payer très-cher. Il ne leur était plus permis d'acheter des aliments pour suppléer à ceux qu'ils ne pouvaient pas manger. On faisait des visites, on leur enlevait leurs assignats, et on leur ôtait ainsi tout moyen de se procurer des soulagements. On ne leur donnait plus la même liberté de se voir et de vivre en commun; et aux tourments de l'isolement venaient s'ajouter les terreurs de la mort, qui devenait chaque jour plus active et plus prompte. Le tribunal révolutionnaire commençait, depuis le procès des hébertistes et des dantonistes, à immoler les victimes par troupes de vingt à la fois. Il avait condamné la famille des Malesherbes, et leur parenté, au nombre de quinze ou vingt personnes. Le respectable chef de cette maison était allé à la mort avec la sérénité et la gaîté d'un sage. Faisant un faux pas tandis qu'il marchait à l'échafaud, il avait dit : « Ce faux pas est d'un mauvais augure ; un Romain serait rentré chez lui. » Aux Malesherbes avaient été joints vingt-deux membres du parlement. Le parlement de Toulouse fut immolé presque tout entier. Enfin les fermiers-généraux venaient d'être mis en jugement à cause de leurs anciens marchés avec le fisc. On leur prouva que ces marchés renfermaient des conditions onéreuses à l'état, et le tribunal révolutionnaire les envoya à l'échafaud, pour des exactions sur le tabac, le sel, etc. Dans le nombre était un savant illustre, le chimiste Lavoisier, qui demanda en vain quelques jours de sursis pour écrire une découverte.

L'impulsion était donnée; on administrait, on combattait, on égorgeait avec un ensemble effrayant. Les comités, placés au centre, gouvernaient avec la même vigueur. La convention, toujours silencieuse, décernait des pensions aux veuves et aux enfants des soldats morts pour la patrie, réformait des jugements de tribunaux, interprétait des décrets, réglait l'échange de certaines propriétés du domaine, s'occupait en un mot des soins les plus insignifiants et les plus accessoires. Barrère venait tous les jours lui lire les rapports des victoires. Il appelait ces rapports des *carmagnoles*. A la fin de chaque mois, il annonçait, pour la forme, que les pouvoirs des comités étaient expirés, et qu'il fallait les renouveler. Alors on lui répondait avec des applaudissements que les comités n'avaient qu'à poursuivre leurs travaux. Quelquefois même il oubliait cette formalité, et les comités n'en restaient pas moins en fonctions.

C'est dans ces moments d'une soumission absolue que les ames exaspérées éclatent, et que les coups de poignard sont à redouter pour les autorités despotiques. Il se trouvait alors à Paris un homme, employé comme garçon de bureau à la loterie nationale, qui avait été autrefois au service de plusieurs grandes familles, et qui éprouvait une violente haine contre le régime actuel. Il était âgé de cinquante ans, et se nommait Ladmiral. Il avait formé le projet d'assassiner l'un des membres les plus influents du comité de salut public, Robespierre ou Collot-d'Herbois. Depuis quelque temps il s'était logé dans la même maison que Collot-d'Herbois, rue Favart, et il hésitait entre Collot et Robespierre. Le 3 prairial (22 mai), résolu de frapper Robespierre, il se rendit au comité de salut public, et l'attendit toute la journée dans la galerie qui aboutissait à la salle du comité. N'ayant pu l'y rencontrer, il était revenu chez lui, et s'était placé dans l'escalier afin de frapper Collot-d'Herbois. Vers minuit, Collot rentrait et montait son escalier, lorsque Ladmiral lui tire un coup de pistolet à bout portant. Le pistolet fait faux feu. Ladmiral tire un second coup, et l'arme se refuse encore à son dessein. Il tire une troisième fois; cette fois le coup part, mais il n'atteint que les murailles. Alors une lutte s'engage. Collot-d'Herbois crie à l'assassin. Heureusement pour lui une patrouille passait dans la rue; elle accourt à ce bruit; Ladmiral prend la fuite alors, remonte dans sa chambre, et s'y enferme. On le suit et on veut enfoncer la porte. Il déclare qu'il est armé, et qu'il va

familles, et qui éprouvait une violente haine

faire feu sur ceux qui se présenteront pour le saisir. Cette menace n'intimide pas la patrouille. On force la porte; un serrurier, nommé Geffroy, s'avance le premier, et reçoit un coup de fusil qui le blesse presque mortellement. Ladmiral est aussitôt arrêté et conduit en prison. Interrogé par Fouquier-Tinville, il raconte sa vie, ses projets, et les tentatives qu'il a faites pour frapper Robespierre avant de songer à Collot-d'Herbois. On lui demande qui l'a porté à commettre ce crime. Il répond avec fermeté que ce n'est point un crime; que c'est un service qu'il a voulu rendre à son pays; que lui seul a conçu ce projet sans aucune suggestion étrangère, et que son unique regret est de n'avoir pas réussi.

Le bruit de cette tentative se répand avec rapidité, et, suivant l'usage, elle augmente la puissance de ceux contre lesquels elle était dirigée. Barrère s'empresse le lendemain, 4 prairial, de venir à la convention faire le récit de cette nouvelle machination de Pitt. « Les fac« tions intérieures, dit-il, ne cessent de cor« respondre avec ce gouvernement marchand « de coalitions, acheteur d'assassinats, qui « poursuit la liberté comme sa plus grande « ennemie. Tandis que nous mettons à l'ordre « du jour la justice et la vertu, les tyrans coa-

« lisés mettent à l'ordre du jour le crime et
« l'assassinat. Partout vous trouverez le fatal
« génie de l'Anglais : dans nos marchés, dans
« nos achats, sur les mers, dans le continent,
« chez les roitelets de l'Europe comme dans
« nos cités. C'est la même tête qui dirige les
« mains qui assassinent Basseville à Rome, les
« marins français dans le port de Gênes, les
« Français fidèles en Corse; c'est la même tête
« qui dirige le fer contre Lepelletier et Marat,
« la guillotine sur Chalier, et les armes à feu
« sur Collot-d'Herbois. » Barrère produit ensuite des lettres de Londres et de Hollande qui ont été interceptées, et qui annoncent que les complots de Pitt sont dirigés contre les comités, et particulièrement contre Robespierre. Une de ces lettres dit en substance : « Nous craignons
« beaucoup l'influence de Robespierre. Plus le
« gouvernement français républicain sera con-
« centré, plus il aura de force, et plus il sera
« difficile de le renverser. »

Une pareille manière de présenter les faits était bien propre à exciter le plus vif intérêt en faveur des comités, et surtout de Robespierre, et à identifier leur existence avec celle de la république. Barrère raconte ensuite le fait avec toutes ses circonstances, parle de *l'empressement attendrissant* que les autorités

constituées ont montré pour protéger la représentation nationale, et raconte en termes magnifiques la conduite du citoyen Geffroy, qui a reçu une blessure grave en saisissant l'assassin. La convention couvre d'applaudissements le rapport de Barrère; elle ordonne des recherches pour s'assurer si Ladmiral n'aurait pas des complices; elle décrète des remerciments pour le citoyen Geffroy, et décide, pour le récompenser, que le bulletin de ses blessures sera lu tous les jours à la tribune. Couthon fait ensuite un discours fulminant, pour demander que le rapport de Barrère soit traduit en toutes les langues, et répandu dans tous les pays. « Pitt, Cobourg, s'écrie-t-il, et
« vous tous, lâches et petits tyrans, qui regar-
« dez le monde comme votre héritage, et qui,
« dans les derniers instants de votre agonie,
« vous débattez avec tant de fureur, aiguisez,
« aiguisez vos poignards; nous vous méprisons
« trop pour vous craindre, et vous savez bien
« que nous sommes trop grands pour vous
« imiter! » La salle retentit d'applaudissements. Couthon ajoute : « Mais la loi dont le règne
« vous épouvante a son glaive levé sur vous :
« elle vous frappera tous. Le genre humain a
« besoin de cet exemple, et le ciel, que vous
« outragez, l'a ordonné! »

Collot-d'Herbois arrive alors comme pour recevoir les marques d'intérêt de l'assemblée; il est accueilli par des acclamations redoublées, et il a peine à se faire entendre. Robespierre, beaucoup plus adroit, ne paraît pas, et semble se soustraire aux hommages qui l'attendent.

Dans cette même journée du 14, une jeune fille, nommée Cécile Renault, se présente à la porte de Robespierre, avec un paquet sous le bras; elle demande à le voir, et insiste avec force pour être introduite auprès de lui. Elle dit qu'un fonctionnaire public doit toujours être prêt à recevoir ceux qui ont à l'entretenir, et finit même par injurier les hôtes de Robespierre, les Duplaix, qui ne voulaient pas la recevoir. Aux instances de cette jeune fille, et à son air étrange, on conçoit des soupçons; on se saisit d'elle, et on la livre à la police. On ouvre son paquet, et on y trouve des hardes et deux couteaux. Aussitôt on prétend qu'elle a voulu assassiner Robespierre; on l'interroge, elle s'explique avec autant d'assurance que Ladmiral. On lui demande ce qu'elle voulait de Robespierre, elle dit que c'était pour voir comment était fait un tyran. On la presse, on veut savoir pourquoi ce paquet, pourquoi ces hardes et ces couteaux; elle répond qu'elle n'a voulu faire aucun usage des couteaux ; que quant aux hardes, elle s'en était munie parce qu'elle s'attendait à être conduite en prison, et de la prison à la guillotine. Elle ajoute qu'elle est royaliste, parce qu'elle aime mieux un roi que cinquante mille. On insiste davantage, on lui fait de nouvelles questions, mais elle refuse de répondre, et demande à être conduite à l'échafaud.

Il suffisait de ces indices pour en conclure que la jeune Renault était un des assassins armés contre Robespierre. A ce dernier fait vint s'en ajouter un autre. Le lendemain, à Choisy-sur-Seine, un citoyen racontait dans un café la tentative d'assassinat commise sur Collot-d'Herbois, et se réjouissait de ce qu'elle n'avait pas réussi. Un nommé Saintanax, moine, qui écoutait ce récit, répond qu'il est malheureux que ces scélérats du comité aient échappé, mais qu'il espère que tôt ou tard ils seront atteints. On s'empare sur-le-champ du malheureux, et on le traduit dans la nuit même à Paris. C'était plus qu'il n'en fallait pour supposer de vastes ramifications ; on prétendit qu'il y avait une bande d'assassins préparée ; on s'empressa d'accourir autour des membres du comité, on les engagea à se garder, et à veiller sur leurs jours si précieux à la patrie. Les sections s'assemblèrent, et envoyèrent de nouveau des députations et des adresses à la convention. Elles disaient que parmi les miracles que la Providence avait faits en faveur de la république, la manière dont Robespierre et Collot-d'Herbois venaient d'échapper aux coups des assassins n'était pas le moindre. L'une d'elles proposa même de fournir une garde de vingt-cinq hommes pour veiller sur les jours des membres du comité.

Le surlendemain était le jour où s'assemblaient les jacobins. Robespierre et Collot-d'Herbois s'y rendirent, et furent reçus avec un enthousiasme extrême. Quand le pouvoir a su s'assurer une soumission générale, il n'a qu'à laisser faire les ames basses, elles viennent achever elles-mêmes l'œuvre de sa domination, et y ajouter un culte et des honneurs divins. On regardait Robespierre et Collot-d'Herbois avec une avide curiosité. — « Voyez, disait-on, ces hommes précieux, le Dieu des hommes libres les a sauvés; il les a couverts de son égide, et les a conservés à la république! Il faut leur faire partager les honneurs que la France a décernés aux martyrs de la liberté; elle aura ainsi la satisfaction de les honorer, sans avoir à pleurer sur leur urne funèbre*. » Collot prend le

---

* Voyez la séance des jacobins du 6 prairial.

premier la parole avec sa véhémence ordinaire, et dit que l'émotion qu'il éprouve dans le moment lui prouve combien il est doux de servir la patrie, même au prix des plus grands périls. « Il recueille, dit-il, cette vérité que celui
« qui a couru quelque danger pour son pays
« reçoit de nouvelles forces du fraternel inté-
« rêt qu'il inspire. Ces applaudissements bien-
« veillants sont un nouveau pacte d'union en-
« tre toutes les ames fortes. Les tyrans réduits
« aux abois, et sentant leur fin approcher, veu-
« lent en vain recourir aux poignards, au poi-
« son, au guet-apens, les républicains ne s'in-
« timideront pas. Les tyrans ne savent-ils pas
« que lorsqu'un patriote expire sous leurs coups,
« c'est sur sa tombe que les patriotes qui lui
« survivent jurent la vengeance du crime et
« l'éternité de la liberté? »

Collot achève au milieu des applaudissements. Bentabolle demande que le président donne à Collot et à Robespierre l'accolade fraternelle, au nom de toute la société. Legendre, avec l'empressement d'un homme qui avait été l'ami de Danton, et qui était obligé à plus de bassesse pour faire oublier cette amitié, dit que la main du crime s'est levée pour frapper la vertu, mais que le Dieu de la nature a empêché que le forfait fût consommé. Il engage tous les citoyens à former une garde autour des membres du comité, et s'offre à veiller le premier sur leurs jours précieux. Dans ce moment, des sections demandent à être introduites dans la salle; l'empressement est extrême, mais la foule est si grande qu'on est obligé de les laisser à la porte.

On offrait au comité les insignes du pouvoir souverain, et c'était le moment de les repousser. Il suffit à des chefs adroits de se les faire offrir, et ils doivent se donner le mérite du refus. Les membres présents du comité combattent avec une indignation affectée la proposition de se donner des gardes. Couthon prend aussitôt la parole. « Il s'étonne, dit-il, de la « proposition qui vient d'être faite aux Jaco- « bins, et qui l'a déjà été à la convention. Il « veut bien l'attribuer à des intentions pures, « mais il n'y a que des despotes qui s'entourent « de gardes, et les membres du comité ne « veulent point être assimilés à des despotes. « Ils n'ont pas besoin de gardes pour les dé- « fendre. C'est la vertu, c'est la confiance du « peuple et la Providence qui veillent sur leurs « jours; il ne leur faut pas d'autres garanties « pour leur sûreté. D'ailleurs ils sauront mou- « rir à leur poste et pour la liberté. »

Legendre se hâte de justifier sa proposition.

Il dit qu'il n'a pas voulu précisément donner une garde organisée aux membres du comité, mais engager seulement les bons citoyens à veiller sur leurs jours ; que si du reste il s'est trompé, il se rétracte, et que son intention a été pure. Robespierre lui succède à la tribune. C'est pour la première fois qu'il prend la parole. Des applaudissements éclatent, et se prolongent long-temps ; enfin on fait silence, et on lui permet de se faire entendre. « Je suis, « dit-il, un de ceux que les événements qui se « sont passés doivent le moins intéresser, ce« pendant je ne puis me défendre de quelques « réflexions. Que les défenseurs de la liberté « soient en butte aux poignards de la tyrannie, « il fallait s'y attendre. Je l'avais déja dit : si « nous battons les ennemis, si nous déjouons « les factions, nous serons assassinés. Ce que « j'avais prévu est arrivé : les soldats des tyrans « ont mordu la poussière, les traîtres ont péri « sur l'échafaud, et les poignards ont été ai« guisés contre nous. Je ne sais quelle impres« sion doivent vous faire éprouver ces événe« ments, mais voici celle qu'ils ont produite « sur moi. J'ai senti qu'il était plus facile de « nous assassiner que de vaincre nos principes « et de subjuguer nos armées. Je me suis dit « que plus la vie des défenseurs du peuple est

« incertaine et précaire, plus ils doivent se hâ-
« ter de remplir leurs derniers jours d'actions
« utiles à la liberté. Moi, qui ne crois pas à la
« nécessité de vivre, mais seulement à la vertu
« et à la Providence, je me trouve placé dans
« un état où sans doute les assassins n'ont pas
« voulu me mettre; je me sens plus indépen-
« dant que jamais de la méchanceté des hom-
« mes. Les crimes des tyrans et le fer des as-
« sassins m'ont rendu plus libre et plus
« redoutable pour tous les ennemis du peu-
« ple; mon ame est plus disposée que jamais
« à dévoiler les traîtres, et à leur arracher le
« masque dont ils osent se couvrir. Français,
« amis de l'égalité, reposez-vous sur nous du
« soin d'employer le peu de vie que la Provi-
« dence nous accorde, à combattre les enne-
« mis qui nous environnent! » — Les acclamations redoublent après ce discours, et des
transports éclatent dans toutes les parties de
la salle. Robespierre, après avoir joui quelques
instants de cet enthousiasme, prend encore une
fois la parole contre un membre de la société,
qui avait demandé qu'on rendît des honneurs
civiques à Geffroy. Il rapproche cette motion
de celle qui tendait à donner des gardes aux
membres des comités, et soutient que ces motions ont pour but d'exciter l'envie et la ca-

lomnie contre le gouvernement, en l'accablant d'honneurs superflus. En conséquence il propose, et fait prononcer l'exclusion contre celui qui avait demandé pour Geffroy les honneurs civiques.

Au degré de puissance auquel il était parvenu, le comité devait tendre à écarter les apparences de la souveraineté. Il exerçait une dictature absolue, mais il ne fallait pas qu'on s'en aperçût trop; et tous les dehors, toutes les pompes du pouvoir, ne pouvaient que le compromettre inutilement. Un soldat ambitieux qui est maître par son épée, et qui veut un trône, se hâte de caractériser son autorité le plus tôt qu'il peut, et d'ajouter les insignes de la puissance à la puissance même; mais les chefs d'un parti qui ne gouvernent ce parti que par leur influence, et qui veulent en rester maîtres, doivent le flatter toujours, rapporter sans cesse à lui le pouvoir dont ils jouissent, et, tout en le gouvernant, paraître lui obéir.

Les membres du comité de salut public, chefs de la Montagne, ne devaient pas s'isoler d'elle et de la convention, et devaient repousser au contraire tout ce qui paraîtrait les élever trop au-dessus de leurs collègues. Déjà on s'était ravisé, et l'étendue de leur puissance frappait les esprits, même dans leur propre parti. Déjà on voyait en eux des dictateurs, et c'était Robespierre surtout dont la haute influence commençait à offusquer les yeux. On s'habituait à dire, non plus, *le comité le veut*, mais *Robespierre le veut*. Fouquier-Tinville disait à un individu qu'il menaçait du tribunal révolutionnaire : *Si Robespierre le veut, tu y passeras*. Les agents du pouvoir nommaient sans cesse Robespierre dans leurs opérations, et semblaient rapporter tout à lui, comme à la cause de laquelle tout émanait. Les victimes ne manquaient pas de lui imputer leurs maux, et dans les prisons on ne voyait qu'un oppresseur, *Robespierre*. Les étrangers eux-mêmes dans leurs proclamations appelaient les soldats français *soldats de Robespierre*. Cette expression se trouvait dans une proclamation du duc d'York. Sentant combien était dangereux l'usage qu'on faisait de son nom, Robespierre s'empressa de prononcer à la convention un discours, pour repousser ce qu'il appelait des insinuations perfides, dont le but était de le perdre; il le répéta aux Jacobins, et s'y attira les applaudissements qui accueillaient toutes ses paroles. Le *Journal de la Montagne* et le *Moniteur*, ayant le lendemain répété ce discours, et ayant dit que c'était un chef-d'œuvre dont l'analyse était impossible, parce que *chaque mot valait une phrase, et chaque phrase une page*, il s'emporta vivement, et vint le lendemain se plaindre aux Jacobins des journaux qui flagornaient avec affectation les membres du comité, afin de les perdre, en leur donnant les apparences de la toute-puissance. Les deux journaux furent obligés de se rétracter, et de s'excuser d'avoir loué Robespierre, en assurant que leurs intentions étaient pures.

Robespierre avait de la vanité, mais il n'était pas assez grand pour être ambitieux. Avide de flatteries et de respects, il s'en nourrissait, et se justifiait de les recevoir en assurant qu'il ne voulait pas de la toute-puissance. Il avait autour de lui une espèce de cour composée de quelques hommes, mais surtout de beaucoup de femmes, qui lui prodiguaient les soins les plus délicats. Toujours empressées à sa porte, elles témoignaient pour sa personne la sollicitude la plus constante; elles ne cessaient de célébrer entre elles sa vertu, son éloquence, son génie; elles l'appelaient un homme divin et au-dessus de l'humanité. Une vieille marquise était la principale de ces femmes, qui soignaient en véritables dévotes ce pontife sanglant et orgueilleux. L'empressement des femmes est toujours le symptôme le plus sûr de l'engouement public. C'est elles qui, par leurs soins actifs, leurs discours, leurs sollicitudes, se chargent d'y ajouter le ridicule.

Aux femmes qui adoraient Robespierre s'était jointe une secte ridicule et bizarre, formée depuis peu. C'est au moment de l'abolition des cultes que les sectes abondent, parce que le besoin impérieux de croire cherche à se repaître d'autres illusions, à défaut de celles qui sont détruites. Une vieille femme dont le cerveau s'était enflammé dans les prisons de la Bastille, et qui se nommait Catherine Théot, se disait mère de Dieu, et annonçait la prochaine apparition d'un nouveau Messie. Il devait, suivant elle, apparaître au milieu des bouleversements, et, au moment où il paraîtrait, commencerait une vie éternelle pour les élus. Ces élus devaient propager leur croyance par tous les moyens, et exterminer les ennemis du vrai Dieu. Le chartreux dom Gerle, qui figura sous la constituante, et dont l'imagination faible avait été égarée par des rêves mystiques, était l'un des deux prophètes; Robespierre était l'autre. Son déisme lui avait sans doute valu cet honneur. Catherine Théot l'appelait son fils chéri; les initiés le considéraient avec respect, et voyaient en lui un être surnaturel, appelé à des destinées mystérieuses et sublimes. Probablement il était instruit de leurs folies, et sans être leur complice, il jouissait de leur erreur. Il est certain qu'il avait protégé dom Gerle, qu'il en recevait des visites fréquentes, et qu'il lui avait donné un certificat de civisme signé de sa main, pour le soustraire aux poursuites d'un comité révolutionnaire. Cette secte s'était fort répandue; elle avait son culte et ses pratiques, ce qui ne contribuait pas peu à sa propagation; elle se réunissait chez Catherine Théot, dans un quartier reculé de Paris, près du Panthéon. C'était là que se faisaient les initiations, en présence de la mère de Dieu, de dom Gerle et des principaux élus. Cette secte commençait à être connue, et on savait vaguement que Robespierre était pour elle un prophète. Ainsi tout contribuait à le grandir et à le compromettre.

C'était surtout parmi ses collègues que les ombrages commençaient à naître. Des divisions se prononçaient déjà, et c'était naturel, car la puissance du comité étant établie, le temps des rivalités était venu. Le comité s'était partagé en plusieurs groupes distincts. La mort de Hérault-Séchelles avait réduit à onze les douze membres qui le composaient. Jean-Bon-Saint-André et Prieur (de la Marne) n'avaient pas cessé d'être en mission. Carnot était entièrement occupé de la guerre, Prieur (de la Côte-d'Or) des approvisionnements, Robert Lindet des subsistances. On appelait ceux-ci les gens *d'examen*. Ils ne prenaient aucune part ni à la politique ni aux rivalités. Robespierre, Saint-Just, Couthon, s'étaient rapprochés. Une espèce de supériorité d'esprit et de manières, le grand cas qu'ils semblaient faire d'eux-mêmes, et le mépris qu'ils semblaient avoir pour leurs autres collègues, les avaient portés à se ranger à part; on les nommait les gens de *la haute main*. Barrère n'était à leurs yeux qu'un être faible et pusillanime, ayant de la facilité au service de tout le monde, Collot-d'Herbois qu'un déclamateur de club, Billaud-Varennes qu'un esprit médiocre, sombre et envieux. Ces trois derniers ne leur pardonnaient pas leurs dédains secrets. Barrère n'osait se prononcer; mais Collot-d'Herbois, et surtout Billaud, dont le caractère était indomptable, ne pouvaient dissimuler la haine dont ils commençaient à s'enflammer. Ils cherchaient à s'appuyer sur leurs collègues appelés gens *d'examen*, et à les mettre de leur côté. Ils pouvaient espérer un appui de la part du comité de sûreté générale, qui commençait à être importuné de la suprématie du comité de salut public. Spécialement borné à la police, et souvent surveillé ou contrôlé dans ses opérations par le comité de salut public, le comité de sûreté générale supportait impatiemment cette dépendance. Amar, Vadier, Vouland, Jagot, Louis du Bas-Rhin, ses membres les plus cruels, étaient en même temps les plus disposés à secouer le joug. Deux de leurs collègues, qu'on appelait *les écouteurs*, les observaient pour le compte de Robespierre, et cet espionnage leur était devenu insupportable. Les mécontents de l'un et l'autre comité pouvaient donc se réunir et devenir dangereux pour Robespierre, Couthon et Saint-Just. Il faut bien le remarquer: c'étaient les rivalités d'orgueil et de pouvoir qui commençaient la division, et non une différence d'opinion politique, car Billaud-Varennes, Collot-d'Herbois, Vadier, Vouland, Amar, Jagot et Louis, étaient des révolutionnaires non moins redoutables que les trois adversaires qu'ils voulaient renverser.

Une circonstance indisposa encore davantage le comité de sûreté générale contre les dominateurs du comité de salut public. On se plaignait beaucoup des arrestations qui devenaient toujours plus nombreuses, et qui étaient souvent injustes, car elles portaient contre une foule d'individus connus pour excellents patriotes; on se plaignait des rapines et des vexations des agents nombreux auxquels le comité de sûreté générale avait délégué son inquisition. Robespierre, Saint-Just et Couthon n'osant ni faire abolir, ni faire renouveler ce comité, imaginèrent d'établir un bureau de police dans le sein du comité de salut public. C'était, sans détruire le comité de sûreté générale, envahir ses fonctions et l'en dépouiller. Saint-Just devait avoir la direction de ce bureau; mais appelé à l'armée, il n'avait pu remplir ce soin, et Robespierre s'en était chargé à sa place. Le bureau de police élargissait ceux que faisait arrêter le comité de sûreté générale, et ce dernier comité rendait la pareille à l'autre. Cet envahissement de fonctions amena une brouille ouverte. Le bruit s'en répandit, et malgré le secret qui enveloppait le gouvernement, on sut bientôt que ses membres n'étaient pas d'accord.

D'autres mécontentements, non moins graves, éclataient dans la convention. Elle était toujours fort soumise, mais quelques-uns de ses membres, qui avaient conçu des craintes pour eux-mêmes, recevaient du danger un peu plus de hardiesse. C'étaient d'anciens amis de Danton, compromis par leurs liaisons avec lui, et menacés quelquefois comme restes du parti des *corrompus et des indulgents*. Les uns avaient malversé dans leurs fonctions, et craignaient l'application *du système de la vertu;* les autres avaient paru opposés à un déploiement de rigueurs tous les jours croissant. Le plus compromis d'entre eux était Tallien. On disait qu'il avait malversé à la commune lorsqu'il en était membre, et à Bordeaux lorsqu'il y était en mission. On ajoutait que dans cette dernière ville il s'était laissé amollir et séduire par une jeune et belle femme qui l'avait accompagné à Paris, et qui venait d'être jetée en prison. Après Tallien on citait Bourdon (de l'Oise), compromis par sa lutte avec le parti de Saumur, et expulsé des Jacobins, conjointement avec Fabre, Camille et Philipeaux; on citait encore Thuriot, exclu aussi des Jacobins; Legendre, qui, malgré ses soumissions journalières, ne pouvait se faire pardonner ses anciennes liaisons avec Danton; enfin Fréron, Barras, Lecointre, Rovère, Monestier, Panis, etc., tous, ou amis de Danton, ou désapprobateurs du système suivi par le gouvernement. Ces inquiétudes personnelles se propageaient, le nombre des mécontents augmentait chaque jour, et ils étaient prêts à s'unir aux membres de l'un ou de l'autre comité qui voudraient leur tendre la main.

Le 20 prairial (8 juin) approchait; c'était le jour fixé pour la fête à l'Être suprême. Le 16, il fallait nommer un président; la convention nomma à l'unanimité Robespierre pour occuper le fauteuil. C'était lui assurer le premier rôle dans la journée du 20. Ses collègues, comme on le voit, cherchaient encore à le flatter et à l'apaiser à force d'honneurs. De vastes préparatifs avaient été faits conformément au plan conçu par David. La fête devait être magnifique. Le 20, au matin, le soleil brillait de tout son éclat. La foule, toujours prête à assister aux représentations que lui donne le pouvoir, était accourue. Robespierre se fit attendre long-temps. Il parut enfin au milieu de la convention. Il était soigneusement paré; il avait la tête couverte de plumes, et tenait à la main, comme tous les représentants, un bouquet de fleurs, de fruits et d'épis de blé. Sur son visage, ordinairement si sombre, éclatait une joie qui ne lui était pas ordinaire. Un amphithéâtre était placé au milieu du jardin des Tuileries. La convention l'occupait; à droite et à gauche, se trouvaient plusieurs groupes d'enfants, d'hommes, de vieillards et de femmes. Les enfants étaient couronnés de violette, les adolescents de myrte, les hommes de chêne, les vieillards de pampre et d'olivier. Les femmes tenaient leurs filles par la main, et portaient des corbeilles de fleurs. Vis-à-vis de l'amphithéâtre, se trouvaient des figures re-

présentant l'Athéisme, la Discorde, l'Égoïsme. Elles étaient destinées à être brûlées. Dès que la convention eut pris sa place, une musique ouvrit la cérémonie. Le président fit ensuite un premier discours sur l'objet de la fête. « Fran-
« çais républicains, dit-il, il est enfin arrivé le
« jour à jamais fortuné que le peuple français
« consacre à l'Être suprême! Jamais le monde
« qu'il a créé ne lui offrit un spectacle aussi di-
« gne de ses regards. Il a vu régner sur la terre la
« tyrannie, le crime et l'imposture : il voit dans
« ce moment une nation entière, aux prises
« avec tous les oppresseurs du genre humain,
« suspendre le cours de ses travaux héroïques,
« pour élever sa pensée et ses vœux vers le
« grand Être qui lui donna la mission de les en-
« treprendre, et le courage de les exécuter! »

Après avoir parlé quelques minutes, le président descend de l'amphithéâtre, et, se saisissant d'une torche, met le feu aux monstres de l'Athéisme, de la Discorde et de l'Égoïsme. Du milieu de leurs cendres paraît la statue de la Sagesse, mais on remarque qu'elle est enfumée par les flammes au milieu desquelles elle vient de paraître. Robespierre retourne à sa place, et prononce un second discours sur l'extirpation des vices ligués contre la république. Après cette première cérémonie, on se met en marche pour se rendre au Champ-de-Mars. L'orgueil de Robespierre semble redoubler, et il affecte de marcher très en avant de ses collègues. Mais quelques-uns, indignés, se rapprochent de sa personne, et lui prodiguent les sarcasmes les plus amers. Les uns se moquent du nouveau pontife, et lui disent, en faisant allusion à la statue de la Sagesse, qui avait paru enfumée, que sa sagesse est obscurcie. D'autres font entendre le mot de tyran, et s'écrient qu'*il est encore des Brutus*. Bourdon de l'Oise lui dit ces mots : *La roche Tarpéienne est près du Capitole.*

Le cortége arrive enfin au Champ-de-Mars. Là se trouvait, au lieu de l'ancien autel de la patrie, une vaste montagne. Au sommet de cette montagne était un arbre : la convention s'assied sous ses rameaux. De chaque côté de la montagne se placent les différents groupes des enfants, des vieillards et des femmes. Une symphonie commence ; les groupes chantent ensuite des strophes en se répondant alternativement ; enfin, à un signal donné, les adolescents tirent leurs épées et jurent, dans les mains des vieillards, de défendre la patrie ; les mères élèvent leurs enfants dans leurs bras ; tous les assistants lèvent leurs mains vers le ciel, et les serments de vaincre se mêlent aux hommages rendus à l'Être suprême. On retourne ensuite au jardin des Tuileries, et la fête se termine par des jeux publics.

Telle fut la fameuse fête célébrée en l'honneur de l'Être suprême. Robespierre, en ce jour, était parvenu au comble des honneurs; mais il n'était arrivé au faîte que pour en être précipité. Son orgueil avait blessé tout le monde. Les sarcasmes étaient parvenus jusqu'à son oreille, et il avait vu chez quelques-uns de ses collègues une hardiesse qui ne leur était pas ordinaire. Le lendemain il se rend au comité de salut public, et exprime sa colère contre les députés qui l'ont outragé la veille. Il se plaint de ces amis de Danton, de ces restes impurs du parti *indulgent et corrompu*, et en demande le sacrifice. Billaud-Varennes et Collot-d'Herbois, qui n'étaient pas moins blessés que leurs collègues du rôle que Robespierre avait joué la veille, se montrent très-froids et peu empressés à le venger. Ils ne défendent pas les députés dont se plaint Robespierre, mais ils reviennent sur la dernière fête, ils expriment des craintes sur ses effets. Elle a indisposé, disent-ils, beaucoup d'esprits. D'ailleurs ces idées d'Être suprême, d'immortalité de l'ame, ces pompes semblent un retour vers les superstitions d'autrefois, et peuvent faire rétrograder la révolution. Robespierre s'irrite alors de ces remarques; il soutient qu'il n'a jamais voulu faire rétrograder la révolution, qu'il a tout fait au contraire pour accélérer sa marche. En preuve, il cite un projet de loi qu'il vient de rédiger avec Couthon, et qui tend à rendre le tribunal révolutionnaire encore plus meurtrier. Voici quel était ce projet :

Depuis deux mois il avait été question d'apporter quelques modifications à l'organisation du tribunal révolutionnaire. La défense de Danton, Camille, Fabre, Lacroix, avait fait sentir l'inconvénient des restes de formalités qu'on avait laissé exister. Tous les jours encore il fallait entendre des témoins et des avocats, et quelque briève que fût l'audition des témoins, quelque restreinte que fût la défense des avocats, néanmoins elles emportaient une grande perte de temps, et amenaient toujours un certain éclat. Les chefs de ce gouvernement, qui voulaient que tout se fit promptement et sans bruit, désiraient supprimer ces formalités incommodes. S'étant habitués à penser que la révolution avait le droit de détruire tous ses ennemis, et qu'à la simple inspection on devait les distinguer, ils croyaient qu'on ne pouvait rendre la procédure révolutionnaire trop expéditive. Robespierre, particulièrement chargé du tribunal, avait préparé la loi avec Couthon seul, car Saint-Just était absent. Il n'avait pas daigné consulter ses autres collègues du comité de salut public, et il venait seulement leur lire le projet avant de le présenter. Quoique Barrère et Collot-d'Herbois fussent tout aussi disposés que lui à en admettre les dispositions sanguinaires, ils devaient l'accueillir froidement, puisqu'il était conçu et arrêté sans leur participation. Cependant il fut convenu qu'il serait proposé le lendemain, et que Couthon en ferait le rapport. Mais aucune satisfaction ne fut accordée à Robespierre pour les outrages qu'il avait reçus la veille.

Le comité de sûreté générale ne fut pas plus consulté sur la loi que ne l'avait été le comité de salut public. Il sut qu'une loi se préparait; mais il ne fut point appelé à y prendre part. Il voulut du moins, sur cinquante jurés qui devaient être désignés, en faire nommer vingt; mais Robespierre les rejeta tous, et ne choisit que ses créatures. La proposition fut faite le 22 prairial; Couthon fut le rapporteur. Après les déclamations habituelles sur l'inflexibilité et la promptitude qui devaient être les caractères de la justice révolutionnaire, il lut le projet, qui était rédigé dans un style effrayant. Le tribunal devait se diviser en quatre sections, composées d'un président, trois juges et neuf jurés. Il était nommé douze juges, et cinquante jurés qui devaient se succéder dans l'exercice de leurs fonctions, de manière que le tribunal pût siéger tous les jours. La seule peine était la mort. Le tribunal, disait la loi, était institué pour punir les ennemis du peuple, suivant la définition la plus vague et la plus étendue des ennemis du peuple. Dans le nombre étaient compris les fournisseurs infidèles, et les alarmistes qui débitaient de mauvaises nouvelles. La faculté de traduire les citoyens au tribunal révolutionnaire était attribuée aux deux comités, à la convention, aux représentants en mission, et à l'accusateur public, Fouquier-Tinville. S'il existait des preuves, *soit matérielles*, *soit morales*, il ne devait pas être entendu de témoins. Enfin, un article portait ces mots : *La loi donne pour défenseurs aux patriotes calomniés des jurés patriotes ; elle n'en accorde point aux conspirateurs.*

Une loi qui supprimait toutes les garanties, qui bornait l'instruction à un simple appel nominal, et qui, en attribuant aux deux comités la faculté de traduire les citoyens au tribunal révolutionnaire, leur donnait ainsi droit de vie et de mort ; une pareille loi dut causer un vé-

ritable effroi, surtout chez les membres de la convention, déjà inquiets pour eux-mêmes. Il n'était pas dit dans le projet si les comités auraient la faculté de traduire les représentants au tribunal, sans demander un décret préalable d'accusation; dès lors les comités pouvaient envoyer leurs collègues à la mort, sans autre formalité que celle de les désigner à Fouquier-Tinville. Aussi les restes de la prétendue faction des *indulgents* se soulevèrent, et, pour la première fois depuis long-temps, on vit une opposition se manifester dans le sein de l'assemblée. Ruamps demanda l'impression et l'ajournement du projet, disant que si cette loi était adoptée sans ajournement, il ne restait qu'à se brûler la cervelle. Lecointre de Versailles appuya l'ajournement. Robespierre se présenta aussitôt pour combattre cette résistance inattendue. « Il y a, dit-il, deux opinions
« aussi anciennes que notre révolution; l'une,
« qui tend à punir d'une manière prompte et
« inévitable les conspirateurs; l'autre, qui tend
« à absoudre les coupables; cette dernière n'a
« cessé de se reproduire dans toutes les occa-
« sions. Elle se manifeste de nouveau aujour-
« d'hui, et je viens la repousser. Depuis deux
« mois, le tribunal se plaint des entraves qui
« embarrassent sa marche; il se plaint de man-

« quer de jurés; il faut donc une loi. Au milieu
« des victoires de la république, les conspira-
« teurs sont plus actifs et plus ardents que
« jamais; il faut les frapper. Cette opposition
« inattendue qui se manifeste n'est pas natu-
« relle. On veut diviser la convention, on veut
« l'épouvanter.—Non, non, s'écrient plusieurs
« voix, on ne nous divisera pas!—C'est nous,
« ajoute Robespierre, qui avons toujours dé-
« fendu la convention, ce n'est pas nous qu'elle
« a à craindre. Du reste, nous en sommes ar-
« rivés au point où l'on pourra nous tuer, mais
« où l'on ne nous empêchera pas de sauver la
« patrie. »

Robespierre ne manquait plus une seule fois de parler de poignards et d'assassins, comme s'il avait toujours été menacé. Bourdon de l'Oise lui répond, et dit que si le tribunal a besoin de jurés, on n'a qu'à adopter sur-le-champ la liste proposée, car personne ne veut arrêter la marche de la justice, mais qu'il faut ajourner le reste du projet. Robespierre remonte à la tribune, et répond que la loi n'est ni plus compliquée ni plus obscure qu'une foule d'autres qui ont été adoptées sans discussion, et que, dans un moment où les défenseurs de la liberté sont menacés du poignard, on ne devrait pas chercher à ralentir la répression des conspirateurs. Enfin il propose de discuter toute la loi, article par article, et de siéger jusqu'au milieu de la nuit, s'il le faut, pour la décréter le jour même. La domination de Robespierre l'emporte encore; la loi est lue, et adoptée en quelques instants.

Cependant Bourdon, Tallien, tous les membres qui avaient des craintes personnelles, étaient effrayés d'une loi pareille. Les comités pouvant traduire tous les citoyens au tribunal révolutionnaire, et les membres de la représentation nationale n'en étant pas exceptés, ils tremblaient d'être enlevés tous en une nuit, et livrés à Fouquier sans que la convention même fût prévenue. Le lendemain, 23 prairial, Bourdon demanda la parole. « En donnant, « dit-il, aux comités de salut public et de sûreté « générale le droit de traduire les citoyens au « tribunal révolutionnaire, la convention n'a « pas entendu sans doute que le pouvoir des « comités s'étendrait sur tous ses membres, « sans un décret préalable. — Non, non, s'é- « crie-t-on de toutes parts. — Je m'attendais, « reprend Bourdon, à ces murmures; ils me « prouvent que la liberté est impérissable. » — Cette réflexion causa une sensation profonde. Bourdon proposa de déclarer que les membres de la convention ne pourraient être livrés au tribunal révolutionnaire sans un décret d'accusation. Les comités étaient absents; la proposition de Bourdon fut accueillie. Merlin demanda la question préalable; on murmura contre lui; mais il s'expliqua et demanda la question préalable avec un considérant, c'est que la convention n'avait pu se dessaisir du droit de décréter seule ses propres membres. Le considérant fut adopté à la satisfaction générale.

Une scène qui se passa dans la soirée donna encore plus d'éclat à cette opposition si nouvelle. Tallien et Bourdon se promenaient dans les Tuileries; des espions du comité de salut public les suivaient de très-près. Tallien fatigué se retourne, les provoque, les appelle de vils espions du comité, et leur dit d'aller rapporter à leurs maîtres ce qu'ils ont vu et entendu. Cette scène causa une grande sensation. Couthon et Robespierre étaient indignés. Le lendemain ils se présentent à la convention, décidés à se plaindre vivement de la résistance qu'ils essuyaient. Delacroix et Mallarmé leur en fournissent l'occasion. Delacroix demande qu'on caractérise d'une manière plus précise ceux que la loi a qualifiés de *dépravateurs des mœurs*. Mallarmé demande ce qu'elle a voulu dire par ces mots : *la loi ne donne pour défenseurs aux patriotes calomniés que la cons-*

cience des jurés patriotes. Couthon monte alors à la tribune, se plaint des amendements proposés aujourd'hui. « On a calomnié, dit-il, le « comité de salut public, en paraissant suppo- « ser qu'il voulait avoir la faculté d'envoyer les « membres de la convention à l'échafaud. Que « les tyrans calomnient le comité, c'est natu- « rel; mais que la convention elle-même semble « écouter la calomnie, une pareille injustice « est insupportable, et il ne peut s'empêcher « de s'en plaindre. On s'est applaudi hier d'une « *heureuse clameur* qui prouvait que la liberté « était impérissable, comme si la liberté avait « été menacée. On a choisi, pour porter cette « attaque, le moment où les membres du comité « étaient absents. Une telle conduite est dé- « loyale, et je propose de rapporter les amen- « dements adoptés hier, et ceux qu'on vient « de proposer aujourd'hui. » — Bourdon répond que demander des explications sur une loi n'est pas un crime; que s'il s'est applaudi d'une clameur, c'est qu'il a été satisfait de se trouver d'accord avec la convention; que si de part et d'autre on montrait la même aigreur, il serait impossible de discuter. « On m'accuse, « dit-il, de parler comme Pitt et Cobourg; si « je répondais de même, où en serions-nous? « J'estime Couthon, j'estime les comités, j'es-

« time la *Montagne* qui a sauvé la liberté. » — On applaudit ces explications de Bourdon; mais ces explications étaient des excuses, et l'autorité des dictateurs était trop forte encore pour être bravée sans égards. Robespierre prend la parole, et fait un discours diffus, plein d'orgueil et d'amertume. « Montagnards, dit-il,
« vous serez toujours le boulevart de la liberté
« publique, mais vous n'avez rien de commun
« avec les intrigants et les pervers quels qu'ils
« soient. S'ils s'efforcent de se ranger parmi
« vous, ils n'en sont pas moins étrangers à
« vos principes. Ne souffrez pas que quelques
« intrigants, plus méprisables que les autres,
« parce qu'ils sont plus hypocrites, s'efforcent
« d'entraîner une partie d'entre vous, et de se
« faire les chefs d'un parti.... » — Bourdon de l'Oise interrompt Robespierre en disant qu'il n'a jamais voulu se faire le chef d'un parti. — Robespierre ne répond pas, et reprend : « Ce
« serait, dit-il, le comble de l'opprobre, si des
« calomniateurs, égarant nos collègues..... »
— Bourdon l'interrompt de nouveau. « Je
« demande, s'écrie-t-il, qu'on prouve ce
« qu'on avance; on vient de dire assez claire-
« ment que j'étais un scélérat. — Je n'ai pas
« nommé Bourdon, répond Robespierre; mal-
« heur à qui se nomme lui-même! Oui, la

« Montagne est pure, elle est sublime ; les in-
« trigants ne sont pas de la Montagne. » Robespierre s'étend ensuite longuement sur les efforts qu'on fait pour effrayer les membres de
la convention, et pour leur persuader qu'ils
sont en danger ; il dit qu'il n'y a que des coupables qui soient ainsi effrayés, et qui veuillent
effrayer les autres. Il raconte alors ce qui s'est
passé la veille entre Tallien et les espions,
qu'il appelle des *courriers du comité*. Ce récit
amène des explications très-vives de la part de
Tallien, et vaut à ce dernier beaucoup d'injures. Enfin on termine toutes ces discussions
par l'adoption des demandes faites par Couthon
et Robespierre. Les amendements de la veille
sont rapportés, ceux du jour sont repoussés,
et l'affreuse loi du 22 reste telle qu'elle avait
été proposée.

Les meneurs du comité triomphaient donc
encore une fois ; leurs adversaires tremblaient.
Tallien, Bourdon, Ruamps, Delacroix, Mallarmé, tous ceux qui avaient fait des objections
à la loi, se croyaient perdus, et craignaient à
chaque instant d'être arrêtés. Bien que le décret préalable de la convention fût nécessaire
pour la mise en accusation, elle était encore
tellement intimidée qu'elle pouvait accorder
tout ce qu'on lui demanderait. Elle avait rendu

le décret contre Danton; elle pouvait bien le rendre encore contre ceux de ses amis qui lui survivaient. Le bruit se répandit que la liste était faite; on portait le nombre des victimes à douze, puis à dix-huit. On les nommait. Bientôt l'effroi se répandit, et plus de soixante membres de la convention ne couchaient plus chez eux.

Cependant un obstacle s'opposait à ce qu'on disposât de leur vie aussi aisément qu'ils le craignaient. Les chefs du gouvernement étaient divisés. On a déja vu que Billaud-Varennes, Collot, Barrère, avaient froidement répondu aux premières plaintes de Robespierre contre ses collègues. Les membres du comité de sûreté générale lui étaient plus opposés que jamais, car ils venaient d'être éloignés de toute coopération à la loi du 22, et il paraît même que quelques-uns d'entre eux étaient menacés. Robespierre et Couthon poussaient l'exigence fort loin; ils auraient voulu sacrifier un grand nombre de députés; ils parlaient de Tallien, Bourdon de l'Oise, Thuriot, Rovère, Lecointre, Panis, Monestier, Legendre, Fréron, Barras; ils demandaient même Cambon, dont la renommée financière les gênait, et qui avait paru opposé à leurs cruautés; enfin ils auraient voulu porter leurs coups jusque sur plusieurs membres de la Montagne les plus prononcés, tels que Duval, Audouin, Léonard Bourdon *. Les membres du comité de salut public, Billaud, Collot, Barrère, et tous ceux du comité de sûreté générale, refusaient d'y consentir. Le danger, en s'étendant sur un aussi grand nombre de têtes, pouvait finir bientôt par les menacer eux-mêmes.

Ils étaient dans ces dispositions hostiles, et peu portés à s'entendre sur un nouveau sacrifice, lorsqu'une dernière circonstance amena une rupture définitive. Le comité de sûreté générale avait fait la découverte des assemblées qui se tenaient chez Catherine Théot. Il avait appris que cette secte extravagante faisait de Robespierre un prophète, et que celui-ci avait donné un certificat de civisme à dom Gerle. Aussitôt Vadier, Vouland, Jagot, Amar, résolurent de se venger, en présentant cette secte comme une réunion de conspirateurs dangereux, en la dénonçant à la convention, et en faisant partager ainsi à Robespierre le ridicule et l'odieux qui s'attacheraient à elle. On envoya un agent, Sénart, qui, sous prétexte de se faire initier, s'introduisit dans l'une des réunions. Au milieu de la cérémonie, il s'ap-

* Voyez la liste fournie par Villate dans ses mémoires.

procha d'une fenêtre, donna le signal à la force armée, et fit saisir la secte presque entière. Dom Gerle, Catherine Théot, furent arrêtés. On trouva le certificat de civisme donné par Robespierre à dom Gerle; on découvrit même dans le lit de la mère de Dieu une lettre qu'elle écrivait à son fils chéri, au premier prophète, à Robespierre enfin. Quand Robespierre apprit qu'on allait poursuivre la secte, il voulut s'y opposer, et provoqua une discussion sur ce sujet dans le comité de salut public. On a déjà vu que Billaud et Collot n'étaient pas déjà très-portés pour le déisme, et qu'ils voyaient avec ombrage l'usage politique que Robespierre voulait faire de cette croyance. Ils opinaient pour les poursuites. Robespierre insistant pour les empêcher, la discussion devint extrêmement vive; il essuya les expressions les plus injurieuses, ne réussit pas, et se retira en pleurant de rage. La querelle avait été si forte, que pour éviter d'être entendus de ceux qui traversaient les galeries, les membres du comité résolurent de transporter le lieu de leurs séances à l'étage supérieur. Le rapport contre la secte de Catherine Théot fut fait à la convention. Barrère, pour se venger de Robespierre à sa manière, avait rédigé secrètement le rapport que Vouland devait prononcer. La

secte y était représentée comme aussi ridicule qu'atroce. La convention, tantôt révoltée, tantôt égayée par le tableau tracé par Barrère, décréta d'accusation les principaux chefs de la secte, et les envoya au tribunal révolutionnaire.

Robespierre, indigné et de la résistance qu'il rencontrait, et des propos injurieux qu'il avait essuyés, renonça de paraître au comité, et résolut de ne plus prendre part à ses délibérations. Il se retira dans les derniers jours de prairial (milieu de juin). Cette retraite prouve de quelle nature était son ambition. Un ambitieux n'a jamais d'humeur; il s'irrite par les obstacles, s'empare du pouvoir, et en écrase ceux qui l'ont outragé. Un rhéteur faible et vaniteux se dépite, et cède quand il ne trouve plus ni flatteries ni respects. Danton s'était retiré par paresse et dégoût, Robespierre par vanité blessée. Cette retraite lui fut aussi funeste qu'à Danton. Couthon restait seul contre Billaud-Varennes, Collot-d'Herbois, Barrère, et ces derniers allaient s'emparer de toutes les affaires.

Ces divisions n'étaient pas encore ébruitées; on savait seulement que les comités de salut public et de sûreté générale n'étaient pas d'accord; on était enchanté de cette mésintelligence, on espérait qu'elle empêcherait de nouvelles proscriptions. Ceux qui étaient menacés se rapprochaient du comité de sûreté générale, le flattaient, l'imploraient, et avaient même reçu de quelques membres les promesses les plus rassurantes. Élie Lacoste, Moyse Bayle, Lavicomterie, Dubarran, les meilleurs des membres du comité de sûreté générale, avaient promis de refuser leur signature à toute nouvelle liste de proscription.

Au milieu de ces luttes, les jacobins étaient toujours dévoués à Robespierre ; ils n'établissaient pas encore de distinction entre les divers membres du comité, entre Couthon, Robespierre, Saint-Just d'un côté, et Billaud-Varennes, Collot, Barrère de l'autre. Ils ne voyaient que le gouvernement révolutionnaire d'une part, et de l'autre quelques restes de la faction des indulgents, quelques amis de Danton, qui, à propos de la loi du 22 prairial, venaient de s'élever contre ce gouvernement salutaire. Robespierre, qui avait défendu ce gouvernement en défendant la loi, était toujours pour eux le premier et le plus grand citoyen de la république ; tous les autres n'étaient que des intrigants qu'il fallait achever de détruire. Aussi ne manquèrent-ils pas d'exclure Tallien de leur comité de correspondance, parce qu'il n'avait pas répondu aux accusations

dirigées contre lui dans la séance du 24. Dès
ce jour, Collot et Billaud-Varennes, sentant
l'influence de Robespierre, s'abstinrent de paraître aux Jacobins. Qu'auraient-ils pu dire?
Ils n'auraient pu exposer leurs griefs tout personnels, et faire le public juge entre leur orgueil et celui de Robespierre. Il ne leur restait
qu'à se taire et à attendre. Robespierre et Couthon avaient donc le champ libre. Le bruit
d'une nouvelle proscription ayant produit un
effet dangereux, Couthon se hâta de démentir
devant la société les projets qu'on leur supposait contre vingt-quatre et même soixante
membres de la convention. « Les ombres de
« Danton, d'Hébert, de Chaumette, se pro-
« mènent, dit-il, encore parmi nous; elles cher-
« chent à perpétuer le trouble et la division.
« Ce qui s'est passé dans la séance du 24 en
« est un exemple frappant; on veut diviser le
« gouvernement, discréditer ses membres, en
« les peignant comme des Sylla et des Néron ;
« on délibère en secret, on se réunit, on forme
« de prétendues listes de proscription, on ef-
« fraie les citoyens pour en faire des ennemis
« de l'autorité publique. On répandait, il y a
« peu de jours, le bruit que les comités devaient
« faire arrêter dix-huit membres de la conven-
« tion, déja même on les nommait. Défiez-

« vous de ces insinuations perfides; ceux qui
« répandaient ces bruits sont des complices
« d'Hébert et de Danton; ils craignent la pu-
« nition de leur conduite criminelle; ils cher-
« chent à s'accoler des gens purs, dans l'espoir
« que, cachés derrière eux, ils pourront aisé-
« ment échapper à l'œil de la justice. Mais ras-
« surez-vous, le nombre des coupables est heu-
« reusement très-petit; il n'est que de quatre,
« de six peut-être; et ils seront frappés, car le
« temps est venu de délivrer la république des
« derniers ennemis qui conspirent contre elle.
« Reposez-vous de son salut sur l'énergie et la
« justice des comités. »

Il était adroit de réduire à un petit nombre les proscrits que Robespierre voulait frapper. Les jacobins applaudirent, suivant l'usage, le discours de Couthon; mais ce discours ne rassura aucune des victimes menacées, et ceux qui se croyaient en péril n'en continuèrent pas moins de coucher hors de leurs maisons. Jamais la terreur n'avait été plus grande, non-seulement dans la convention, mais dans les prisons, et par toute la France.

Les cruels agents de Robespierre, l'accusateur Fouquier-Tinville, le président Dumas, s'étaient emparés de la loi du 22 prairial, et allaient s'en servir pour ravager les prisons.

Bientôt, disait Fouquier, on mettra sur leurs portes cet écriteau : *Maison à louer*. Le projet était de se délivrer de la plus grande partie des suspects. On s'était accoutumé à les considérer comme des ennemis irréconciliables, qu'il fallait détruire pour le salut de la république. Immoler des milliers d'individus n'ayant d'autre tort que de penser d'une certaine manière, et souvent même ne pensant pas autrement que leurs persécuteurs, semblait une chose toute naturelle, par l'habitude qu'on avait prise de se détruire les uns les autres. La facilité à faire mourir et à mourir soi-même était devenue extraordinaire. Sur les champs de bataille, sur l'échafaud, des milliers d'hommes périssaient chaque jour, et on n'en était plus étonné. Les premiers meurtres commis en 93 provenaient d'une irritation réelle et motivée par le danger. Aujourd'hui les périls avaient cessé, la république était victorieuse, on n'égorgeait plus par indignation, mais par l'habitude funeste qu'on avait contractée du meurtre. Cette machine formidable qu'on fut obligé de construire pour résister à des ennemis de toute espèce commençait à n'être plus nécessaire; mais une fois mise en action, on ne savait plus l'arrêter. Tout gouvernement doit avoir son excès, et ne périt que lorsqu'il a atteint cet excès. Le gouvernement révolutionnaire ne devait pas finir le jour même où les ennemis de la république seraient assez terrifiés; il devait aller au-delà, il devait s'exercer jusqu'à ce qu'il eût révolté tous les cœurs par son atrocité même. Les choses humaines ne vont pas autrement. Pourquoi d'affreuses circonstances avaient-elles obligé de créer un gouvernement de mort, qui ne régnerait et ne vaincrait que par la mort?

Ce qui est plus effrayant encore, c'est que lorsque le signal est donné, lorsque l'idée est établie qu'il faut sacrifier des vies, et qu'en les sacrifiant on sauvera l'état, tout se dispose pour ce but affreux avec une singulière facilité. Chacun agit sans remords, sans répugnance; on s'habitue à cela comme le juge à envoyer des coupables au supplice, le médecin à voir des êtres souffrants sous son instrument, le général à ordonner le sacrifice de vingt mille soldats. On se fait un affreux langage suivant ses nouvelles œuvres; on sait même le rendre gai, on trouve des mots piquants pour exprimer des idées sanguinaires. Chacun marche, entraîné, étourdi avec l'ensemble; et on voit des hommes qui la veille s'occupaient doucement des arts et du commerce, s'occuper avec la même facilité de mort et de destruction.

Le comité avait donné le signal par la loi du 22; Dumas et Fouquier l'avaient trop bien compris. Il fallait cependant des prétextes pour immoler tant de malheureux. Quel crime pouvait-on leur supposer, lorsque la plupart d'entre eux étaient des citoyens paisibles, inconnus, qui n'avaient jamais donné à l'état aucun signe de vie? On imagina que plongés dans les prisons ils devaient songer à en sortir, que leur nombre devait leur inspirer le sentiment de leurs forces, et leur donner l'idée de s'en servir pour se sauver. La prétendue conspiration de Dillon fut le germe de cette idée, qu'on développa d'une manière atroce. On se servit de quelques misérables qui étaient détenus, et qui consentirent à jouer le rôle infame de délateurs. Ils désignèrent au Luxembourg cent soixante prisonniers qui, disaient-ils, avaient pris part au complot de Dillon. On se procura quelques-uns de ces faiseurs de listes dans toutes les autres maisons d'arrêt, et ils dénoncèrent dans chacune cent ou deux cents individus comme complices de la conspiration des prisons. Une tentative d'évasion faite à la Force ne servit qu'à autoriser cette fable indigne, et sur-le-champ on commença à envoyer des centaines de malheureux au tribunal révolutionnaire. On les acheminait des diverses prisons à la Conciergerie, pour aller de là au tribunal et à l'échafaud. Dans la nuit du 18 au 19 messidor (6 juin), on traduisit les cent soixante désignés au Luxembourg. Ils tremblaient en entendant cet appel; ils ne savaient ce qu'on leur imputait, et ce qu'ils voyaient de plus probable, c'était la mort qu'on leur réservait. L'affreux Fouquier, depuis qu'il était nanti de la loi du 22, avait opéré de grands changements dans la salle du tribunal. Au lieu des siéges des avocats, et du banc des accusés qui ne contenait que 18 ou 20 places, il avait fait construire un amphithéâtre qui pouvait contenir cent ou cent cinquante accusés à la fois. Il appelait cela *ses petits gradins*. Poussant son ardeur jusqu'à une espèce d'extravagance, il avait fait élever l'échafaud dans la salle même du tribunal, et il se proposait de faire juger en une même séance les cent soixante accusés du Luxembourg.

Le comité de salut public, en apprenant l'espèce de délire de son accusateur public, l'envoya chercher, lui ordonna de faire enlever l'échafaud de la salle où il était dressé, et lui défendit de traduire plus de soixante individus à la fois. *Tu veux donc*, lui dit Collot-d'Herbois dans un transport de colère, *démoraliser le supplice?* Il faut cependant remarquer que Fouquier a prétendu le contraire, et soutenu que c'était lui qui avait demandé le jugement des cent soixante en trois fois. Cependant tout prouve que c'est le comité qui fut moins extravagant que son ministre, et qui réprima son délire. Il fallut renouveler une seconde fois à Fouquier-Tinville l'ordre d'enlever la guillotine de la salle du tribunal.

Les cent soixante furent partagés en trois troupes, jugés et exécutés en trois jours. La procédure était devenue aussi expéditive et aussi affreuse que celle qui s'employait dans le guichet de l'Abbaye dans les nuits des 2 et 3 septembre. Les charrettes, commandées pour tous les jours, attendaient dès le matin dans la cour du Palais-de-Justice, et les accusés pouvaient les voir en montant au tribunal. Le président Dumas, siégeant comme un furieux, avait deux pistolets sur la table. Il demandait aux accusés leur nom seulement, et y ajoutait à peine une question fort générale. Dans l'interrogatoire des cent soixante, le président dit à l'un d'eux, Dorival : Connaissez-vous la conspiration ? — Non. — Je m'attendais que vous feriez cette réponse, mais elle ne réussira pas. A un autre. — Il s'adresse au nommé Champigny : N'êtes-vous pas ex-noble ? — Oui. — A un autre. A Guédreville : Êtes-vous prêtre ?

— Oui, mais j'ai prêté le serment. — Vous n'avez plus la parole. A un autre. Au nommé Ménil : N'étiez-vous pas domestique de l'ex-constituant Menou? — Oui. — A un autre. Au nommé Vély : N'étiez-vous pas architecte de Madame?—Oui, mais j'ai été disgracié en 1788. — A un autre. A Gondrecourt : N'avez-vous pas votre beau-père au Luxembourg? — Oui. — A un autre. A Durfort : N'étiez-vous pas garde-du-corps? — Oui, mais j'ai été licencié en 1789. — A un autre.

C'est ainsi que s'instruisait le procès de ces malheureux. La loi portait qu'on ne serait dispensé de faire entendre des témoins que lorsqu'il y aurait des preuves matérielles ou morales; néanmoins on n'en faisait jamais appeler, prétendant toujours qu'il existait des preuves de cette espèce. Les jurés ne se donnaient pas même la peine de rentrer dans la salle du conseil. Ils opinaient à l'audience même, et le jugement était aussitôt prononcé. Les accusés avaient eu à peine le temps de se lever et d'énoncer leurs noms. — Un jour, il y en eut un dont le nom n'était pas sur la liste des accusés, et qui dit au tribunal : Je ne suis pas accusé, mon nom n'est pas dans votre liste. — Eh qu'importe! lui dit Fouquier; donne-le vite. — Il le donna, et fut envoyé à la mort comme

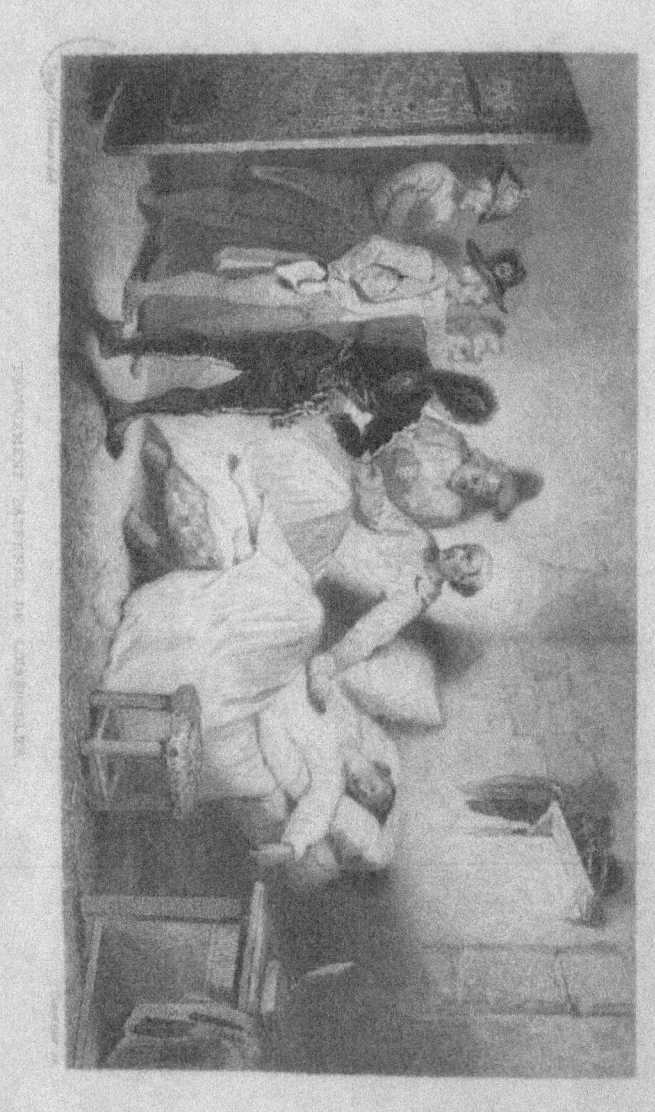

les autres. La plus grande négligence régnait dans cette espèce d'administration barbare. Souvent on omettait, par l'effet de la grande précipitation, de signifier les actes d'accusation, et on les donnait aux accusés à l'audience même. On commettait les plus étranges erreurs. Un digne vieillard, Loizerolles, entend prononcer à côté de son nom les prénoms de son fils; il se garde de réclamer, et il est envoyé à la mort. Quelque temps après, le fils est jugé à son tour; et il se trouve qu'il aurait dû ne plus exister, car un individu ayant tous ses noms avait été exécuté : c'était son père. Il n'en périt pas moins. Plus d'une fois on appela des détenus qui avaient déjà été exécutés depuis long-temps. Il y avait des centaines d'actes d'accusation tout prêts, auxquels on ne faisait qu'ajouter la désignation des individus. On faisait de même pour les jugements. L'imprimerie était à côté de la salle même du tribunal; les planches étaient toutes prêtes, le titre, les motifs étaient tout composés; il n'y avait que les noms à y ajouter; on les transmettait par une petite lucarne au prote. Sur-le-champ des milliers d'exemplaires étaient tirés, et allaient répandre la douleur dans les familles et l'effroi dans les prisons. Les petits colporteurs venaient vendre le bulletin du tribunal sous les fenêtres des prisonniers, en criant : *Voici ceux qui ont gagné à la loterie de la sainte guillotine !* Les accusés étaient exécutés au sortir de l'audience, ou tout au plus le lendemain, si la journée était trop avancée.

Les têtes tombaient, depuis la loi du 22 prairial, par cinquante et soixante chaque jour. *Ça va bien*, disait Fouquier, *les têtes tombent comme des ardoises*, et il ajoutait : *Il faut que ça aille mieux encore la décade prochaine ; il m'en faut quatre cent cinquante au moins**. Pour cela, on faisait ce qu'ils appelaient des *commandes* aux *moutons* qui se chargeaient d'espionner les suspects. Ces infames étaient devenus la terreur des prisons. Enfermés comme suspects, on ne savait pas au juste quels étaient ceux d'entre eux qui se chargeaient de désigner les victimes ; mais on s'en doutait à leur insolence, aux préférences qu'ils obtenaient des geôliers, aux orgies qu'ils faisaient dans les guichets avec les agents de la police. Souvent ils laissaient connaître leur importance pour en trafiquer. Ils étaient caressés, implorés par les prisonniers tremblants ; ils recevaient même des sommes pour ne pas mettre un nom sur

---

* Voyez pour tous ces détails le long procès de Fouquier-Tinville.

leur liste. Ils faisaient leurs choix au hasard; ils disaient de celui-ci qu'il avait tenu un propos aristocrate; de celui-là, qu'il avait bu un jour où l'on annonçait une défaite des armées, et leur seule désignation équivalait à un arrêt de mort. On portait les noms fournis par eux sur autant d'actes d'accusation, et on venait le soir signifier ces actes aux prisonniers, et les traduire à la Conciergerie. Cela s'appelait dans la langue des geôliers *le journal du soir*. Quand ces infortunés entendaient le roulement des tombereaux qui venaient les chercher, ils étaient dans une anxiété aussi cruelle que la mort; ils accouraient aux guichets, se collaient contre les grilles pour écouter la liste, et tremblaient d'entendre leur nom dans la bouche des huissiers. Quand ils avaient été nommés, ils embrassaient leurs compagnons d'infortune, et recevaient les adieux de mort. Souvent on voyait les séparations les plus douloureuses : c'était un père qui se détachait de ses enfants, un époux de son épouse. Ceux qui survivaient étaient aussi malheureux que ceux que l'on conduisait à la caverne de Fouquier-Tinville; ils rentraient en attendant d'être promptement réunis à leurs proches. Quand ce funeste appel était achevé, les prisons respiraient, mais jusqu'au lendemain seulement. Alors les angoisses recommençaient de nouveau, et le funeste roulement des charrettes ramenait la terreur.

Cependant la pitié publique commençait à éclater d'une manière inquiétante pour les exterminateurs. Les marchands de la rue Saint-Honoré, où passaient tous les jours les charrettes, fermaient leurs boutiques. Pour priver les victimes de ces témoignages de douleur, on transporta l'échafaud à la barrière du Trône, et on ne rencontra pas moins de pitié dans ce quartier des ouvriers que dans les rues le mieux habitées de Paris. Le peuple, dans un moment d'enivrement, peut devenir impitoyable pour des victimes qu'il égorge lui-même; mais voir expirer chaque jour cinquante et soixante malheureux, contre lesquels il n'est pas entraîné par la fureur, est un spectacle qui finit bientôt par l'émouvoir. Cependant cette pitié était silencieuse et timide encore. Tout ce que les prisons renfermaient de plus distingué avait succombé; la malheureuse sœur de Louis XVI avait été immolée à son tour; des rangs élevés on descendait déjà aux derniers rangs de la société. Nous voyons sur les listes du tribunal révolutionnaire à cette époque, des tailleurs, des cordonniers, des perruquiers, des bouchers, des cultivateurs, des limonadiers, des ouvriers même, condamnés pour sentiments et propos réputés contre-révolutionnaires. Pour donner enfin une idée du nombre des exécutions de cette époque, il suffira de dire que du mois de mars 1793, époque où le tribunal entra en exercice, jusqu'au mois de juin 1794 (22 prairial an II), il avait condamné cinq cent soixante-dix-sept personnes; et que du 10 juin (22 prairial) au 9 thermidor (27 juillet), il en condamna mille deux cent quatre-vingt-cinq; ce qui porte en tout le nombre des victimes jusqu'au 9 thermidor, à mille huit cent soixante-deux.

Cependant les exécuteurs n'étaient pas tranquilles. Dumas était troublé, et Fouquier n'osait sortir la nuit; il voyait les parents de ses victimes toujours prêts à le frapper. Traversant un jour les guichets du Louvre avec Sénart, il s'effraie d'un bruit léger; c'était un individu qui passait tout près de lui. — « Si j'avais été seul, s'écria-t-il, il me serait arrivé quelque chose. »

Dans les principales villes de France la terreur n'était pas moins grande qu'à Paris. Carrier avait été envoyé à Nantes pour y punir la Vendée. Carrier, jeune encore, était un de ces êtres médiocres et violents qui, dans l'entraînement des guerres civiles, deviennent des monstres de cruauté et d'extravagance. Il débuta par dire, en arrivant à Nantes, qu'il fallait tout égorger, et que, malgré la promesse de grâce faite aux Vendéens qui mettraient bas les armes, il ne fallait accorder quartier à aucun d'entre eux. Les autorités constituées ayant parlé de tenir la parole donnée aux rebelles, — « Vous êtes des j... f....., leur dit Carrier, vous ne savez pas votre métier, je vous ferai tous guillotiner; » — et il commença par faire fusiller et mitrailler par troupes de cent et deux cents les malheureux qui se rendaient. Il se présentait à la société populaire le sabre à la main, l'injure à la bouche, menaçant toujours de la guillotine. Bientôt cette société ne lui convenant plus, il la fit dissoudre. Il intimida les autorités à un tel point, qu'elles n'osaient plus paraître devant lui. Un jour elles voulaient lui parler des subsistances, il répondit aux officiers municipaux que ce n'était pas son affaire, que le premier b..... qui lui parlerait de subsistances, il lui ferait mettre la tête à bas, et qu'il n'avait pas le temps de s'occuper de leurs sottises. — Cet insensé ne croyait avoir d'autre mission que celle d'égorger.

Il voulait punir à la fois et les Vendéens rebelles, et les Nantais fédéralistes, qui avaient essayé un mouvement en faveur des girondins, après le siége de leur ville. Chaque jour, les

malheureux qui avaient échappé au massacre du Mans et de Savenay arrivaient en foule, chassés par les armées qui les pressaient de tous côtés. Carrier les faisait enfermer dans les prisons de Nantes, et en avait accumulé là près de dix mille. Il avait ensuite formé une compagnie d'assassins, qui se répandaient dans les campagnes des environs, arrêtaient les familles nantaises, et joignaient les rapines à la cruauté. Carrier avait d'abord institué une commission révolutionnaire devant laquelle il faisait passer les Vendéens et les Nantais. Il faisait fusiller les Vendéens, et guillotiner les Nantais suspects de fédéralisme ou de royalisme. Bientôt il trouva la formalité trop longue, et le supplice de la fusillade sujet à des inconvénients. Ce supplice était lent; il était difficile d'enterrer les cadavres. Souvent ils restaient sur le champ du carnage, et infectaient l'air à tel point, qu'une épidémie régnait dans la ville. La Loire, qui traverse Nantes, suggéra une affreuse idée à Carrier : ce fut de se débarrasser des prisonniers en les plongeant dans le fleuve. Il fit un premier essai, chargea une gabarre de quatre-vingt-dix prêtres, sous prétexte de les déporter, et la fit échouer à quelque distance de la ville. Ce moyen trouvé, il se décida à en user plus largement. Il n'employa plus la formalité dérisoire de faire passer les condamnés devant une commission : il les faisait prendre la nuit dans les prisons, par bandes de cent et deux cents, et conduire sur des bateaux. De ces bateaux on les transportait sur de petits bâtiments préparés pour cette horrible fin. On jetait les malheureux à fond de cale; on clouait les sabords, on fermait l'entrée des ponts avec des planches; puis les exécuteurs se retiraient dans des chaloupes, et des charpentiers placés dans des batelets ouvraient les flancs des bâtiments à coups de hache, et les faisaient couler bas. Quatre ou cinq mille individus périrent de cette manière affreuse. Carrier se réjouissait d'avoir trouvé ce moyen plus expéditif et plus salubre de délivrer la république de ses ennemis. Il noya non-seulement des hommes, mais un grand nombre de femmes et d'enfants. Lorsque les familles vendéennes s'étaient dispersées après la déroute de Savenay, une foule de Nantais avaient recueilli des enfants pour les élever. «Ce sont des louveteaux, » dit Carrier; et il ordonna qu'ils fussent restitués à la république. Ces malheureux enfants furent noyés pour la plupart.

La Loire était chargée de cadavres; les vaisseaux, en jetant l'ancre, soulevaient quelquefois des bateaux remplis de noyés. Les oiseaux de proie couvraient les rivages du fleuve, et se nourrissaient de débris humains*. Les poissons étaient repus d'une nourriture qui en rendait l'usage dangereux, et la municipalité avait défendu d'en pêcher. A ces horreurs se joignaient une maladie contagieuse et la disette. Au milieu de ce désastre, Carrier, toujours bouillant de colère, défendait le moindre mouvement de pitié, saisissait au collet, menaçait de son sabre ceux qui venaient lui parler, et avait fait afficher que quiconque viendrait solliciter pour un détenu serait jeté en prison. Heureusement le comité de salut public venait de le remplacer, car il voulait bien l'extermination, mais sans extravagance. On évalue à quatre ou cinq mille les victimes de Carrier. La plupart étaient des Vendéens.

Bordeaux, Marseille, Toulon, expiaient leur fédéralisme. A Toulon, les représentants Fréron et Barras avaient fait mitrailler deux cents habitants, et avaient puni sur eux un crime dont les véritables auteurs s'étaient sauvés sur les escadres étrangères. Maignet exerçait dans le département de Vaucluse une dictature aussi redoutable que les autres envoyés de la con-

* Déposition d'un capitaine de vaisseau dans le procès de Carrier.

vention. Il avait fait incendier le bourg de Bédouin, pour cause de révolte, et, à sa requête, le comité de salut public avait institué à Orange un tribunal révolutionnaire, dont le ressort comprenait tout le Midi. Ce tribunal était organisé sur le modèle même du tribunal révolutionnaire de Paris, avec cette différence, qu'il n'y avait point de jurés, et que cinq juges condamnaient, sur ce qu'ils appelaient *des preuves morales*, les malheureux que Maignet recueillait dans ses tournées. A Lyon, les sanglantes exécutions ordonnées par Collot-d'Herbois avaient cessé. La commission révolutionnaire venait de rendre compte de ses travaux, et avait fourni le nombre des acquittés et des condamnés. Mille six cent quatre-vingt-quatre individus avaient été guillotinés, fusillés ou mitraillés. Mille six cent quatre-vingt-deux avaient été mis en liberté, par la *justice de la commission*.

Le Nord avait aussi son proconsul. C'était Joseph Lebon. Il avait été prêtre, et avouait lui-même que dans sa jeunesse il aurait poussé le fanatisme religieux jusqu'à tuer son père et sa mère, si on le lui avait ordonné. C'était un véritable aliéné, moins féroce peut-être que Carrier, mais encore plus frappé de folie. A ses paroles, à sa conduite, on voyait que sa tête était égarée. Il avait fixé sa principale résidence à Arras. Il avait institué un tribunal avec l'autorisation du comité de salut public, et parcourait les départements du Nord, suivi de ses juges et d'une guillotine. Il avait visité Saint-Pol, Saint-Omer, Béthune, Bapaume, Aire, etc., et avait laissé partout des traces sanglantes. Les Autrichiens s'étant approchés de Cambray, et Saint-Just ayant cru apercevoir que les aristocrates de cette ville entretenaient des liaisons cachées avec l'ennemi, il y appela Lebon, qui en quelques jours envoya à l'échafaud une multitude de malheureux, et prétendit avoir sauvé Cambray par sa fermeté. Quand Lebon avait fini ses tournées, c'est à Arras qu'il revenait. Là, il se livrait aux plus dégoûtantes orgies, avec ses juges et divers membres des clubs. Le bourreau était admis à sa table, et y était traité avec la plus grande considération. Lebon assistait aux exécutions, placé sur un balcon; de là il parlait au peuple, et faisait jouer le *ça ira* pendant que le sang coulait. Un jour, il venait de recevoir la nouvelle d'une victoire, il courut à son balcon, et fit suspendre l'exécution, afin que les malheureux qui allaient recevoir la mort eussent connaissance des succès de la république.

Lebon avait mis tant de folie dans sa conduite, qu'il était accusable, même devant le comité de salut public. Des habitants d'Arras s'étaient réfugiés à Paris, et faisaient tous leurs efforts pour parvenir auprès de leur concitoyen Robespierre, et lui faire entendre leurs plaintes. Quelques-uns l'avaient connu, et même obligé dans sa jeunesse ; mais ils ne pouvaient parvenir à le voir. Le député Guffroy, qui était d'Arras, et qui avait un grand courage, se donna beaucoup de mouvement auprès des comités pour appeler leur attention sur la conduite de Lebon. Il eut même la noble audace de faire à la convention une dénonciation expresse. Le comité de salut public en prit connaissance, et ne put s'empêcher de mander Lebon. Cependant, comme le comité ne voulait pas désavouer ses agents, ni avoir l'air de convenir qu'on pût être trop sévère envers les aristocrates, il renvoya Lebon à Arras, et employa en lui écrivant les expressions suivantes : « Continue de faire le bien, et fais-le avec la « sagesse et avec la dignité qui ne laissent point « prise aux calomnies de l'aristocratie. » Les réclamations élevées contre Lebon par Guffroy, dans la convention, exigeaient un rapport du comité. Barrère en fut chargé. « Toutes « les réclamations contre les représentants, « dit-il, doivent être jugées par le comité, pour « éviter des débats qui troubleraient le gou-

« vernement et la convention. C'est ce que nous
« avons fait ici, à l'égard de Lebon ; nous avons
« recherché les motifs de sa conduite. Ces mo-
« tifs sont-ils purs? le résultat est-il utile à la
« révolution? profite-t-il à la liberté? les plaintes
« ne sont-elles que récriminatoires, ou ne sont-
« elles que les cris vindicatifs de l'aristocratie?
« c'est ce que le comité a vu dans cette affaire.
« Des formes un peu acerbes ont été employées ;
« mais ces formes ont détruit les piéges de l'a-
« ristocratie. Le comité a pu sans doute les
« improuver ; mais Lebon a complétement
« battu les aristocrates et sauvé Cambray; d'ail-
« leurs que n'est-il pas permis à la haine d'un
« républicain contre l'aristocratie! de combien
« de sentiments généreux un patriote ne trouve-
« t-il pas à couvrir ce qu'il peut y avoir d'acri-
« monieux dans la poursuite des ennemis du
« peuple! Il ne faut parler de la révolution
« qu'avec respect, des mesures révolutionnaires
« qu'avec égard. *La liberté est une vierge dont
« il est coupable de soulever le voile.* »

De tout cela il résulta que Lebon fut autorisé à continuer, et que Guffroy fut rangé parmi
les censeurs importuns du gouvernement révolutionnaire, et exposé à partager leurs périls. Il
était évident que le comité tout entier voulait
le régime de la terreur. Robespierre, Couthon,

Billaud, Collot-d'Herbois, Vadier, Vouland, Amar, pouvaient être divisés entre eux sur leurs prérogatives, sur le nombre et le choix de leurs collègues à sacrifier ; mais ils étaient d'accord sur le système d'exterminer tous ceux qui faisaient obstacle à la révolution. Ils ne voulaient pas que ce système fût appliqué avec extravagance par les Lebon, les Carrier ; mais ils voulaient qu'à l'exemple de ce qui se faisait à Paris, on se délivrât d'une manière prompte, sûre et la moins bruyante possible, des ennemis qu'ils croyaient conjurés contre la république. Tout en blâmant certaines cruautés folles, ils avaient l'amour-propre du pouvoir, qui ne veut jamais désavouer ses agents ; ils condamnaient ce qui se faisait à Arras, à Nantes, mais ils l'approuvaient en apparence, pour ne pas reconnaître un tort à leur gouvernement. Entraînés dans cette affreuse carrière, ils avançaient aveuglément, et ne sachant où ils allaient aboutir. Telle est la triste condition de l'homme engagé dans le mal, qu'il ne peut plus s'y arrêter. Dès qu'il commence à concevoir un doute sur la nature de ses actions, dès qu'il peut entrevoir qu'il s'égare, au lieu de rétrograder, il se précipite en avant, comme pour s'étourdir, comme pour écarter les lueurs qui l'assiégent. Pour s'arrêter, il faudrait qu'il se calmât, qu'il s'examinât, et qu'il portât sur lui-même un jugement effrayant dont aucun homme n'a le courage.

Il n'y avait qu'un soulèvement général qui pût arrêter les auteurs de cet affreux système. Dans ce soulèvement devaient entrer, et les membres des comités, jaloux du pouvoir suprême, et les montagnards menacés, et la convention indignée, et tous les cœurs révoltés de cette horrible effusion de sang. Mais, pour arriver à cette alliance de la jalousie, de la crainte, de l'indignation, il fallait que la jalousie fît des progrès dans les comités, que la crainte devînt extrême à la Montagne, que l'indignation rendît le courage à la convention et au public. Il fallait qu'une occasion fît éclater tous ces sentiments à la fois; il fallait que les oppresseurs portassent les premiers coups, pour qu'on osât les leur rendre.

L'opinion était disposée, et le moment arrivait où un mouvement au nom de l'humanité contre la violence révolutionnaire était possible. La république étant victorieuse, et ses ennemis terrifiés, on allait passer de la crainte et de la fureur à la confiance et à la pitié. C'était la première fois, dans la révolution, qu'un tel événement devenait possible. Quand les girondins, quand les dantonistes périrent, il n'était pas temps encore d'invoquer l'humanité. Le gouvernement révolutionnaire n'avait encore perdu alors ni son utilité ni son crédit.

En attendant le moment, on s'observait, et les ressentiments s'accumulaient dans les cœurs. Robespierre avait entièrement cessé de paraître au comité de salut public. Il espérait discréditer le gouvernement de ses collègues, en n'y prenant plus aucune part; il ne se montrait qu'aux Jacobins, où Billaud et Collot n'osaient plus paraître, et où il était tous les jours plus adoré. Il commençait à y faire des ouvertures sur les divisions intestines des comités. « Autre-
« fois, disait-il (13 messidor), la faction sourde
« qui s'est formée des restes de Danton et de
« Camille Desmoulins, attaquait les comités en
« masse; aujourd'hui, elle aime mieux attaquer
« quelques membres en particulier, pour par-
« venir à briser le faisceau. Autrefois, elle n'o-
« sait pas attaquer la justice nationale; aujour-
« d'hui, elle se croit assez forte pour calomnier
« le tribunal révolutionnaire, et le décret con-
« cernant son organisation; elle attribue ce qui
« appartient à tout le gouvernement à un seul
« individu; elle ose dire que le tribunal révo-
« lutionnaire a été institué pour égorger la
« convention nationale, et malheureusement
« elle n'a obtenu que trop de confiance. On a

« cru à ses calomnies, on les a répandues avec
« affectation; on a parlé de dictateur, on l'a
« nommé; c'est moi qu'on a désigné, et vous
« frémiriez *si je vous disais en quel lieu.* La vé-
« rité est mon seul asile contre le crime. Ces ca-
« lomnies ne me décourageront pas sans doute,
« mais elles me laissent indécis sur la conduite
« que j'ai à tenir. En attendant que j'en puisse
« dire davantage, j'invoque pour le salut de
« la république les vertus de la convention,
« les vertus des comités, les vertus des bons ci-
« toyens, et les vôtres enfin, qui ont été si sou-
« vent utiles à la patrie. »

On voit par quelles insinuations perfides Robespierre commençait à dénoncer les comités, et à rattacher exclusivement à lui les jacobins. On le payait de ces marques de confiance par une adulation sans bornes. Le système révolutionnaire lui étant imputé à lui seul, il était naturel que toutes les autorités révolutionnaires lui fussent attachées, et embrassassent sa cause avec chaleur. Aux jacobins devaient se joindre la commune, toujours unie de principes et de conduite avec les jacobins, et tous les juges et jurés du tribunal révolutionnaire. Cette réunion formait une force assez considérable, et, avec plus de résolution et d'énergie, Robespierre aurait pu devenir très-redoutable.

Par les jacobins, il possédait une masse turbulente, qui jusqu'ici avait représenté et dominé l'opinion; par la commune, il dominait l'autorité locale, qui avait pris l'initiative de toutes les insurrections, et surtout la force armée de Paris. Le maire Pache, le commandant Henriot, sauvés par lui lorsqu'on allait les adjoindre à Chaumette, lui étaient dévoués entièrement. Billaud et Collot avaient profité, il est vrai, de son absence du comité pour enfermer Pache; mais le nouveau maire Fleuriot, l'agent national Payan, lui étaient tout aussi attachés; et on n'osa pas lui enlever Henriot. Ajoutez à ces personnages le président du tribunal Dumas, le vice-président Coffinhal, et tous les autres juges et jurés, et on aura une idée des moyens que Robespierre avait dans Paris. Si les comités et la convention ne lui obéissaient pas, il n'avait qu'à se plaindre aux Jacobins, y exciter un mouvement, communiquer ce mouvement à la commune, faire déclarer par l'autorité municipale que le peuple rentrait dans ses pouvoirs souverains, mettre les sections sur pied, et envoyer Henriot demander à la convention cinquante ou soixante députés. Dumas et Coffinhal, et tout le tribunal, étaient ensuite à ses ordres, pour égorger les députés qu'Henriot aurait obtenus à main armée. Tous les moyens enfin d'un 31 mai, plus prompt, plus sûr que le premier, étaient dans ses mains. Aussi ses partisans, ses sicaires l'entouraient et le pressaient d'en donner le signal. Henriot offrait encore le déploiement de ses colonnes, et promettait d'être plus énergique qu'au 2 juin. Robespierre, qui aimait mieux tout faire par la parole, et qui croyait encore pouvoir beaucoup par elle, voulait attendre. Il espérait dépopulariser les comités par sa retraite et par ses discours aux Jacobins, et il se proposait ensuite de saisir un moment favorable pour les attaquer ouvertement à la convention. Il continuait, malgré son espèce d'abdication, de diriger le tribunal, et d'exercer une police active au moyen du bureau qu'il avait institué. Il surveillait par là ses adversaires, et s'instruisait de toutes leurs démarches. Il se donnait maintenant un peu plus de distractions qu'autrefois. On le voyait se rendre dans une fort belle maison de campagne, chez une famille qui lui était dévouée, à Maisons-Alfort, à trois lieues de Paris. Là, tous ses partisans l'accompagnaient ; là, se rendaient Dumas, Coffinhal, Payan, Fleuriot. Henriot y venait souvent avec tous ses aides-de-camp ; ils traversaient les routes sur cinq de front, et au galop, renversant les personnes qui étaient devant eux, et répandant par leur présence la terreur dans le pays. Les hôtes, les amis de Robespierre faisaient soupçonner par leur indiscrétion beaucoup plus de projets qu'il n'en méditait, et qu'il n'avait le courage d'en préparer. A Paris, il était toujours entouré des mêmes personnages; il était suivi de loin en loin par quelques jacobins ou jurés du tribunal, gens dévoués, portant des bâtons et des armes secrètes, et prêts à courir à son secours au premier danger. On les nommait ses gardes-du-corps.

De leur côté, Billaud-Varennes, Collot-d'Herbois, Barrère, s'emparaient du maniement de toutes les affaires, et, en l'absence de leur rival, s'attachaient Carnot, Robert Lindet et Prieur (de la Côte-d'Or.) Un intérêt commun rapprochait d'eux le comité de sûreté générale; du reste, ils gardaient tous le plus grand silence. Ils cherchaient à diminuer peu à peu la puissance de leur adversaire, en réduisant la force armée de Paris. Il existait quarante-huit compagnies de canonniers, appartenant aux quarante-huit sections, parfaitement organisées, et ayant fait preuve dans toutes les circonstances de l'esprit le plus révolutionnaire. Toujours elles s'étaient rangées pour le parti de l'insurrection, depuis le 10 août jusqu'au 31 mai. Un décret ordonnait d'en laisser la moitié au moins dans Paris, mais permettait de déplacer le reste. Billaud et Collot ordonnèrent au chef de la commission du mouvement des armées, de les acheminer successivement vers la frontière. Dans toutes leurs opérations, ils se cachaient beaucoup de Couthon, qui, ne s'étant pas retiré comme Robespierre, les observait soigneusement, et leur était incommode. Pendant que ces choses se passaient, Billaud, sombre, atrabilaire, quittait rarement Paris; mais le spirituel et voluptueux Barrère allait à Passy avec les principaux membres du comité de sûreté générale, avec le vieux Vadier, avec Vouland et Amar. Ils se réunissaient chez Dupin, ancien fermier-général, fameux dans l'ancien régime par sa cuisine, et dans la révolution par le rapport qui envoya les fermiers-généraux à la mort. Là, ils se livraient à tous les plaisirs avec de belles femmes, et Barrère exerçait son esprit contre le pontife de l'Être suprême, le premier prophète, le fils chéri de la mère de Dieu. Après s'être égayés, ils sortaient des bras de leurs courtisanes, pour revenir à Paris, au milieu du sang et des rivalités.

De leur côté, les vieux membres de la Montagne qui se sentaient menacés se voyaient secrètement, et tâchaient de s'entendre. La femme généreuse qui, à Bordeaux, s'était attachée à

Tallien, et lui avait arraché une foule de victimes, l'excitait du fond de sa prison à frapper le tyran. A Tallien, Lecointre, Bourdon (de l'Oise), Thuriot, Panis, Barras, Fréron, Monestier, s'étaient joints Guffroy, l'antagoniste de Lebon; Dubois-Crancé, compromis au siége de Lyon et détesté par Couthon; Fouché (de Nantes), qui était brouillé avec Robespierre, et auquel on reprochait de ne s'être pas conduit à Lyon d'une manière assez patriotique. Tallien et Lecointre étaient les plus audacieux et les plus impatients. Fouché était surtout fort redouté par son habileté à nouer et à conduire une intrigue, et c'est sur lui que se déchaînèrent le plus violemment les triumvirs.

A propos d'une pétition des jacobins de Lyon, dans laquelle ils se plaignaient aux jacobins de Paris de leur situation actuelle, on revint sur toute l'histoire de cette malheureuse cité. Couthon dénonça Dubois-Crancé, comme il l'avait déja fait quelques mois auparavant, l'accusa d'avoir laissé échapper Précy, et le fit rayer de la liste des jacobins. Robespierre accusa Fouché, et lui imputa les intrigues qui avaient conduit le patriote Gaillard à se donner la mort. Il fit décider que Fouché serait appelé devant la société pour y justifier sa conduite. C'étaient moins les menées de

Fouché à Lyon, que ses menées à Paris, que Robespierre redoutait et voulait punir. Fouché, qui sentait le péril, adressa une lettre évasive aux jacobins, et les pria de suspendre leur jugement, jusqu'à ce que le comité auquel il venait de soumettre sa conduite et de fournir toutes les pièces à l'appui, eût prononcé une sentence. « Il est étonnant, s'écria Robes-
« pierre, que Fouché implore aujourd'hui le
« secours de la convention contre les jacobins.
« Craint-il les yeux et les oreilles du peuple?
« craint-il que sa triste figure ne révèle le crime?
« craint-il que six mille regards fixés sur lui ne
« découvrent son ame dans ses yeux, et qu'en
« dépit de la nature qui les a cachés, on n'y
« lise ses pensées? La conduite de Fouché est
« celle d'un coupable; vous ne pouvez le garder
« plus long-temps dans votre sein; il faut l'en
« exclure. » Fouché fut aussitôt exclu, comme venait de l'être Dubois-Crancé. Ainsi tous les jours l'orage grondait plus fortement contre les montagnards menacés, et de tous côtés l'horizon se chargeait de nuages.

Au milieu de cette tourmente, les membres des comités qui craignaient Robespierre, auraient mieux aimé s'expliquer, et concilier leur ambition, que se livrer un combat dangereux. Robespierre avait mandé son jeune collègue

Saint-Just, et celui-ci était revenu aussitôt de l'armée. On proposa de se réunir, pour essayer de s'entendre. Robespierre se fit beaucoup prier avant de consentir à une entrevue; il y consentit enfin, et les deux comités s'assemblèrent On se plaignit réciproquement avec beaucoup d'amertume. Robespierre s'exprima sur lui-même avec son orgueil accoutumé, dénonça des conciliabules secrets, parla de députés conspirateurs à punir, blâma toutes les opérations du gouvernement, et trouva tout mauvais, administration, guerre et finances. Saint-Just appuya Robespierre, en fit un éloge magnifique, et dit ensuite que le dernier espoir de l'étranger était de diviser le gouvernement. Il raconta ce qu'avait dit un officier fait prisonnier devant Maubeuge. On attendait, suivant cet officier, qu'un parti plus modéré abattît le gouvernement révolutionnaire, et fît prévaloir d'autres principes. Saint-Just s'appuya sur ce fait, pour faire sentir davantage la nécessité de se concilier et de marcher d'accord. Les antagonistes de Robespierre étaient bien de cet avis, et ils consentaient à s'entendre pour rester maîtres de l'état; mais pour s'entendre il fallait consentir à tout ce que voulait Robespierre, et de pareilles conditions ne pouvaient leur convenir. Les membres du comité de sûreté générale se plaignirent beaucoup de ce qu'on leur avait enlevé leurs fonctions; Élie Lacoste poussa la hardiesse jusqu'à dire que Couthon, Saint-Just et Robespierre formaient un comité dans les comités, et osa même prononcer le mot de triumvirat. Cependant on convint de quelques concessions réciproques. Robespierre consentit à borner son bureau de police générale à la surveillance des agents du comité de salut public; et en retour, ses adversaires consentirent à charger Saint-Just de faire un rapport à la convention, sur l'entrevue qui venait d'avoir lieu. Dans ce rapport, comme on le pense bien, on ne devait pas convenir des divisions qui avaient régné entre les comités, mais on devait parler des commotions que l'opinion publique venait de ressentir dans les derniers temps, et fixer la marche que le gouvernement se proposait de suivre. Billaud et Collot insinuèrent qu'il ne fallait pas trop y parler de l'Être suprême, car ils avaient toujours le pontificat de Robespierre devant les yeux. Cependant Billaud, avec son air sombre et peu rassurant, dit à Robespierre qu'il n'avait jamais été son ennemi, et on se sépara sans s'être véritablement réconciliés, mais en paraissant un peu moins divisés qu'auparavant. Une pareille réconciliation ne pouvait rien avoir de réel, car les ambitions restaient les mêmes; elle ressemblait à ces essais de transaction que font tous les partis avant d'en venir aux mains; elle était un vrai *baiser Lamourette*; elle ressemblait à toutes les réconciliations proposées entre les constituants et les girondins, entre les girondins et les jacobins, entre Danton et Robespierre.

Cependant si elle ne mit pas d'accord les divers membres des comités, elle effraya beaucoup les montagnards; ils crurent que leur perte serait le gage de la paix, et ils s'efforcèrent de savoir quelles étaient les conditions du traité. Les membres du comité de sûreté générale s'empressèrent de dissiper leurs craintes. Élie Lacoste, Dubarran, Moyse Bayle, les membres les meilleurs du comité, les tranquillisèrent, et leur dirent qu'aucun sacrifice n'avait été convenu. Le fait était vrai, et c'était une des raisons qui empêchaient la réconciliation de pouvoir être entière. Néanmoins Barrère, qui tenait beaucoup à ce qu'on fût d'accord, ne manqua pas de répéter dans ses rapports journaliers que les membres du gouvernement étaient parfaitement unis, qu'ils avaient été injustement accusés de ne pas l'être, et qu'ils tendaient, par des efforts communs, à rendre la république partout victorieuse. Il feignit

d'assumer sur tous les reproches élevés contre les triumvirs, et il repoussa ces reproches comme des calomnies coupables et dirigées également contre les deux comités. « Au milieu
« des cris de la victoire, dit-il, des bruits sourds
« se font entendre, des calomnies obscures cir-
« culent, des poisons subtils sont infusés dans
« les journaux, des complots funestes s'our-
« dissent, des mécontentements factices se
« préparent, et le gouvernement est sans cesse
« vexé, entravé dans ses opérations, tourmenté
« dans ses mouvements, calomnié dans ses
« pensées, et menacé dans ceux qui le com-
« posent. Cependant qu'a-t-il fait ? » Ici Barrère ajoutait l'énumération accoutumée des travaux et des services du gouvernement.

CHAPITRE VII.

Opérations de l'armée du Nord vers le milieu de 1794. Prise d'Ypres. — Formation de l'armée de Sambre-et-Meuse. Bataille de Fleurus. Occupation de Bruxelles. — Derniers jours de la terreur; lutte de Robespierre et des triumvirs contre les autres membres des comités. Journées des 8 et 9 thermidor; arrestation et supplice de Robespierre, Saint-Just. — Marche de la révolution depuis 89 jusqu'au 9 thermidor.

PENDANT que Barrère faisait tous ses efforts pour cacher la discorde des comités, Saint-Just, malgré le rapport qu'il avait à faire, était retourné à l'armée, où se passaient de grands événements. Les mouvements commencés sur les deux ailes s'étaient continués. Pichegru avait poursuivi ses opérations sur la Lys et l'Escaut. Jourdan avait commencé les siennes sur la Sambre. Profitant de l'attitude défensive que Cobourg avait prise à Tournay, depuis les batailles de Turcoing et de Pont-à-Chin, Pichegru projetait de battre Clerfayt isolément. Cependant il n'osait s'avancer jusqu'à Thielt, et il résolut de commencer le siége d'Ypres, dans le double but d'attirer Clerfayt à lui, et de prendre cette place, qui consoliderait l'établissement des Français dans la West-Flandre. Clerfayt attendait des renforts, et il ne fit aucun mouvement. Pichegru alors poussa le siége d'Ypres si vivement, que Cobourg et Clerfayt crurent devoir quitter leurs positions respectives pour aller au secours de la place menacée. Pichegru, pour empêcher Cobourg de poursuivre ce mouvement, fit sortir des troupes de Lille, et exécuter une démonstration si vive sur Orchies, que Cobourg fut retenu à Tournay; en même temps il se porta en avant, et courut à Clerfayt, qui s'avançait vers Rousselaer et Hooglède. Ses mouvements prompts et bien conçus lui fournissaient encore l'occasion de battre Clerfayt isolément. Par malheur, une division s'était trompée de route, Clerfayt eut le temps de se reporter à son camp de Thielt, après une perte légère. Mais trois jours après, le 25 prairial (13 juin), renforcé par le détachement qu'il attendait, il se déploya à l'improviste en face de nos colonnes avec trente mille hommes. Nos soldats coururent rapidement aux armes, mais la division de droite, attaquée avec une grande impétuosité, se débanda, et laissa la division de gauche découverte sur le plateau d'Hooglède. Macdonald commandait cette division de gauche; il sut la maintenir contre les attaques réitérées de front et de flanc auxquelles elle fut long-temps exposée; par cette courageuse résistance, il donna à la brigade Devinthier le temps de le rejoindre, et il obligea alors Clerfayt à se retirer avec une perte considérable. C'était la cinquième fois que Clerfayt, mal secondé, était battu par notre armée du Nord. Cette action, si honorable pour la division Macdonald, décida la reddition de la place assiégée. Quatre jours après, le 29 prairial (17 juin), Ypres ouvrit ses portes, et une garnison de sept mille hommes mit bas les armes. Cobourg allait se porter au secours d'Ypres et de Clerfayt, lorsqu'il apprit qu'il n'était plus temps. Les événements qui se passaient sur la Sambre, l'obligèrent alors à se diriger vers le côté opposé du théâtre de la guerre. Il laissa le duc d'York sur l'Escaut, Clerfayt à Thielt, et marcha avec toutes les troupes autrichiennes vers Charleroi. C'était une véritable séparation entre les puissances principales, l'Angleterre et l'Autriche, qui vivaient assez mal d'accord, et dont les intérêts très-différents éclataient ici d'une manière très-visible. Les Anglais restaient en Flandre vers les provinces maritimes, et les Autrichiens couraient vers leurs communications menacées. Cette séparation n'augmenta pas peu leur mésintelligence. L'empereur d'Autriche s'était retiré à Vienne, dégoûté de cette guerre sans succès; et Mack, voyant ses plans renversés, avait de nouveau quitté l'état-major autrichien.

Nous avons vu Jourdan arrivant de la Moselle à Charleroi, au moment où les Français, repoussés pour la troisième fois, repassaient la Sambre en désordre. Après avoir donné quelques jours de répit aux troupes, dont les unes étaient abattues de leurs défaites, et les autres de leur marche rapide, on fit quelque changement à leur organisation. On composa des divisions Desjardins et Charbonnier, et des divisions arrivées de la Moselle, une seule armée, qui s'appela armée de Sambre-et-Meuse; elle s'élevait à soixante-six mille hommes environ, et fut mise sous les ordres de Jourdan. Une division de quinze mille hommes, commandée par Schérer, fut laissée pour garder la Sambre, de Thuin à Maubeuge.

Jourdan résolut aussitôt de repasser la Sambre et d'investir Charleroi. La division Hatry fut chargée d'attaquer la place, et le gros de l'armée fut disposé tout autour, pour protéger le siége. Charleroi est sur la Sambre. Au-delà de son enceinte, se trouvent une suite de positions formant un demi-cercle, dont les extrémités s'appuient à la Sambre. Ces positions sont peu avantageuses, parce que le demi-cercle qu'elles décrivent est de dix lieues d'étendue, parce qu'elles sont peu liées entre elles, et qu'elles ont une rivière à dos. Kléber avec la gauche s'étendait depuis la Sambre jusqu'à Orchies et Traségnies, et faisait garder le ruisseau du Piéton, qui traversait le champ de bataille, et venait tomber dans la Sambre. Au centre, Morlot gardait Gosselies; Championnet s'avançait entre Hépignies et Wagné; Lefèvre tenait Wagné, Fleurus et Lambusart. A la droite, enfin, Marceau s'étendait en avant du bois de Campinaire, et rattachait notre ligne à la Sambre. Jourdan, sentant le désavantage de ces positions, ne voulait pas y rester, et se proposait, pour en sortir, de prendre l'initiative de l'attaque le 28 prairial (16 juin) au matin. Dans ce moment, Cobourg ne s'était point encore porté sur ce point; il était à Tournay, assistant à la défaite de Clerfayt et à la prise d'Ypres. Le prince d'Orange, envoyé vers Charleroi, commandait l'armée des coalisés. Il résolut de son côté de prévenir l'attaque dont il était menacé, et dès le 28 au matin, ses troupes déployées obligèrent les Français à recevoir le combat sur le terrain qu'ils occupaient. Quatre colonnes, disposées contre notre droite et notre centre, avaient déjà pénétré dans le bois de Campinaire, où était Marceau, avaient enlevé Fleurus à Lefèvre, Hépignies à Championnet, et allaient replier Morlot de Pont-à-Migneloup sur Gosselies, lorsque Jourdan, accourant à propos avec une réserve de cavalerie, arrêta la quatrième colonne par une charge heureuse, ramena les troupes de Morlot dans leurs positions, et rétablit le combat au centre. A la gauche, Wartensleben avait fait les mêmes progrès vers Traségnies. Mais Kléber, par les dispositions les plus heureuses et les plus promptes, fit reprendre Traségnies, puis, saisissant le moment favorable, fit tourner Wartensleben, le rejeta au-delà du Piéton, et se mit à le poursuivre sur deux colonnes. Le combat s'était soutenu jusque-là avec avantage, la victoire allait même se déclarer pour les Français, lorsque le prince d'Orange, réunissant ses deux premières colonnes vers Lambusart, sur le point qui unissait l'extrême droite des Français à la Sambre, menaça leurs communications. Alors la droite et le centre durent se retirer. Kléber, renonçant à sa marche victorieuse, protégea la retraite avec ses troupes; elle se fit en bon ordre. Telle fut la première affaire du 28 (16 juin). C'était la quatrième fois que les Français étaient obligés de repasser la Sambre; mais cette fois c'était d'une manière bien plus honorable pour leurs armes. Jourdan ne se découragea pas. Il franchit encore la Sambre quelques jours après, reprit ses positions du 16, investit de nouveau Charleroi, et en fit pousser le bombardement avec une extrême vigueur.

Cobourg, averti des nouvelles opérations de Jourdan, s'approchait enfin de la Sambre. Il importait aux Français d'avoir pris Charleroi avant que les renforts attendus par l'armée autrichienne fussent arrivés. L'ingénieur Marescot poussa si vivement les travaux, qu'en huit jours les feux de la place furent éteints, et que tout fut préparé pour l'assaut. Le 7 messidor (26 juin), le commandant envoya un officier avec une lettre pour parlementer. Saint-Just, qui dominait toujours dans notre camp, refusa d'ouvrir la lettre, et renvoya l'officier en lui disant : *Ce n'est pas un chiffon de papier, c'est la place qu'il nous faut.* La garnison sortit de la place le soir même, au moment où Cobourg arrivait en vue des lignes françaises. La reddition de Charleroi resta ignorée des ennemis. La possession de la place assura mieux notre position, et rendit moins dangereuse la bataille qui allait se livrer, avec une rivière à dos. La division Hatry, devenue libre, fut portée à Ransart pour renforcer le centre, et tout se prépara pour une action décisive, le lendemain 8 messidor (26 juin).

Nos positions étaient les mêmes que le 28 prairial (16 juin). Kléber commandait à la gauche, à partir de la Sambre jusqu'à Traségnies. Morlot, Championnet, Lefèvre et Marceau, formaient le centre et la droite, et s'étendaient depuis Gosselies jusqu'à la Sambre. Des retranchements avaient été faits à Hépignies, pour assurer notre centre. Cobourg nous fit attaquer sur tout ce demi-cercle, au lieu de diriger un effort concentrique sur l'une de nos extrémités, sur notre droite, par exemple, et de nous enlever tous les passages de la Sambre.

L'attaque commença le 8 messidor au matin. Le prince d'Orange et le général Latour, qui étaient en face de Kléber, à la gauche, replièrent nos colonnes, les poussèrent à travers le bois de Monceaux, jusque sur les bords de la Sambre, à Marchienne-au-Pont. Kléber, qui heureusement était placé à la gauche pour y diriger toutes les divisions, accourt aussitôt sur le point menacé, porte des batteries sur les hauteurs, enveloppe les Autrichiens dans le bois de Monceaux, et les fait attaquer en tous sens. Ceux-ci, ayant reconnu, en s'approchant de la Sambre, que Charleroi était aux Français, commençaient à montrer de l'hésitation; Kléber en profite, les fait charger avec vigueur, et les oblige à s'éloigner de Marchienne-au-Pont. Tandis que Kléber sauvait l'une de nos extrémités, Jourdan ne faisait pas moins pour le salut du centre et de la droite. Morlot, qui se trouvait en avant de Gosselies, s'était long-temps mesuré avec le général Kwasdanovich, et avait essayé plusieurs manœuvres pour le tourner, finit par l'être lui-même. Il se replia sur Gosselies, après les efforts les plus honorables. Championnet résistait avec la même vigueur, appuyé sur la redoute d'Hépignies; mais le corps de Kaunitz s'était avancé pour tourner la redoute, au moment même où un faux avis annonçait la retraite de Lefèvre, à droite; Championnet, trompé par cet avis, se retirait, et avait déjà abandonné la redoute, lorsque Jourdan, comprenant le danger, porte sur ce point une partie de la division Hatry, placée en réserve, fait reprendre Hépignies, et lance sa cavalerie dans la plaine sur les troupes de Kaunitz. Tandis qu'on se charge de part et d'autre avec un grand acharnement, un combat plus violent encore se livre près de la Sambre, à Wagné et Lambusart. Beaulieu, remontant à la fois les deux rives de la Sambre pour faire effort sur notre extrême droite, a repoussé la division Marceau. Cette division s'enfuit en toute hâte à travers les bois qui longent la Sambre, et passe même la rivière en désordre. Marceau alors réunit à lui quelques bataillons, et ne songeant plus au reste de sa division fugitive, se jette dans Lambusart, pour y mourir, plutôt que d'abandonner ce poste contigu à la Sambre, et appui indispensable de notre extrême droite. Lefèvre, qui était placé à Wagné, Hépignies et Lambusart, replie ses avant-postes de Fleurus sur Wagné, et jette des troupes à Lambusart, pour soutenir l'effort de Marceau. Ce point devient alors le point décisif de la bataille. Beaulieu s'en aperçoit, et y dirige une troisième colonne. Jourdan, attentif au danger, y porte le reste de sa réserve. On se heurte autour de ce village de Lambusart avec un acharnement singulier. Les feux sont si rapides qu'on ne distingue plus les coups. Les blés et les baraques du camp s'enflamment, et bientôt on se bat au milieu d'un incendie. Enfin les républicains restent maîtres de Lambusart.

Dans ce moment, les Français, d'abord repoussés, étaient parvenus à rétablir le combat sur tous les points : Kléber avait couvert la Sambre à la gauche ; Morlot, replié à Gosselies, s'y maintenait ; Championnet avait repris Hépignies, et un combat furieux à Lambusart nous avait assuré cette position. La fin du jour approchait. Beaulieu venait d'apprendre, sur la Sambre, ce que le prince d'Orange y avait appris déjà, c'est que Charleroi appartenait aux Français. Cobourg alors, n'osant pas insister davantage, ordonna la retraite générale.

Telle fut cette bataille décisive, qui fut une des plus acharnées de la campagne, et qui se livra sur un demi-cercle de dix lieues, entre deux armées d'environ quatre-vingt mille hommes chacune. Elle s'appela bataille de Fleurus, quoique ce village y jouât un rôle fort secondaire, parce que le duc de Luxembourg avait déjà illustré ce nom sous Louis XIV. Quoique ses résultats sur le terrain fussent peu considérables, et qu'elle se bornât à une attaque repoussée, elle décidait la retraite des Autrichiens, et amenait par là des résultats immenses*. Les Autrichiens ne pouvaient pas livrer une seconde bataille. Il leur aurait fallu se joindre ou au duc d'York ou à Clerfayt, et ces deux généraux étaient occupés au Nord par Pichegru. D'ailleurs, menacés sur la Meuse, il devenait important pour eux de rétrograder, pour ne pas compromettre leurs communications. Dès ce moment, la retraite des coalisés devint générale, et ils résolurent de se concentrer vers Bruxelles, pour couvrir cette ville.

La campagne était évidemment décidée; mais une faute du comité de salut public empêcha d'obtenir des résultats aussi prompts et aussi décisifs que ceux qu'on avait lieu d'espérer. Pichegru avait formé un plan qui était la meilleure de toutes ses idées militaires. Le duc d'York était sur l'Escaut à la hauteur de Tournay; Clerfayt, très-loin de là, à Thielt, dans la Flandre. Pichegru, persistant dans son projet de détruire Clerfayt isolément, voulait passer l'Escaut à Oudenarde, couper ainsi Cler-

---

* C'est à tort qu'on attribue à l'intérêt d'une faction le grand effet que la bataille de Fleurus produisit sur l'opinion publique. La faction Robespierre avait au contraire le plus grand intérêt à diminuer dans le moment l'effet des victoires, comme on va le voir bientôt. La bataille de Fleurus nous ouvrit Bruxelles et la Belgique, et c'est là ce qui fit alors sa réputation.

fayt du duc d'York, et le battre encore une fois séparément. Il voulait ensuite, lorsque le duc d'York resté seul songerait à se réunir à Cobourg, le battre à son tour, puis enfin venir prendre Cobourg par derrière, ou se réunir à Jourdan. Ce plan qui, outre l'avantage d'attaquer isolément Clerfayt et le duc d'York, avait celui de rapprocher toutes nos forces de la Meuse, fut contrarié par une fort sotte idée du comité de salut public. On avait persuadé à Carnot de porter l'amiral Venstabel avec des troupes de débarquement dans l'île de Walcheren, pour soulever la Hollande. Afin de favoriser ce projet, Carnot prescrivit à l'armée de Pichegru de longer les côtes de l'Océan, et de s'emparer de tous les ports de la West-Flandre; il ordonna de plus à Jourdan de détacher seize mille hommes de son armée pour les porter vers la mer. Ce dernier ordre surtout était des plus mal conçus et des plus dangereux. Les généraux en démontrèrent l'absurdité à Saint-Just, et il ne fut pas exécuté; mais Pichegru n'en fut pas moins obligé de se porter vers la mer, pour s'emparer de Bruges et d'Ostende, tandis que Moreau occupait Nieuport.

Les mouvements se continuèrent sur les deux ailes. Pichegru laissa Moreau, avec une partie de l'armée, faire les siéges de Nieuport et de l'Écluse, et s'empara avec l'autre de Bruges, Ostende et Gand. Il s'avança ensuite vers Bruxelles. Jourdan y marchait de son côté. Nous n'eûmes plus à livrer que des combats d'arrière-garde, et enfin, le 22 messidor (10 juillet), nos avant-gardes entrèrent dans la capitale des Pays-Bas. Peu de jours après, les deux armées du Nord et de Sambre-et-Meuse y firent leur jonction. Rien n'était plus important que cet événement; cent cinquante mille Français, réunis dans la capitale des Pays-Bas, pouvaient fondre de ce point sur les armées de l'Europe, qui, battues de toutes parts, cherchaient à regagner les unes la mer, les autres le Rhin. On investit aussitôt les places de Condé, Landrecies, Valenciennes et Le Quesnoy, que les coalisés nous avaient prises; et la convention, prétendant que la délivrance du territoire donnait tous les droits, décréta que si les garnisons ne se rendaient pas de suite, elles seraient passées au fil de l'épée. Elle avait déjà rendu un autre décret portant qu'on ne ferait plus de prisonniers anglais, pour punir tous les forfaits de Pitt envers la France. Nos soldats n'exécutèrent pas ce décret. Un sergent ayant pris quelques Anglais, les amena à un officier. — « Pourquoi les as-tu pris? lui dit l'officier. — Parce que ce sont autant de coups de fusil de moins à recevoir, répondit le sergent. — Oui, répliqua l'officier; mais les représentants vont nous obliger de les fusiller. — Ce ne sera pas nous, ajouta le sergent, qui les fusillerons; envoyez-les aux représentants, et puis, s'ils sont des barbares, qu'ils les tuent et les mangent, si ça leur plaît. »

Ainsi nos armées agissant d'abord sur le centre ennemi, et le trouvant trop fort, s'étaient partagées en deux ailes, et avaient marché, l'une sur la Lys, et l'autre sur la Sambre. Pichegru avait d'abord battu Clerfayt à Moucroën et à Courtray, puis Cobourg et le duc d'York à Turcoing, et enfin Clerfayt encore à Hooglède. Après plusieurs passages de la Sambre toujours infructueux, Jourdan, amené par une heureuse idée de Carnot sur la Sambre, avait décidé le succès de notre aile droite à Fleurus. Dès cet instant, débordés sur les deux ailes, les coalisés nous avaient abandonné les Pays-Bas. Tel était le résultat de la campagne. De toutes parts on célébrait nos étonnants succès. La victoire de Fleurus, l'occupation de Charleroi, Ypres, Tournay, Oudenarde, Ostende, Bruges, Gand et Bruxelles, la réunion enfin de nos armées dans cette capitale, étaient vantées comme des prodiges. Ces succès ne réjouissaient pas Robespierre, qui voyait grandir la réputation du comité, et surtout celle de Carnot, auquel, il faut le dire, on attribuait beaucoup trop les avantages de la campagne. Tout ce que les comités faisaient de bien ou gagnaient de gloire en l'absence de Robespierre devait s'élever contre lui, et faire sa propre condamnation. Une défaite, au contraire, eût ranimé à son profit les fureurs révolutionnaires, lui aurait permis d'accuser les comités d'inertie ou de trahison, aurait justifié sa retraite depuis quatre décades, aurait donné une haute idée de sa prévoyance, et porté sa puissance au comble. Il s'était donc mis dans la plus triste des positions, celle de désirer des défaites; et tout prouve qu'il les désirait. Il ne lui convenait ni de le dire, ni de le laisser apercevoir; mais malgré lui, on l'entrevoyait dans ses discours; il s'efforçait, en parlant aux jacobins, de diminuer l'enthousiasme qu'inspiraient les succès de la république; il insinuait que les coalisés se retiraient devant nous comme ils l'avaient fait devant Dumouriez, mais pour revenir bientôt; qu'en s'éloignant momentanément de nos frontières, ils voulaient nous livrer aux passions que développe la prospérité. Il ajoutait du reste « que la victoire sur les armées en-« nemies n'était pas celle après laquelle on de-

« vait le plus aspirer. La véritable victoire,
» disait-il, est celle que les amis de la liberté
« remportent sur les factions; c'est cette vic-
« toire qui rappelle chez les peuples la paix,
« la justice et le bonheur. Une nation n'est pas
« illustrée pour avoir abattu des tyrans ou en-
« chaîné des peuples. Ce fut le sort des Romains
« et de quelques autres nations : notre destinée,
« beaucoup plus sublime, est de fonder sur la
« terre l'empire de la sagesse, de la justice et
« de la vertu. » (Séance des Jacobins du 21 messidor. — 9 juillet).

Robespierre était absent du comité depuis les derniers jours de prairial. On était aux premiers de thermidor. Il y avait près de quarante jours qu'il s'était séparé de ses collègues; il était temps de prendre une résolution. Ses affidés disaient hautement qu'il fallait un 31 mai : les Dumas, les Henriot, les Payan, le pressaient d'en donner le signal. Il n'avait pas, pour les moyens violents, le même goût qu'eux, et il ne devait pas partager leur impatience brutale. Habitué à tout faire par la parole, et respectant davantage les lois, il aimait mieux essayer d'un discours dans lequel il dénoncerait les comités, et demanderait leur renouvellement. S'il réussissait par cette voie de douceur, il était maître absolu, sans danger, et sans soulèvement. S'il ne réussissait pas, ce moyen pacifique n'excluait pas les moyens violents; il devait au contraire les devancer. Le 31 mai avait été précédé de discours réitérés, de sommations respectueuses, et ce n'était qu'après avoir demandé, sans obtenir, qu'on avait fini par exiger. Il résolut donc d'employer les mêmes moyens qu'au 31 mai, de faire d'abord présenter une pétition par les jacobins, de prononcer après un grand discours, et enfin, de faire avancer Saint-Just avec un rapport. Si tous ces moyens ne suffisaient pas, il avait les jacobins, la commune et la force armée de Paris. Mais il espérait du reste n'être pas réduit à renouveler la scène du 2 juin. Il n'avait pas assez d'audace, et avait encore trop de respect envers la convention, pour le désirer.

Depuis quelque temps il travaillait à un discours volumineux, où il s'attachait à dévoiler les abus du gouvernement, et à rejeter tous les maux qu'on lui imputait sur ses collègues. Il écrivit à Saint-Just de revenir de l'armée; il retint son frère qui aurait dû partir pour la frontière d'Italie; il parut chaque jour aux Jacobins, et disposa tout pour l'attaque. Comme il arrive toujours dans les situations extrêmes, divers incidents vinrent augmenter l'agitation générale. Un nommé Magenthies fit une pétition ridicule, pour demander la peine de mort contre ceux qui se permettraient des jurements, dans lesquels le nom de Dieu serait prononcé. Enfin, un comité révolutionnaire fit enfermer comme suspects quelques ouvriers qui s'étaient enivrés. Ces deux faits donnaient lieu à beaucoup de propos contre Robespierre; on disait que son Être suprême allait devenir plus oppresseur que le Christ, et qu'on verrait bientôt l'inquisition rétablie pour le déisme. Sentant le danger de pareilles accusations, il se hâta de dénoncer Magenthies aux jacobins, comme un aristocrate payé par l'étranger pour déconsidérer les croyances adoptées par la convention; il le fit même livrer au tribunal révolutionnaire. Usant enfin de son bureau de police, il fit arrêter tous les membres du comité révolutionnaire de l'Indivisibilité.

L'événement approchait, et il paraît que les membres du comité de salut public, Barrère surtout, auraient voulu faire la paix avec leur redoutable collègue; mais il était devenu si exigeant qu'on ne pouvait plus s'entendre avec lui. Barrère, rentrant un soir avec l'un de ses confidents, lui dit en se jetant sur un siége : — « Ce Robespierre est insatiable. Qu'il demande Tallien, Bourdon (de l'Oise), Thuriot, Guffroy, Rovère, Lecointre, Panis, Barras, Fréron, Legendre, Monestier, Dubois-Crancé, Fouché, Cambon, et toute la *séquelle dantoniste*, à la bonne heure; mais Duval, Audouin, mais Léonard-Bourdon, Vadier, Vouland, il est impossible d'y consentir. » — On voit que Robespierre exigeait même le sacrifice de quelques membres du comité de sûreté générale, et dès lors, il n'y avait plus de paix possible; il fallait rompre, et courir les chances de la lutte. Cependant aucun des adversaires de Robespierre n'aurait osé prendre l'initiative; les membres des comités attendaient d'être dénoncés; les montagnards proscrits attendaient qu'on leur demandât leur tête; tous voulaient se laisser attaquer avant de se défendre; et ils avaient raison. Il valait bien mieux laisser Robespierre commencer l'engagement, et se compromettre aux yeux de la convention par la demande de nouvelles proscriptions. Alors on avait la position de gens défendant et leur vie, et même celle des autres; car on ne pouvait plus prévoir de terme aux immolations, si on en souffrait encore une seule.

Tout était préparé, et les premiers mouvements commencèrent le 3 thermidor aux Jacobins. Parmi les affidés de Robespierre se trouvait un nommé Sijas, adjoint de la commission du mouvement des armées. On en voulait à cette commission pour avoir ordonné la sortie successive d'un grand nombre de compagnies de canonniers, et pour avoir diminué ainsi la force armée de Paris. Cependant on n'osait pas lui en faire un reproche direct; le nommé Sijas commença par se plaindre du secret dont s'enveloppait le chef de la commission, Pyle, et tous les reproches qu'on n'osait adresser ni à Carnot ni au comité de salut public, furent adressés à ce chef de la commission. Sijas prétendit qu'il ne restait qu'un moyen, c'était de s'adresser à la convention, et de lui dénoncer Pyle. Un autre jacobin dénonça un des agents du comité de sûreté générale. Couthon prit alors la parole, et dit qu'il fallait remonter plus haut, et faire à la convention nationale une adresse sur toutes les machinations qui menaçaient de nouveau la liberté. « Je vous invite, dit-il, à lui présenter vos ré- « flexions. Elle est pure; elle ne se laissera pas « subjuguer par quatre à cinq scélérats. Quant « à moi, je déclare qu'ils ne me subjugueront « pas. » La proposition de Couthon fut aussitôt adoptée. On rédigea la pétition, elle fut approuvée le 5 et présentée le 7 thermidor à la convention.

Le style de cette pétition était, comme toujours, respectueux dans la forme, mais impérieux au fond. Elle disait que les jacobins venaient *déposer dans le sein de la convention les sollicitudes du peuple*; elle répétait les déclamations accoutumées contre l'étranger et ses complices, contre le système d'indulgence, contre les craintes répandues à dessein de diviser la représentation nationale, contre les efforts qu'on faisait pour rendre le culte de Dieu ridicule, etc. Elle ne portait pas de conclusions précises, mais elle disait d'une manière générale : « Vous ferez trembler les traîtres, les fripons, les intrigants; vous rassurerez l'homme de bien; vous maintiendrez cette union qui fait votre force; vous conserverez dans toute sa pureté ce culte sublime dont tout citoyen est le ministre, dont la vertu est la seule pratique; et le peuple, confiant en vous, placera son devoir et sa gloire à respecter et à défendre ses représentants jusqu'à la mort. » C'était dire assez clairement : Vous ferez ce que vous dictera Robespierre, ou vous ne serez ni respectés ni défendus. La lecture de cette pétition fut écoutée avec un morne silence. On n'y fit aucune réponse. A peine était-elle achevée, que Dubois-Crancé monta à la tribune, et sans parler de la pétition ni des jacobins, se plaignit des amertumes dont on l'abreuvait depuis six mois, de l'injustice dont on avait payé ses ser-

vices, et demanda que le comité de salut public fût chargé de faire un rapport sur son compte, quoique dans ce comité, dit-il, se trouvassent deux de ses accusateurs. Il demanda le rapport sous trois jours. On accorda ce qu'il demandait, sans ajouter une seule réflexion, et toujours au milieu du même silence. Barrère lui succéda à la tribune; il vint faire un grand rapport sur l'état comparatif de la France en juillet 93 et en juillet 94. Il est certain que la différence était immense, et que si on comparait la France déchirée à la fois par le royalisme, le fédéralisme et l'étranger, à la France victorieuse sur toutes les frontières et maîtresse des Pays-Bas, on ne pouvait s'empêcher de rendre des actions de graces au gouvernement qui avait opéré ce changement en une année. Ces éloges donnés au comité étaient la seule manière dont Barrère osât indirectement attaquer Robespierre; il le louait même expressément dans son rapport. A propos des agitations sourdes qu'on voyait régner et des cris imprudents de quelques perturbateurs qui demandaient un 31 mai, il disait « qu'un représen-
« tant qui jouissait d'une réputation patriotique
« méritée par cinq années de travaux, par ses
« principes imperturbables d'indépendance et
« de liberté, avait réfuté avec chaleur ces pro-

« pos contre-révolutionnaires. » La convention écouta ce rapport, et chacun se sépara ensuite dans l'attente de quelque événement important. On se regardait en silence, et on n'osait ni s'interroger, ni s'expliquer.

Le lendemain 8 thermidor, Robespierre se décida à prononcer son fameux discours. Tous ses agents étaient disposés, et Saint-Just arrivait dans la journée. La convention, en le voyant paraître à cette tribune où il ne se montrait que rarement, s'attendait à une scène décisive. On l'écouta avec un morne silence. « Citoyens, dit-il, que d'autres vous tracent « des tableaux flatteurs, je viens vous dire des « vérités utiles. Je ne viens point réaliser des « terreurs ridicules, répandues par la perfidie; « mais je veux étouffer, s'il est possible, les « flambeaux de la discorde par la seule force « de la vérité. Je vais défendre devant vous « votre autorité outragée et la liberté violée. Je « me défendrai moi-même : vous n'en serez pas « surpris; vous ne ressemblez point aux tyrans « que vous combattez. Les cris de l'innocence « outragée n'importunent point votre oreille, « et vous n'ignorez pas que cette cause ne vous « est point étrangère. » Robespierre fait ensuite le tableau des agitations qui ont régné depuis quelque temps, des craintes qui ont été répandues, des projets qu'on a supposés au comité et à lui contre la convention. « Nous, dit-il, « attaquer la convention! et que sommes-nous « sans elle! Qui l'a défendue au péril de sa « vie? Qui s'est dévoué pour l'arracher aux « mains des factions? » Robespierre répond que c'est lui; et il appelle avoir défendu la convention contre les factions, d'avoir arraché de son sein Brissot, Vergniaud, Gensonné, Pétion, Barbaroux, Danton, Camille Desmoulins, etc. Après les preuves de dévouement qu'il a données, il s'étonne que des bruits sinistres aient été répandus. « Est-il vrai, dit-il, « qu'on ait colporté des listes odieuses où l'on « désignait pour victimes un certain nombre « de membres de la convention, et qu'on pré- « tendait être l'ouvrage du comité de salut pu- « blic, et ensuite le mien? Est-il vrai qu'on ait « osé supposer des séances du comité, des ar- « rêtés rigoureux qui n'ont jamais existé, des « arrestations non moins chimériques? Est-il « vrai qu'on ait cherché à persuader à un cer- « tain nombre de représentants irréprochables « que leur perte était résolue? à tous ceux qui, « par quelque erreur, avaient payé un tribut « inévitable à la fatalité des circonstances et à « la faiblesse humaine, qu'ils étaient voués au « sort des conjurés? Est-il vrai que l'imposture

« ait été répandue avec tant d'art et d'audace,
« qu'une foule de membres ne couchaient plus
« chez eux? Oui, les faits sont constants et
« les preuves en sont au comité de salut
« public! »

Il se plaint ensuite de ce que l'accusation, portée en masse contre les comités, a fini par se diriger sur lui seul. Il expose qu'on a donné son nom à tout ce qui s'est fait de mal dans le gouvernement; que si on enfermait des patriotes au lieu d'enfermer des aristocrates, on disait : *C'est Robespierre qui le veut;* que si quelques patriotes avaient succombé, on disait : *C'est Robespierre qui l'a ordonné;* que si des agents nombreux du comité de sûreté générale étendaient partout leurs vexations et leurs rapines, on disait : *C'est Robespierre qui les envoie;* que si une loi nouvelle tourmentait les rentiers, on disait : *C'est Robespierre qui les ruine.* Il dit enfin qu'on l'a présenté comme l'auteur de tous les maux pour le perdre, qu'on l'a appelé un tyran, et que le jour de la fête à l'Être suprême, ce jour où la convention a frappé d'un même coup l'athéisme et le despotisme sacerdotal, où elle a rattaché à la révolution tous les cœurs généreux, ce jour enfin de félicité et de pure ivresse, le président de la convention nationale, parlant au peuple

assemblé, a été insulté par des hommes coupables, et que ces hommes étaient des représentants. On l'a appelé un tyran ! et pourquoi ? parce qu'il a acquis quelque influence en parlant le langage de la vérité. « Et que prétendez-
« vous, s'écrie-t-il, vous qui voulez que la vérité
« soit sans force dans la bouche des représen-
« tants du peuple français ? La vérité sans doute
« a sa puissance, elle a sa colère, son despo-
« tisme ; elle a ses accents touchants, terribles,
« qui retentissent avec force dans les cœurs
« purs comme dans les consciences coupables,
« et qu'il n'est pas plus donné au mensonge
« d'imiter, qu'à Salmonée d'imiter les foudres
« du ciel. Mais accusez-en la nation, accusez-
« en le peuple qui la sent et qui l'aime. — Qui
« suis-je, moi qu'on accuse ? un esclave de la
« liberté, un martyr vivant de la république,
« la victime autant que l'ennemi du crime. Tous
« les fripons m'outragent ; les actions les plus
« indifférentes, les plus légitimes de la part
« des autres, sont des crimes pour moi. Un
« homme est calomnié dès qu'il me connaît ;
« on pardonne à d'autres leurs forfaits ; on me
« fait à moi un crime de mon zèle. Otez-moi ma
« conscience, je suis le plus malheureux des
« hommes ; je ne jouis pas même des droits de
« citoyen, que dis-je ? il ne m'est pas même

« permis de remplir les devoirs d'un représen-
« tant du peuple. »

Robespierre se défend ainsi par des déclamations subtiles et diffuses, et, pour la première fois, il trouve la convention morne, silencieuse, et comme ennuyée de la longueur de ce discours. Il arrive enfin au plus vif de la question : il accuse. Parcourant toutes les parties du gouvernement, il critique d'abord avec une méchanceté inique le système financier. Auteur de la loi du 22 prairial, il s'étend avec une pitié profonde sur la loi des rentes viagères; il n'y a pas jusqu'au *maximum*, contre lequel il semble s'élever, en disant que les intrigants ont entraîné la convention dans des mesures violentes. « Dans les mains de qui sont vos fi-
« nances ? dans les mains, s'écrie-t-il, de feuil-
« lants, de fripons connus, des Cambon, des
« Mallarmé, des Ramel. » Il passe ensuite à la guerre, il parle avec dédain de ces victoires,
« qu'on vient décrire avec une *légèreté acadé-*
« *mique*, comme si elles n'avaient coûté ni sang
« ni travaux. Surveillez, s'écrie-t-il, surveillez
« la victoire; surveillez la Belgique. Vos enne-
« mis se retirent et vous laissent à vos divisions
« intestines; songez à la fin de la campagne.
« On a semé la division parmi les généraux;
« l'aristocratie militaire est protégée; les géné-

« raux fidèles sont persécutés ; l'administration
« militaire s'enveloppe d'une autorité suspecte.
« Ces vérités valent bien des épigrammes. »
Il n'en disait pas davantage sur Carnot et Barrère ; il laissait à Saint-Just le soin d'accuser les plans de Carnot. On voit que ce misérable répandait sur toutes choses le fiel dont il était dévoré. Ensuite il s'étend sur le comité de sûreté générale, sur la foule de ses agents, sur leurs cruautés, sur leurs rapines ; il dénonce Amar et Jagot comme s'étant emparés de la police, et faisant tout pour décrier le gouvernement révolutionnaire. Il se plaint de ces railleries qu'on a débitées à la tribune à propos de Catherine Théot, et prétend qu'on a voulu supposer de feintes conjurations pour en cacher de réelles. Il montre les deux comités comme livrés à des intrigues, et engagés en quelque sorte dans les projets de la faction antinationale. Dans tout ce qui existe, il ne trouve de bien que le *gouvernement révolutionnaire*, mais seulement encore le principe, et non l'exécution. Le principe est à lui, c'est lui qui a fait instituer ce gouvernement, mais ce sont ses adversaires qui le dépravent.

Tel est le sens des volumineuses déclamations de Robespierre. Enfin il termine par ce résumé : « Disons qu'il existe une conspiration contre

« la liberté publique, qu'elle doit sa force à une
« coalition criminelle qui intrigue au sein même
« de la convention ; que cette coalition a des
« complices au sein du comité de sûreté géné-
« rale, et dans les bureaux de ce comité qu'ils
« dominent ; que les ennemis de la république
« ont opposé ce comité au comité de salut pu-
« blic, et constitué ainsi deux gouvernements ;
« que des membres du comité de salut public
« entrent dans ce complot ; que la coalition
« ainsi formée cherche à perdre les patriotes et
« la patrie. Quel est le remède à ce mal ? Punir
« les traîtres, renouveler les bureaux du comité
« de sûreté générale, épurer ce comité lui-
« même et le subordonner au comité de salut
« public, épurer le comité de salut public lui-
« même, constituer le gouvernement sous l'au-
« torité suprême de la convention nationale,
« qui est le centre et le juge, et écraser ainsi
« toutes les factions du poids de l'autorité na-
« tionale, pour élever sur leurs ruines la puis-
« sance de la justice et de la liberté. Tels sont
« les principes. S'il est impossible de les récla-
« mer sans passer pour un ambitieux, j'en con-
« clurai que les principes sont proscrits, et que
« la tyrannie règne parmi nous, mais non que
« je doive le taire ; car que peut-on objecter à
« un homme qui a raison, et qui sait mourir

« pour son pays? Je suis fait pour combattre le
« crime, non pour le gouverner. Le temps n'est
« point encore arrivé où les hommes de bien
« pourront servir impunément la patrie. »

Robespierre avait commencé son discours
dans le silence, il l'achève dans le silence. Dans
toutes les parties de la salle on reste muet en
le regardant. Ces députés, autrefois si empressés, sont devenus de glace; ils n'expriment
plus rien, et semblent avoir le courage de rester froids depuis que les tyrans, divisés entre
eux, les prennent pour juges. Tous les visages
sont devenus impénétrables. Une espèce de
rumeur sourde s'élève peu à peu dans l'assemblée; mais personne n'ose encore prendre la
parole. Lecointre (de Versailles), l'un des ennemis les plus énergiques de Robespierre, se
présente le premier, mais c'est pour demander
l'impression du discours, tant les plus hardis
hésitent encore à livrer l'attaque. Bourdon (de
l'Oise) ose s'opposer à l'impression, en disant
que ce discours renferme des questions trop
graves, et il demande le renvoi aux deux comités. Barrère, toujours prudent, appuie la
demande de l'impression, en disant que dans
un pays libre il faut tout imprimer. Couthon
s'élance à la tribune, indigné de voir une contestation au lieu d'un élan d'enthousiasme, et

réclame non-seulement l'impression, mais l'envoi à toutes les communes et à toutes les armées. Il a besoin, dit-il, d'épancher son cœur ulcéré, car depuis quelque temps on abreuve de dégoût les députés les plus fidèles à la cause du peuple; on les accuse de verser le sang, d'en vouloir verser encore; et cependant, s'il croyait avoir contribué à la perte d'un seul innocent, il s'immolerait de douleur. Les paroles de Couthon réveillèrent tout ce qui restait de soumission dans l'assemblée; elle vota l'impression et l'envoi du discours à toutes les municipalités.

Les adversaires de Robespierre paraient avoir le désavantage; mais Vadier, Cambon, Billaud-Varennes, Panis, Amar, demandent la parole pour répondre aux accusations de Robespierre. Les courages sont ranimés par le danger, et la lutte commence. Tous veulent parler à la fois. On fixe le tour de chacun. Vadier est admis le premier à s'expliquer. Il justifie le comité de sûreté générale, et soutient que le rapport de Catherine Théot avait pour objet de révéler une conspiration réelle, profonde, et il ajoute d'un ton significatif, qu'il a des pièces pour en prouver l'importance et le danger. Cambon justifie ses lois de finances, et sa probité, qui était universellement connue et admirée dans un poste où les tentations étaient si grandes. Il parle avec son impétuosité ordinaire; il prouve que les agioteurs ont seuls pu être lésés par ses lois de finances, et rompant enfin la mesure observée jusque-là. « Il est temps, « s'écrie-t-il, de dire la vérité tout entière. « Est-ce moi qu'il faut accuser de m'être rendu « maître en quelque chose? l'homme qui s'é- « tait rendu maître de tout, l'homme qui pa- « ralysait votre volonté, c'est celui qui vient « de parler, c'est Robespierre. » Cette véhémence déconcerte Robespierre : comme s'il avait été accusé d'avoir fait le tyran en matière de finances, il dit qu'il ne s'est jamais mêlé de finances, qu'il n'a donc jamais pu gêner la convention en cette matière, et que du reste, en attaquant les plans de Cambon, il n'a pas entendu attaquer ses intentions. Il l'avait pourtant qualifié de fripon. Billaud-Varennes, non moins redoutable, dit qu'il est temps de mettre toutes les vérités en évidence; il parle de la retraite de Robespierre des comités, du déplacement des compagnies de canonniers, dont on n'a fait sortir que quinze, quoique la loi permît d'en faire sortir vingt-quatre; il ajoute qu'il va arracher tous les masques, et qu'il aime mieux que son cadavre serve de marchepied à un ambitieux, que d'autoriser ses attentats par son silence. Il demande le rapport du décret qui ordonne l'impression. Panis se plaint des calomnies continuelles de Robespierre, qui a voulu le faire passer pour auteur des journées de septembre; il veut que Robespierre et Couthon s'expliquent sur les cinq ou six députés, dont ils ne cessent depuis un mois de demander le sacrifice aux jacobins. Aussitôt la même chose est réclamée de toutes parts. Robespierre répond avec hésitation qu'il est venu dévoiler des abus, et qu'il ne s'est pas chargé de justifier ou d'accuser tel ou tel. — Nommez, nommez les individus! s'écrie-t-on. — Robespierre divague encore, et dit que lorsqu'il a eu le courage de déposer dans le sein de la convention des avis qu'il croyait utiles, il ne pensait pas..... — On l'interrompt encore. Charlier lui crie : « Vous qui « prétendez avoir le courage de la vertu, ayez « celui de la vérité. Nommez, nommez les in-« dividus! » La confusion augmente. On revient à la question de l'impression. Amar insiste pour le renvoi du discours aux comités. Barrère, voyant l'avantage se prononcer pour ceux qui veulent le renvoi aux comités, vient s'excuser en quelque sorte d'avoir demandé le contraire. Enfin la convention révoque sa décision, et déclare que le discours de Robespierre, au lieu d'être imprimé, sera renvoyé à l'examen des deux comités.

Cette séance était un événement vraiment extraordinaire. Tous les députés, habituellement si soumis, avaient repris courage. Robespierre, qui n'avait jamais eu que de la morgue et point d'audace, était surpris, dépité, abattu. Il avait besoin de se remettre; il court chez ses fidèles jacobins pour retrouver des amis, et leur emprunter du courage. On y était déjà instruit de l'événement, et on l'attendait avec impatience. A peine paraît-il qu'on le couvre d'applaudissements. Couthon le suit et partage les mêmes acclamations. On demande la lecture du discours. Robespierre emploie encore deux grandes heures à le leur répéter. A chaque instant il est interrompu par des cris et des applaudissements frénétiques. A peine a-t-il achevé, qu'il ajoute quelques paroles d'épanchement et de douleur. « Ce discours « que vous venez d'entendre, leur dit-il, est « mon testament de mort. Je l'ai vu aujour- « d'hui ; la ligue des méchants est tellement forte « que je ne puis pas espérer de lui échapper. « Je succombe sans regret ; je vous laisse ma « mémoire ; elle vous sera chère, et vous la « défendrez. » A ces paroles, on s'écrie qu'il n'est pas temps de craindre et de désespérer, qu'au contraire on vengera le père de la patrie de tous les méchants réunis. Henriot, Dumas, Coffinhal, Payan, l'entourent, et se déclarent tout prêts à agir. Henriot dit qu'il connaît encore le chemin de la convention. « Séparez, « leur dit Robespierre, les méchants des hom- « mes faibles; délivrez la convention des scélé- « rats qui l'oppriment; rendez-lui le service « qu'elle attend de vous, comme au 31 mai et « au 2 juin. Marchez, sauvez encore la liberté! « Si malgré tous ces efforts il faut succomber, « eh bien! mes amis, vous me verrez boire la « ciguë avec calme. — Robespierre, s'écrie un « député, je la boirai avec toi! » — Couthon propose à la société un nouveau scrutin épuratoire, et veut qu'on expulse à l'instant même les députés qui ont voté contre Robespierre; il en avait sur lui la liste, et la fournit sur-le-champ. Sa proposition est adoptée au milieu d'un tumulte épouvantable. Collot-d'Herbois essaie de présenter quelques réflexions, on l'accable de huées; il parle de ses services, de ses dangers, des deux coups de feu de Ladmiral : on le raille, on l'injurie, on le chasse de la tribune. Tous les députés présents et désignés par Couthon sont chassés, quelques-uns même sont battus. Collot se sauve au milieu des couteaux dirigés contre lui. La société se

trouvait augmentée ce jour-là de tous les gens d'action qui, dans les moments de trouble, pénétraient sans avoir de cartes ou avec une carte fausse. Ils joignaient aux paroles la violence, et ils étaient même tout prêts à y ajouter l'assassinat. L'agent national Payan, qui était homme d'exécution, proposait un projet hardi. Il voulait qu'on allât sur-le-champ enlever tous les conspirateurs, et on le pouvait, car ils étaient en ce moment même réunis ensemble dans les comités dont ils étaient membres. On aurait ainsi terminé la lutte sans combat et par un coup de main. Robespierre s'y opposa; il n'aimait pas les actions si promptes; il pensait qu'il fallait suivre tous les procédés du 31 mai. On avait déjà fait une pétition solennelle; il avait fait un discours; Saint-Just, qui venait d'arriver de l'armée, ferait un rapport le lendemain matin; lui Robespierre parlerait de nouveau, et, si on ne réussissait pas, les magistrats du peuple, réunis pendant ce temps à la commune, et appuyés par la force armée des sections, déclareraient que le peuple était rentré dans sa souveraineté, et viendraient délivrer la convention des scélérats qui l'égaraient. Le plan se trouvait ainsi tracé par les précédents. On se sépara en se promettant pour le lendemain,

Robespierre d'être à la convention, les jacobins dans leur salle, les magistrats municipaux à la commune, et Henriot à la tête des sections. On comptait de plus sur les jeunes gens de l'école de Mars, dont le commandant, Labretèche, était dévoué à la cause de la commune.

Telle fut cette journée du 8 thermidor, la dernière de la tyrannie sanglante qui s'était appesantie sur la France. Cependant, ce jour encore, l'horrible machine révolutionnaire ne cessa pas d'agir. Le tribunal siégea, des victimes furent conduites à l'échafaud. Dans le nombre étaient deux poëtes célèbres, Roucher, l'auteur des *Mois*, et le jeune André Chénier, qui laissa d'admirables ébauches, et que la France regrettera autant que tous ces jeunes hommes de génie, orateurs, écrivains, généraux, dévorés par l'échafaud et par la guerre. Ces deux enfants des Muses se consolaient sur la fatale charrette, en répétant des vers de Racine. Le jeune André, en montant à l'échafaud, poussa le cri du génie arrêté dans sa carrière : *Mourir si jeune!* s'écria-t-il en se frappant le front; *il y avait quelque chose là!*

Pendant la nuit qui suivit, on s'agita de toutes parts, et chacun songea à recueillir ses forces. Les deux comités étaient réunis, et délibéraient sur les grands événements de la journée et sur ceux du lendemain. Ce qui venait de se passer aux Jacobins prouvait que le maire et Henriot soutiendraient les triumvirs, et que le lendemain on aurait à lutter contre toutes les forces de la commune. Faire arrêter ces deux principaux chefs eût été le plus prudent, mais les comités hésitaient encore; ils voulaient, ne voulaient pas; ils se sentaient comme une espèce de regret d'avoir commencé la lutte. Ils voyaient que si la convention était assez forte pour vaincre Robespierre, elle rentrerait dans tous ses pouvoirs, et qu'ils seraient arrachés aux coups de leur rival, mais dépossédés de la dictature. S'entendre avec lui eût bien mieux valu sans doute; mais il n'était plus temps. Robespierre s'était bien gardé de se rendre au milieu d'eux, après la séance des jacobins. Saint-Just, arrivé de l'armée depuis quelques heures, les observait. Il était silencieux. On lui demanda le rapport dont on l'avait chargé dans la dernière entrevue, et on voulut en entendre la lecture; il répondit qu'il ne pouvait le communiquer, l'ayant donné à lire à l'un de ses collègues. On lui demanda d'en faire au moins connaître la conclusion; il s'y refusa encore. Dans ce moment, Collot entre tout irrité de la scène qu'il venait d'es-

suyer aux Jacobins.—« Que se passe-t-il aux Ja-
« cobins ? lui dit Saint-Just. —Tu le demandes ?
« réplique Collot avec colère; n'es-tu pas le
« complice de Robespierre ? n'avez-vous pas
« combiné ensemble tous vos projets? Je le
« vois, vous avez formé un infame triumvirat,
« vous voulez nous assassiner; mais si nous
« succombons, vous ne jouirez pas long-temps
« du fruit de vos crimes. » Alors s'approchant
de Saint-Just avec véhémence : « Tu veux, lui
« dit-il, nous dénoncer demain matin; tu as
« ta poche pleine de notes contre nous, mon-
« tre-les... » — Saint-Just vide ses poches, et
assure qu'il n'en a aucune. On apaise Collot,
et on exige de Saint-Just qu'il vienne à onze
heures du matin communiquer son rapport,
avant de le lire à l'assemblée. Les comités,
avant de se séparer, conviennent de demander
à la convention la destitution d'Henriot, et
l'appel à la barre du maire et de l'agent
national.

Saint-Just courut à la hâte écrire son rapport qui n'était pas encore rédigé, et dénonça
avec plus de brièveté et de force que ne l'avait
fait Robespierre, la conduite des comités envers leurs collègues, l'envahissement de toutes
les affaires, l'orgueil de Billaud-Varennes, et
les fausses manœuvres de Carnot, qui avait

transporté l'armée de Pichegru sur les côtes de Flandre, et avait voulu arracher seize mille hommes à Jourdan. Ce rapport était aussi perfide, mais bien autrement habile que celui de Robespierre. Saint-Just résolut de le lire à la convention sans le montrer aux comités.

Tandis que les conjurés se concertaient entre eux, les montagnards, qui jusqu'ici s'étaient bornés à se communiquer leurs craintes, mais qui n'avaient pas formé de complot, couraient les uns chez les autres, et se promettaient pour le lendemain d'attaquer Robespierre d'une manière plus formelle, et de le faire décréter s'il était possible. Il leur fallait pour cela le concours des députés de la Plaine, qu'ils avaient souvent menacés, et que Robespierre, affectant le rôle de modérateur, avait autrefois défendus. Ils avaient donc peu de titres à leur faveur. Ils allèrent cependant trouver Boissy-d'Anglas, Durand-Maillane, Palasne-Champeaux, tous trois constituants, dont l'exemple devait décider les autres. Ils leur dirent qu'ils seraient responsables de tout le sang que verserait encore Robespierre, s'ils ne consentaient à voter contre lui. Repoussés d'abord, ils revinrent à la charge jusqu'à trois fois, et obtinrent enfin la promesse désirée. On courut encore toute la matinée du 9; Tallien promit de livrer la première attaque, et demanda seulement qu'on osât le suivre.

Chacun courait à son poste; le maire Fleuriot, l'agent national Payan, étaient à la commune. Henriot était à cheval avec ses aides-de-camp, et parcourait les rues de Paris. Les jacobins avaient commencé une séance permanente. Les députés, debout dès le matin, s'étaient rendus à la convention avant l'heure accoutumée. Ils parcouraient les couloirs en tumulte, et les montagnards les entretenaient avec vivacité, pour les décider en leur faveur. Il était onze heures et demie. Tallien, à l'une des portes de la salle, parlait à quelques-uns de ses collègues, lorsqu'il voit entrer Saint-Just, qui monte à la tribune : « C'est le moment, s'écrie-t-il, entrons ! » On le suit, les bancs se garnissent, et on attend en silence l'ouverture de cette scène, l'une des plus grandes de notre orageuse république.

Saint-Just, qui a manqué à la parole donnée à ses collègues, et qui n'est pas allé leur lire son rapport, est à la tribune. Les deux Robespierre, Lebas, Couthon, sont assis à côté les uns des autres. Collot-d'Herbois est au fauteuil. Saint-Just se dit chargé par les comités de faire un rapport, et obtient la parole. Il débute en disant qu'il n'est d'aucune faction, et qu'il n'ap-

partient qu'à la vérité; que la tribune pourra être, pour lui comme pour beaucoup d'autres, la roche Tarpéienne, mais qu'il n'en dira pas moins son opinion tout entière sur les divisions qui ont éclaté. Tallien lui laisse à peine achever ces premières phrases, et demande la parole pour une motion d'ordre. Il l'obtient. « La république, dit-il, est dans l'état le plus « malheureux, et aucun bon citoyen ne peut « s'empêcher de verser des larmes sur elle. « Hier un membre du gouvernement s'est isolé, « et a dénoncé ses collègues, un autre vient « en faire de même aujourd'hui. C'est assez « aggraver nos maux; je demande qu'enfin le « voile soit entièrement déchiré. » A peine ces paroles sont-elles prononcées, que les applaudissements éclatent, se prolongent, recommencent encore, et retentissent une troisième fois. C'était le signal avant-coureur de la chute des triumvirs. Billaud-Varennes, qui s'est emparé de la tribune après Tallien, dit que les jacobins ont tenu la veille une séance séditieuse, où se trouvaient des assassins apostés, qui ont annoncé le projet d'égorger la convention. Une indignation générale se manifeste. « Je « vois, ajoute Billaud-Varennes, je vois dans « les tribunes un des hommes qui menaçaient « hier les députés fidèles. Qu'on le saisisse ! »

— On s'en empare aussitôt, et on le livre aux gendarmes. Billaud soutient ensuite que Saint-Just n'a pas le droit de parler au nom des comités, parce qu'il ne leur a pas communiqué son rapport; que c'est le moment pour l'assemblée de ne pas mollir, car elle périra si elle est faible. — Non, non, s'écrient les députés en agitant leurs chapeaux, elle ne sera pas faible, et ne périra pas! — Lebas réclame la parole, que Billaud n'a pas cédée encore; il s'agite, et fait du bruit pour l'obtenir. Sur la demande de tous les députés, il est rappelé à l'ordre. Il veut insister de nouveau. — A l'Abbaye le séditieux! s'écrient plusieurs voix de la Montagne. — Billaud continue, et, ne gardant plus aucun ménagement, dit que Robespierre a toujours cherché à dominer les comités; qu'il s'est retiré lorsqu'on a résisté à sa loi du 22 prairial, et à l'usage qu'il se proposait d'en faire; qu'il a voulu conserver le noble Lavalette, conspirateur à Lille dans la garde nationale; qu'il a empêché l'arrestation d'Henriot, complice d'Hébert, pour s'en faire une créature; qu'il s'est opposé en outre à l'arrestation d'un secrétaire du comité, qui avait volé cent quatorze mille francs; qu'il a fait enfermer, au moyen de son bureau de police, le meilleur comité révolutionnaire de Paris; qu'il a toujours fait en tout sa volonté, et qu'il a voulu se rendre maître absolu. Billaud ajoute qu'il pourrait citer encore beaucoup d'autres faits, mais qu'il suffira de dire qu'hier les agents de Robespierre aux Jacobins, les Dumas, les Coffinhal se sont promis de décimer la convention nationale. Tandis que Billaud énumérait ces griefs, l'assemblée laissait échapper par intervalle des mouvements d'indignation. Robespierre, livide de colère, avait quitté son siége et gravi l'escalier de la tribune. Placé derrière Billaud, il demandait la parole au président avec une extrême violence. Il saisit le moment où Billaud vient d'achever, pour la redemander encore plus vivement. — A bas le tyran! à bas le tyran! s'écrie-t-on dans toutes les parties de la salle. Deux fois ce cri accusateur s'élève, et annonce que l'assemblée ose enfin lui donner le nom qu'il méritait. Tandis qu'il insiste, Tallien, qui s'est élancé à la tribune, réclame la parole, et l'obtient avant lui. « Tout à « l'heure, dit-il, je demandais que le voile fût « entièrement déchiré; je m'aperçois qu'il vient « de l'être. Les conspirateurs sont démasqués. « Je savais que ma tête était menacée, et jus- « qu'ici j'avais gardé le silence; mais hier j'ai « assisté à la séance des jacobins, j'ai vu se « former l'armée du nouveau Cromwell, j'ai

« frémi pour la patrie, et je me suis armé
« d'un poignard pour lui percer le sein, si la
« convention n'avait pas le courage de le dé-
« créter d'accusation. »—En achevant ces mots,
Tallien montre son poignard, et l'assemblée
le couvre d'applaudissements. Il propose alors
l'arrestation du chef des conspirateurs, Henriot.
Billaud propose d'y ajouter celle du président
Dumas, et du nommé Boulanger, qui, la veille,
a été l'un des agitateurs les plus ardents aux
Jacobins. On décrète sur-le-champ l'arrestation
de ces trois coupables.

Barrère entre dans ce moment, pour faire à
l'assemblée les propositions que le comité a
délibérées dans la nuit, avant de se séparer.
Robespierre, qui n'avait pas quitté la tribune,
profite de cet intervalle pour demander encore
la parole. Ses adversaires étaient décidés à la
lui refuser, de peur qu'un reste de crainte et de
servilité ne se réveillât à sa voix. Placés tous au
sommet de la Montagne, ils poussent de nouvelles clameurs, et, tandis que Robespierre se
tourne tantôt vers le président, tantôt vers
l'assemblée, — A bas! à bas le tyran! s'écrient-
ils avec des voix de tonnerre. Barrère obtient
encore la parole avant Robespierre. On dit
que cet homme, qui par vanité avait voulu
jouer un rôle, et qui, par faiblesse, tremblait

maintenant de s'en être donné un, avait deux discours dans sa poche, l'un pour Robespierre, l'autre pour les comités. Il développe la proposition convenue la nuit : c'est d'abolir le grade de commandant-général, de rétablir l'ancienne loi de la législative, par laquelle chaque chef de légion commandait à son tour la force armée de Paris, et enfin d'appeler le maire et l'agent national à la barre, pour y répondre de la tranquillité de la capitale. Ce décret est adopté sur-le-champ, et un huissier va le communiquer à la commune au milieu des plus grands périls.

Lorsque le décret proposé par Barrère a été adopté, on reprend l'énumération des torts de Robespierre; chacun vient à son tour lui faire un reproche. Vadier, qui voulait avoir découvert une conspiration importante en saisissant Catherine Théot, rapporte, ce qu'il n'avait pas dit la veille, que dom Gerle possédait un certificat de civisme signé par Robespierre, et que, dans un matelas de Catherine, se trouvait une lettre dans laquelle elle appelait Robespierre son fils chéri. Il s'étend ensuite sur l'espionnage dont les comités étaient entourés, avec la diffusion d'un vieillard et une lenteur qui ne convenait pas à l'agitation du moment. Tallien, impatient, remonte à la tribune et prend encore la parole, en disant qu'il faut ramener la question à son véritable point. En effet, on avait décrété Henriot, Dumas, Boulanger, on avait appelé Robespierre un tyran, mais on n'avait pris aucune résolution décisive. Tallien fait observer que ce n'est pas à quelques détails de la vie de cet homme, appelé un tyran, qu'il faut s'attacher, mais qu'il faut en montrer l'ensemble. Alors, il commence un tableau énergique de la conduite de ce rhéteur lâche, orgueilleux et sanguinaire..... Robespierre, suffoqué de colère, l'interrompt par des cris de fureur. — Louchet dit : Il faut en finir ; l'arrestation contre Robespierre ! — Loseau ajoute : L'accusation contre ce dénonciateur ! — L'accusation ! l'accusation ! crient une foule de députés. — Louchet se lève, et regardant autour de lui, demande si on l'appuie. — Oui, oui, répondent cent voix. — Robespierre le jeune dit de sa place : « Je partage les crimes de mon frère, « unissez-moi à lui. » On fait à peine attention à ce dévouement. — L'arrestation ! l'arrestation ! crie-t-on encore. — Dans ce moment, Robespierre, qui n'avait pas cessé d'aller de sa place au bureau, et du bureau à sa place, s'approche de nouveau du président et lui demande la parole. Mais Thuriot, qui remplaçait Collot-d'Herbois au fauteuil, ne lui répond qu'en agitant sa sonnette. Alors Robespierre se tourne vers la Montagne et n'y trouve que des amis glacés ou des ennemis furieux; il dirige ensuite ses yeux vers la Plaine. — « C'est à vous, dit-il, « hommes purs, hommes vertueux, c'est à « vous que je m'adresse et non aux brigands. » On détourne la tête, ou on le menace. Enfin, il se reporte encore vers le président, et s'écrie : « Pour la dernière fois, président des assassins, « je te demande la parole. » Il prononce ces derniers mots d'une voix étouffée et presque éteinte. — Le sang de Danton t'étouffe, lui dit Garnier (de l'Aube). Duval, impatient de cette lutte, se lève et dit : « Président, est-ce que cet « homme sera encore long-temps le maître de la « convention? — Ah! qu'un tyran est dur à « abattre! ajoute Fréron. — Aux voix! aux « voix! » s'écrie Loseau. L'arrestation tant proposée est enfin mise aux voix et décrétée au milieu d'un tumulte épouvantable. A peine le décret est-il rendu, que de tous les côtés de la salle on se lève en criant : Vive la liberté! vive la république! les tyrans ne sont plus!

Une foule de membres se lèvent et disent qu'ils ont entendu voter pour l'arrestation des complices de Robespierre, Saint-Just et Couthon. Aussitôt on les ajoute au décret. Lebas demande à y être adjoint; on lui accorde sa demande ainsi qu'à Robespierre jeune. Ces hommes inspiraient encore une telle appréhension, que les huissiers de la salle n'avaient pas osé se présenter pour les traduire à la barre. En voyant qu'ils étaient restés sur leurs siéges, on demande pourquoi ils ne descendent pas à la place des accusés; le président répond que les huissiers n'ont pas pu faire exécuter l'ordre. Le cri: A la barre! à la barre! devient aussitôt général. Les cinq accusés y descendent, Robespierre furieux, Saint-Just calme et méprisant, les autres consternés de cette humiliation si nouvelle pour eux. Ils étaient enfin à cette place où ils avaient envoyé Vergniaud, Brissot, Pétion, Camille Desmoulins, Danton, et tant d'autres de leurs collègues, pleins ou de vertu, ou de génie, ou de courage.

Il était cinq heures. L'assemblée avait déclaré la séance permanente; mais en ce moment, accablée de fatigue, elle prend la résolution dangereuse de suspendre la séance jusqu'à sept pour se donner un peu de repos. Les députés se séparent alors, et laissent ainsi à la commune, si elle a quelque audace, la faculté de fermer le lieu de leurs séances et de s'emparer de la domination dans Paris. Les cinq accusés sont conduits au comité de sûreté générale et interrogés par leurs collègues en attendant d'être traduits dans les prisons.

Pendant que ces événements si importants se passaient dans la convention, la commune était restée dans l'attente. L'huissier Courvol était allé lui signifier le décret qui mettait Henriot en arrestation, et mandait le maire et l'agent national à la barre. Il avait été fort mal accueilli. Ayant demandé un reçu, le maire lui avait répondu: *Un jour comme aujourd'hui on ne donne pas de reçu. Va à la convention, va lui dire que nous saurons le maintenir, et dis à Robespierre qu'il n'ait pas peur, car nous sommes ici.* Le maire s'était exprimé ensuite devant le conseil général de la manière la plus mystérieuse sur le motif de la réunion; il ne parla que du décret qui ordonnait à la commune de veiller à la tranquillité de Paris; il rappela les époques où cette commune avait déployé un grand courage, désignant assez clairement le 31 mai. L'agent national Payan, parlant après le maire, avait proposé d'envoyer deux membres du conseil sur la place de la commune, où se trouvait une foule immense, pour haranguer le peuple et l'inviter à *se réunir à ses magistrats pour sauver la patrie.* Ensuite on avait rédigé une adresse dans laquelle on disait que des scélérats opprimaient *Robespierre, ce citoyen vertueux qui fit décré-*

ter le dogme consolateur de *l'Être suprême et de l'immortalité de l'ame; Saint-Just, cet apôtre de la vertu, qui fit cesser la trahison au Rhin et au Nord; Couthon, ce citoyen vertueux qui n'a que le corps et la tête de vivants, mais qui les a brûlants de patriotisme.* Aussitôt après, on avait arrêté que les sections seraient convoquées, que les présidents et les commandants de la force armée seraient mandés à la commune pour y recevoir ses ordres. Une députation avait été envoyée aux jacobins pour qu'ils vinssent fraterniser avec la commune, et qu'ils envoyassent au conseil général leurs membres les plus énergiques et un bon nombre de *citoyens et citoyennes des tribunes*. Sans énoncer encore l'insurrection, la commune en prenait tous les moyens et marchait ouvertement à ce but. Elle ignorait l'arrestation des cinq députés, et c'est pourquoi elle gardait encore quelque réserve.

Pendant ce temps, Henriot était monté à cheval et courait les rues de Paris. Chemin faisant, il apprend qu'on a arrêté cinq représentants; alors il se met à exciter le peuple, en criant que des scélérats oppriment les députés fidèles, qu'ils ont arrêté Couthon, Saint Just et Robespierre. Ce misérable était à moitié ivre; il s'agitait sur son cheval et brandissait

son sabre comme un frénétique. Il se rend d'abord au faubourg Saint-Antoine pour soulever les ouvriers, qui comprenaient à peine ce qu'il voulait dire, et qui d'ailleurs commençaient à s'apitoyer en voyant passer tous les jours de nouvelles victimes. Par un hasard fatal, Henriot rencontre les charrettes. En apprenant l'arrestation de Robespierre, on les avait entourées; et comme Robespierre était supposé l'auteur de tous les meurtres, on s'imaginait que, lui arrêté, les exécutions devaient finir. On voulait, en conséquence, faire rebrousser chemin aux condamnés. Henriot, survenant en cet instant, s'y oppose et fait consommer encore cette dernière exécution. Il revient ensuite, toujours au galop, jusqu'au Luxembourg, et ordonne à la gendarmerie de se réunir à la place de la maison commune. Il prend un détachement à sa suite, descend le long des quais pour se rendre à la place du Carrousel et aller délivrer les prisonniers qui se trouvaient au comité de sûreté générale. En courant sur les quais avec ses aides-de-camp, il renverse plusieurs personnes. Un homme qui avait sa femme sous son bras, se tourne vers les gendarmes, et s'écrie : « Gendarmes, arrêtez ce brigand, il n'est plus votre général! » Un aide-de-camp lui répond par un coup de sabre.

Henriot continue sa route, et se jette dans la rue Saint-Honoré; arrivé sur la place du Palais-Égalité (Palais-Royal), il aperçoit Merlin de Thionville, et pousse à lui en criant : « Ar-« rêtez ce coquin! c'est un de ceux qui persé-« cutent les représentants fidèles! » On s'empare aussitôt de Merlin, on le maltraite et on le conduit au premier corps-de-garde. Dans les cours du Palais-National, Henriot fait mettre pied à terre à ceux qui l'accompagnent, et veut pénétrer dans le palais. Les grenadiers lui en refusent l'entrée et croisent la baïonnette. Dans ce moment, un huissier s'avance et dit : — « Gen-« darmes, arrêtez ce rebelle; un décret de la « convention vous l'ordonne! » — Aussitôt on entoure Henriot, on le désarme, lui et plusieurs de ses aides-de-camp, on les garrotte et on les conduit dans la salle du comité de sûreté générale, auprès de Robespierre, Couthon, Saint-Just et Lebas.

Jusqu'ici tout allait bien pour la convention; ses décrets, hardiment rendus, étaient heureusement exécutés; mais la commune et les jacobins, qui n'avaient pas encore proclamé ouvertement l'insurrection, allaient éclater maintenant, et réaliser leur projet d'un 2 juin. Par bonheur, tandis que la convention suspendait imprudemment sa séance, la commune faisait de

même, et le temps était perdu pour tout le monde.

Le conseil ne se rassemble de nouveau qu'à six heures. A cette reprise de la séance, l'arrestation des cinq députés et d'Henriot était connue. Le conseil, à cette nouvelle, ne se contient plus, et déclare qu'il s'insurge contre les oppresseurs du peuple, qui veulent faire périr ses défenseurs. Il ordonne de sonner le tocsin à l'Hôtel-de-Ville et dans toutes les sections. Il députe un de ses membres dans chacune d'elles, pour les pousser à l'insurrection, et les décider à envoyer leurs bataillons à la commune. Il envoie des gendarmes fermer les barrières, et enjoint à tous les concierges des prisons de refuser les prisonniers qui leur seraient présentés. Enfin il nomme une commission exécutive de douze membres, dans laquelle se trouvent Payan et Coffinhal, pour diriger l'insurrection, et user de tous les pouvoirs souverains du peuple. Dans ce moment, on avait déjà réuni sur la place de la commune quelques bataillons des sections, plusieurs compagnies de canonniers, et une grande partie de la gendarmerie. On commence à faire prêter le serment aux commandants des bataillons actuellement réunis. Ensuite on ordonne à Coffinhal de se rendre avec quelques cents hommes à la convention, pour délivrer les prisonniers.

Déja Robespierre aîné avait été conduit au Luxembourg, Robespierre jeune à la maison Lazare, Couthon à Port-Libre, Saint-Just aux Écossais, Lebas à la maison de justice du département. L'ordre donné par la commune aux concierges fut exécuté, et on refusa les prisonniers. Les administrateurs de police s'en emparèrent, et les conduisirent en voiture à la mairie. Quand Robespierre parut, on l'embrassa, on le combla de témoignages de dévouement, et on jura de mourir pour le défendre lui et tous les députés fidèles. Pendant ce temps, Henriot était seul resté au comité de sûreté générale. Coffinhal, vice-président des jacobins, y arriva le sabre à la main, avec quelques compagnies des sections, envahit les salles du comité, en chassa les membres, et délivra Henriot et ses aides-de-camp. Henriot, délivré, courut sur la place du Carrousel, retrouva encore ses chevaux, s'élança sur l'un d'eux, et, avec assez de présence d'esprit, dit aux compagnies des sections et aux canonniers qui se trouvaient autour de lui, que le comité venait de le déclarer innocent, et de lui restituer le commandement. Alors on l'entoura, il se fit suivre par une foule assez nombreuse, se mit à donner des ordres contre la convention, et à préparer le siége de la salle.

Il était sept heures du soir. La convention rentrait à peine en séance, et dans l'intervalle la commune avait acquis de grands avantages. Elle avait, comme on vient de le voir, proclamé l'insurrection, envoyé des commissaires aux sections, réuni déjà autour d'elle beaucoup de compagnies de canonniers et de gendarmes, et délivré les prisonniers. Elle pouvait, avec de l'audace, marcher promptement sur la convention, et lui faire révoquer ses décrets. Elle comptait en outre sur l'école de Mars, dont le commandant Labretèche lui était entièrement dévoué.

Les députés s'assemblent en tumulte, et se communiquent avec effroi les nouvelles de la soirée. Les membres des comités, incertains, effrayés, sont réunis dans une petite salle, à côté du bureau du président. Là, ils délibèrent sans savoir à quel parti s'arrêter. Plusieurs députés se succèdent à la tribune, et racontent ce qui se passe dans Paris. On rapporte que les prisonniers sont élargis, que la commune s'est réunie aux jacobins, qu'elle dispose déjà d'une force considérable, et que la convention va bientôt être assiégée. Bourdon propose de sortir en corps et de se montrer au peuple, pour le ramener. Legendre s'efforce de rassurer l'assemblée, en lui disant qu'elle ne trouvera partout que de purs et fidèles montagnards prêts à la défendre, et il montre dans ce moment de péril un courage qu'il n'avait pas eu contre Robespierre. Billaud monte à la tribune, et annonce qu'Henriot est sur la place du Carrousel, qu'il a égaré les canonniers, qu'il a fait tourner les canons contre la salle de la convention, et qu'il va commencer l'attaque. Collot-d'Herbois se place alors au fauteuil, qui, par la disposition de la salle, devait recevoir les premiers boulets, et dit en s'asseyant : « Représentants, voici le moment de mourir à « notre poste. Des scélérats ont envahi le Palais-« National. » — A ces mots, tous les députés, dont les uns étaient debout, dont les autres erraient dans la salle, reprennent leurs places, et demeurent assis dans un silence majestueux. Tous les citoyens des tribunes s'enfuient avec un bruit épouvantable, et ne laissent après eux qu'un nuage de poussière. La convention reste abandonnée, et convaincue qu'elle va être égorgée, mais résolue à périr plutôt que de souffrir un Cromwell. Admirons ici l'empire de l'occasion sur les courages! Ces mêmes hommes si long-temps soumis au rhéteur qui les haranguait, bravent aujourd'hui les canons qu'il a fait diriger contre eux, avec une sublime résignation. Des membres de l'assemblée entrent et sortent, et apportent des nouvelles de ce qui se passe au Carrousel. Henriot y donne toujours des ordres. — Hors la loi, hors la loi le brigand! s'écrie-t-on dans la salle. — On rend aussitôt le décret de mise hors la loi, et des députés vont le publier devant le Palais-National.

Dans ce moment, Henriot, qui avait égaré les canonniers, et avait fait tourner les pièces contre la salle, voulait les engager à tirer. Il ordonne le feu, mais ceux-ci hésitent. Des députés s'écrient : « Canonniers, vous déshonorerez-vous? ce brigand est hors la loi! » — Les canonniers alors refusent positivement d'obéir à Henriot. Abandonné des siens, il n'a que le temps de tourner bride, et de s'enfuir à la commune.

Ce premier danger passé, la convention met hors la loi les députés qui se sont soustraits à ses décrets, et tous les membres de la commune qui sont en révolte. Cependant, ce n'était pas tout. Si Henriot n'était plus à la place du Carrousel, les révoltés étaient encore à la commune avec toutes leurs forces, et avaient encore la ressource d'un coup de main. Il fallait obvier à ce grand péril. On délibérait sans agir. Dans la petite salle située derrière le bureau, où se trouvaient les comités et beaucoup de représentants, on proposa de nommer un commandant de la force armée, pris dans le sein de l'assemblée. — Qui? demande-t-on. — Barras, répond une voix, et il aura le courage d'accepter. — Aussitôt Vouland court à la tribune, et propose de nommer le représentant Barras pour diriger la force armée. La convention accepte la proposition, nomme Barras, et lui adjoint sept autres députés, pour commander sous ses ordres, Fréron, Ferrand, Rovère, Delmas, Bolleti, Léonard Bourdon, et Bourdon (de l'Oise). A cette proposition, un membre de l'assemblée en ajoute une autre, qui n'est pas moins importante, c'est de choisir des représentants pour aller éclairer les sections, et leur demander le secours de leurs bataillons. Cette dernière mesure était la plus nécessaire, car il était urgent de décider les sections incertaines ou trompées.

Barras court vers les bataillons déja réunis, pour leur signifier ses pouvoirs, et les distribuer autour de la convention. Les députés envoyés aux sections s'y rendent pour les haranguer. Dans ce moment, la plupart étaient incertaines; très-peu tenaient pour la commune et pour Robespierre. Chacun avait horreur de ce système atroce qu'on imputait à Robespierre, et désirait un événement qui en délivrât la

France. Cependant la crainte paralysait encore tous les citoyens. On n'osait pas se décider. La commune, à laquelle les sections étaient habituées à obéir, les avait mandées, et quelques-unes n'osant résister, avaient envoyé des commissaires, non pas pour adhérer au projet de l'insurrection, mais pour s'instruire des événements. Paris était dans l'incertitude et l'anxiété. Les parents des prisonniers, leurs amis, tous ceux qui souffraient de ce régime cruel, sortaient de leurs maisons, s'approchaient de rue en rue vers les lieux où régnait le bruit, et tâchaient de recueillir quelques nouvelles. Les malheureux détenus ayant aperçu de leurs fenêtres grillées beaucoup de mouvement, et entendu beaucoup de rumeur, se doutaient de quelque chose, mais ils tremblaient encore que ce nouvel événement n'aggravât leur sort. Cependant la tristesse des geôliers, des mots dits à l'oreille des faiseurs de listes, la consternation qui s'en était suivie, avaient un peu dissipé les doutes. Bientôt on avait su par des mots échappés que Robespierre était en péril; des parents étaient venus se placer sous les fenêtres des prisons, et indiquer par des signes ce qui se passait; alors les prisonniers se réunissant avaient laissé éclater l'allégresse la plus vive. Les infames délateurs tremblants avaient pris quelques-uns des suspects à part, s'étaient efforcés de se justifier, et de persuader qu'ils n'étaient pas les auteurs des listes de proscription. Quelques-uns s'avouant coupables, disaient cependant avoir retranché des noms; l'un n'en avait donné que quarante, sur deux cents qu'on lui demandait; un autre avait détruit des listes entières. Dans leur effroi, ces misérables s'accusaient réciproquement, et se renvoyaient l'infamie les uns aux autres.

Les députés, répandus dans les sections, n'avaient pas eu de peine à l'emporter sur les obscurs envoyés de la commune. Les sections qui avaient acheminé leurs bataillons à l'Hôtel-de-Ville les rappelaient, les autres dirigeaient les leurs vers le Palais-National. Déjà ce palais était suffisamment entouré. Barras vint l'annoncer à l'assemblée, et courut ensuite à la plaine des Sablons, pour remplacer Labretèche, qui était destitué, et amener l'école de Mars au secours de la convention.

La représentation nationale se trouvait maintenant à l'abri d'un coup de main. En effet, c'était le cas de marcher sur la commune, et de prendre l'initiative qu'elle ne prenait pas elle-même. On se décide à marcher sur l'Hôtel-de-Ville. Léonard Bourdon, qui était à la tête d'un grand nombre de bataillons, se met en marche. Au moment où il annonce qu'il va s'acheminer sur les rebelles, « Pars, lui dit « Tallien, qui occupait le fauteuil, et que le so- « leil en se levant ne trouve plus les conspira- « teurs vivants. » Léonard Bourdon débouche par les quais, et arrive sur la place de l'Hôtel-de-Ville. Un grand nombre de gendarmes, de canonniers, et de citoyens armés des sections, s'y trouvaient encore. Un agent du comité de salut public, nommé Dulac, a le courage de se glisser dans leurs rangs, et de leur lire le décret de la convention qui mettait la commune hors la loi. Le respect qu'on avait contracté pour cette assemblée, au nom de qui tout se faisait depuis deux ans, le respect pour les mots de loi et de république, l'emportent. Les bataillons se séparent : les uns retournent chez eux, les autres se réunissent à Léonard Bourdon, et la place de la commune reste déserte. Ceux qui la gardaient, et ceux qui viennent d'arriver pour l'attaquer, se rangent dans les rues environnantes pour occuper toutes les avenues.

On avait une telle idée de la résolution des conspirateurs, et on était si étonné de les voir presque immobiles dans l'Hôtel-de-Ville, qu'on hésitait à approcher. Léonard Bourdon craignait qu'ils n'eussent miné l'Hôtel-de-Ville.

Cependant il n'en était rien; ils délibéraient en tumulte, proposaient d'écrire aux armées et aux provinces, ne savaient pas au nom de qui ils devaient écrire, et n'osaient pas prendre un parti décisif. Si Robespierre eût osé, en homme d'action, se montrer et marcher sur la convention, elle eût été mise en péril. Mais il n'était qu'un rhéteur, et d'ailleurs il sentait, et tous ses partisans sentaient avec lui, que l'opinion les abandonnait. La fin de cet affreux régime était arrivée; la convention était partout obéie, et les mises hors la loi produisaient un effet magique. Eût-il été doué d'une plus grande énergie, il aurait été découragé par ces circonstances, supérieures à toute force individuelle. Le décret de mise hors la loi frappa tout le monde de stupeur, lorsque de la place de la commune il parvint à l'Hôtel-de-Ville. Payan, qui le reçut, le lut à haute voix, et, avec une grande présence d'esprit, ajouta à la liste des personnes mises hors la loi *le peuple des tribunes*, ce qui n'était pas dans le décret. Contre son attente le peuple des tribunes s'échappa avec effroi, ne voulant pas partager l'anathème lancé par la convention. Alors le plus grand découragement s'empara des conjurés. Henriot descendit sur la place pour haranguer les canonniers, mais il ne trouva plus

un seul homme. Il s'écria en jurant : « Comment ! ces scélérats de canonniers qui m'ont sauvé il y a quelques heures, m'abandonnent maintenant ! » Alors il remonte furieux pour annoncer cette nouvelle au conseil. Les conjurés sont plongés dans le désespoir ; ils se voient abandonnés par leurs troupes, et cernés de tous côtés par celles de la convention ; ils s'accusent et se reprochent leur malheur. Coffinhal, homme énergique, et qui avait été mal secondé, s'indigne contre Henriot, et lui dit : « Scélérat, c'est ta lâcheté qui nous a perdus. » Il se précipite sur lui, et, le saisissant au milieu du corps, le jette par une fenêtre. Le misérable Henriot tombe sur un tas d'ordures, qui amortissent la chute, et empêchent qu'elle ne soit mortelle. Lebas se tire un coup de pistolet ; Robespierre jeune se jette par une fenêtre ; Saint-Just reste calme et immobile, une arme à la main, et sans vouloir se frapper ; Robespierre se décide enfin à terminer sa carrière, et trouve dans cette extrémité le courage de se donner la mort. Il se tire un coup de pistolet qui, portant au-dessous de la lèvre, lui perce seulement la joue, et ne lui fait qu'une blessure peu dangereuse.

Dans ce moment, quelques hommes hardis, le nommé Dulac, le gendarme Méda, et plusieurs autres, laissant Bourdon avec ses bataillons sur la place de la commune, montent armés de sabres et de pistolets, et entrent dans la salle du conseil, à l'instant même où le bruit des deux coups de feu venait de se faire entendre. Les officiers municipaux allaient ôter leur écharpe, mais Dulac menace de sabrer le premier qui songera à s'en dépouiller. Tout le monde reste immobile; on s'empare de tous les officiers municipaux, des Payan, des Fleuriot, des Dumas, des Coffinhal, etc.; on emporte les blessés sur des brancards, et on se rend triomphalement à la convention... Il était trois heures du matin. Les cris de victoire retentissent autour de la salle, et pénètrent jusque sous ses voûtes. Alors les cris de vive la liberté! vive la convention! à bas les tyrans! s'élèvent de toutes parts. Le président dit ces paroles : « Représentants, Robespierre et ses « complices sont à la porte de votre salle; voulez- « vous qu'on les transporte devant vous? » — Non, non, s'écrie-t-on de tous côtés; au supplice les conspirateurs!

Robespierre est transporté avec les siens dans la salle du comité de salut public. On l'étend sur une table, et on lui met quelques cartons sous la tête. Il conservait sa présence d'esprit, et paraissait impassible. Il avait un habit bleu,

le même qu'il portait à la fête de l'Être suprême, des culottes de nankin, et des bas blancs, qu'au milieu de ce tumulte il avait laissé retomber sur ses souliers. Le sang jaillissait de sa blessure, il l'essuyait avec un fourreau de pistolet. On lui présentait de temps en temps des morceaux de papier, qu'il prenait pour s'essuyer le visage. Il demeura ainsi plusieurs heures exposé à la curiosité et aux outrages d'une foule de gens. Quand le chirurgien arriva pour le panser, il se leva lui-même, descendit de dessus la table, et alla se placer sur un fauteuil. Il subit un pansement douloureux, sans faire entendre aucune plainte. Il avait l'insensibilité et la sécheresse de l'orgueil humilié. Il ne répondait à aucune parole. On le transporta ensuite avec Saint-Just, Couthon et les autres, à la Conciergerie. Son frère et Henriot avaient été recueillis à moitié morts, dans les rues qui avoisinent l'Hôtel-de-Ville.

La mise hors la loi dispensait d'un jugement; il suffisait de constater l'identité. Le lendemain matin, 10 thermidor (28 juillet), les coupables comparaissent au nombre de vingt et un devant le tribunal où ils avaient envoyé tant de victimes. Fouquier-Tinville fait constater l'identité, et à quatre heures de l'après-midi il les fait conduire au supplice. La foule, qui depuis long-temps avait déserté le spectacle des exécutions, était accourue ce jour-là avec un empressement extrême. L'échafaud avait été élevé à la place de la Révolution. Un peuple immense encombrait la rue Saint-Honoré, les Tuileries, et la grande place. De nombreux parents des victimes suivaient les charrettes en vomissant des imprécations; beaucoup s'approchaient en demandant à voir Robespierre : les gendarmes le leur désignaient avec la pointe de leur sabre. Quand les coupables furent arrivés à l'échafaud, les bourreaux montrèrent Robespierre à tout le peuple; ils détachèrent la bande qui entourait sa joue, et lui arrachèrent le premier cri qu'il eût poussé jusque-là. Il expira avec l'impassibilité qu'il montrait depuis vingt-quatre heures. Saint-Just mourut avec le courage dont il avait toujours fait preuve. Couthon était abattu; Henriot et Robespierre le jeune étaient presque morts de leurs blessures. Des applaudissements accompagnaient chaque coup de la hache fatale, et la foule faisait éclater une joie extraordinaire. L'allégresse était générale dans Paris. Dans les prisons on entendait retentir des cantiques; on s'embrassait avec une espèce d'ivresse, et on payait jusqu'à 30 fr. les feuilles qui rapportaient les derniers événements. Quoique la convention n'eût pas déclaré qu'elle abolissait le système de la terreur, quoique les vainqueurs eux-mêmes fussent ou les auteurs ou les apôtres de ce système, on le croyait fini avec Robespierre, tant il en avait assumé sur lui toute l'horreur.

Telle fut cette heureuse catastrophe, qui termina la marche ascendante de la révolution, pour commencer sa marche rétrograde. La révolution avait, au 14 juillet 1789, renversé l'ancienne constitution féodale; elle avait, au 5 et au 6 octobre, arraché le roi à sa cour, pour s'assurer de lui; elle s'était fait ensuite une constitution, et l'avait confiée au monarque en 1791 comme à l'essai. Regrettant bientôt d'avoir fait cet essai malheureux, désespérant de concilier la cour avec la liberté, elle avait envahi les Tuileries au 10 août, et plongé Louis XVI dans les fers. L'Autriche et la Prusse s'avançant pour la détruire, elle jeta, pour nous servir de son langage terrible, elle jeta, comme gant du combat, la tête d'un roi et de six mille prisonniers; elle s'engagea d'une manière irrévocable dans cette lutte, et repoussa les coalisés par un premier effort. Sa colère doubla le nombre de ses ennemis; l'accroissement de ses ennemis et du danger redoubla sa colère, et la changea en fureur. Elle arracha violemment du temple des lois des républicains sincères, mais qui, ne comprenant pas ses extrémités, voulaient la modérer. Alors elle eut à combattre une moitié de la France, la Vendée et l'Europe. Par l'effet de cette action et de cette réaction continuelles des obstacles sur sa volonté, et de sa volonté sur les obstacles, elle arriva au dernier degré de péril et d'emportement, elle éleva des échafauds, et envoya un million d'hommes sur les frontières. Alors sublime et atroce à la fois, on la vit détruire avec une fureur aveugle, administrer avec une promptitude surprenante et une prudence profonde. Changée par le besoin d'une action forte, de démocratie turbulente en dictature absolue, elle devint réglée, silencieuse et formidable. Pendant toute la fin de 93 jusqu'au commencement de 94, elle marcha unie par l'imminence du péril. Mais quand la victoire eut couronné ses efforts, à la fin de 93, un dissentiment put naître alors, car des cœurs généreux et forts, calmés par le succès, criaient : « Miséricorde aux vaincus! » Mais tous les cœurs n'étaient pas calmés encore; le salut de la révolution n'était pas évident à tous les esprits; la pitié des uns excita la fureur des autres, et il y eut des extravagants qui voulurent pour tout gouvernement un tribunal de mort. La dictature frappa les deux nouveaux partis qui embarrassaient sa marche. Hébert, Ronsin, Vincent, périrent avec Danton, Camille Desmoulins. La révolution continua ainsi sa carrière, se couvrit de gloire dès le commencement de 1794, vainquit toute l'Europe, et la couvrit de confusion. C'était le moment où la pitié devait enfin l'emporter sur la colère. Mais il arriva ce qui arrive toujours : de l'incident d'un jour, on voulut faire un système. Les chefs du gouvernement avaient systématisé la violence et la cruauté, et, lorsque les dangers et les fureurs étaient passés, voulaient égorger et égorger encore; mais l'horreur publique s'élevait de toutes parts. A l'opposition, ils voulaient répondre par le moyen accoutumé : la mort! Alors un même cri partit à la fois de leurs rivaux de pouvoir, de leurs collègues menacés, et ce cri fut le signal du soulèvement général. Il fallut quelques instants pour secouer l'engourdissement de la crainte; mais on y réussit bientôt, et le système de la terreur fut renversé.

On se demande ce qui serait arrivé si Robespierre l'eût emporté. L'abandon où il se trouva prouve que c'était impossible. Mais eût-il été vainqueur, il aurait fallu ou qu'il cédât au sentiment général, ou qu'il succombât plus tard. Comme tous les usurpateurs, il aurait été forcé de faire succéder aux horreurs des factions, un régime calme et doux. Mais d'ailleurs ce n'est pas à lui qu'il appartenait d'être cet usurpateur. Notre révolution était trop vaste pour que le même homme, député à la constituante en 1789, fût proclamé empereur ou protecteur en 1804, dans l'église Notre-Dame. Dans un pays moins avancé et moins étendu, comme l'était l'Angleterre, où le même homme pouvait encore être tribun et général, et réunir ces deux fonctions, un Cromwell a pu être à la fois homme de parti au commencement, soldat usurpateur à la fin. Mais dans une révolution aussi étendue que la nôtre, et où la guerre a été si terrible et si dominante, où le même individu ne pouvait occuper en même temps la tribune et les camps, les hommes de parti se sont d'abord dévorés entre eux; après eux sont venus les hommes de guerre, et un soldat est resté le dernier maître.

Robespierre ne pouvait donc remplir chez nous le rôle d'usurpateur. Pourquoi lui fut-il donné de survivre à tous ces révolutionnaires fameux, qui lui étaient si supérieurs en génie et en puissance, à un Danton, par exemple?... Robespierre était intègre, et il faut une bonne réputation pour captiver les masses. Il était sans pitié, et elle perd ceux qui en ont dans les révolutions. Il avait un orgueil opiniâtre et persévérant, et c'est le seul moyen de se rendre toujours présent aux esprits. Avec cela, il dut survivre à tous ses rivaux. Mais il fut de la pire espèce des hommes. Un dévot sans passions, sans les vices auxquels elles exposent, mais sans le courage, la grandeur et la sensibilité qui les accompagnent ordinairement, un dévot ne vivant que de son orgueil et de sa croyance, se cachant au jour du danger, revenant se faire adorer après la victoire remportée par d'autres, est un des êtres les plus odieux qui aient dominé les hommes, et on dirait les plus vils, s'il n'avait eu une conviction forte et une intégrité reconnue.

FIN DU TOME SIXIÈME.

TABLE

DES CHAPITRES

CONTENUS DANS LE TOME SIXIÈME.

CHAPITRE PREMIER.

Retour de Danton. — Divisions dans le parti de la Montagne, dantonistes et hébertistes. — Politique de Robespierre et du comité de salut public. — Danton, accusé aux Jacobins, se justifie; il est défendu par Robespierre. — Abolition du culte de la Raison. — Derniers perfectionnements apportés au gouvernement dictatorial révolutionnaire. — Énergie du comité contre tous les partis. — Arrestation de Ronsin, de Vincent, des quatre députés auteurs du faux décret et des agents présumés de l'étranger.......................... 1

CHAPITRE II.

Fin de la campagne de 1793. Manœuvre de Hoche dans les Vosges. Retraite des Autrichiens et des Prussiens. Déblocus de Landau. — Opérations à l'armée d'Italie. — Siège et prise de Toulon par l'armée républicaine. — Derniers combats et échecs aux Pyrénées. — Excursion des Vendéens au-delà de la Loire. Nombreux combats; échecs de l'armée républicaine. Défaite des Vendéens au Mans, et leur destruction complète à Savenay. Coup d'œil général sur la campagne de 1793.................................... 39

CHAPITRE III.

Suite de la lutte des hébertistes et des dantonistes. — Camille Desmoulins publie le *Vieux Cordelier.* — Le comité se place entre les deux partis, et s'attache d'abord à réprimer les hébertistes. — Disette dans Paris. — Rapports importants de Robespierre et de Saint-Just. — Mouvement tenté par les hébertistes. — Arrestation et mort de Ronsin, Vincent, Hébert, Chaumette, Momoro, etc. — Le comité de salut public fait subir le même sort aux dantonistes. — Arrestation, procès et supplice de Danton, Camille Desmoulins, Philipeaux, Lacroix, Hérault-Séchelles, Fabre-d'Églantine, Chabot, etc... 101

CHAPITRE IV.

Résultats des dernières exécutions contre les partis ennemis du gouvernement. — Décret contre les ex-nobles. — Les ministères sont abolis et remplacés par des commissions. — Efforts du comité de salut public pour concentrer tous les pouvoirs dans sa main. — Abolition des sociétés populaires, excepté celle des jacobins. — Distribution du pouvoir et de l'administration entre les membres du comité. — La convention, d'après le rapport de Robespierre, déclare, au nom du peuple français, la reconnaissance de l'Être suprême et de l'immortalité de l'âme.................... 227

CHAPITRE V.

État de l'Europe au commencement de l'année 1794 (an II). — Préparatifs universels de guerre. Politique de Pitt. Plans des coalisés et des Français. — État de nos armées de terre et de mer; activité et énergie du gouvernement pour trouver et utiliser les ressources. — Ouverture de la campagne; occupation des Pyrénées et des Alpes. — Opérations dans les Pays-Bas. Combats sur la Sambre et sur la Lys. Victoire de Turcoing. — Fin de la guerre de la Vendée. Commencement de la guerre des chouans. — Événements dans les colonies. Désastres de Saint-Domingue. Perte de la Martinique. — Bataille navale............ 263

CHAPITRE VI.

Situation intérieure au commencement de l'année 1794. — Travaux administratifs du comité. — Lois des finances. Capitalisation des rentes viagères. — État des prisons. Persécutions politiques. Nombreuses exécutions. — Tentative d'assassinat sur Robespierre et Collot-d'Herbois. — Domination de Robespierre. — La secte de la *mère de Dieu*. — Des divisions se manifestent entre les comités. — Fête à l'Être suprême. — Loi du 22 prairial réorganisant le tribunal révolutionnaire. — Terreur extrême. Grandes exécutions à Paris. Missions de Lebon, Carrier et Maignet; cruautés atroces commises par eux. Noyades dans la Loire. — Rupture entre les chefs du comité de salut public; retraite de Robespierre............................ 315

CHAPITRE VII.

Opérations de l'armée du Nord vers le milieu de 1794. Prise d'Ypres. — Formation de l'armée de Sambre-et-Meuse. Bataille de Fleurus. Occupation de Bruxelles.—Derniers jours de la terreur; lutte de Robespierre et des triumvirs contre les autres membres des comités. Journées des 8 et 9 thermidor; arrestation et supplice de Robespierre, Saint-Just. — Marche de la révolution depuis 89 jusqu'au 9 thermidor... 405

FIN DE LA TABLE.